A
MÃO
NEGRA

Stephan Talty

A MÃO NEGRA

A Guerra Épica Entre um Detetive Brilhante e o
Braço Mais Sanguinário da Máfia Italiana da
História dos Estados Unidos

Tradução
Martha Argel

**Editora
Cultrix**
SÃO PAULO

Título do original: *The Black Hand*.

Copyright © 2017 Stephan Talty.

Copyright da edição brasileira © 2024 Editora Pensamento-Cultrix Ltda.

1ª edição 2024.

Editor: Adilson Silva Ramachandra
Gerente editorial: Roseli de S. Ferraz
Preparação de originais: Marta Almeida de Sá
Gerente de produção editorial: Indiara Faria Kayo
Editoração eletrônica: Join Bureau
Revisão: Vivian Miwa Matsushita

Dados Internacionais de Catalogação na Publicação (CIP)
(Câmara Brasileira do Livro, SP, Brasil)

Talty, Stephan
    A mão negra: a guerra épica entre um detetive brilhante e o braço mais sanguinário da máfia italiana da história dos Estados Unidos / Stephan Talty; tradução Martha Argel. – São Paulo: Editora Cultrix, 2024.

    Título original: The black hand.
    Bibliografia.
    ISBN 978-65-5736-316-4

    1. Crime organizado 2. Estados Unidos – História 3. Máfia – Estados Unidos I. Título.

24-200093   CDD-364.1060973

Índices para catálogo sistemático:
1. Estados Unidos: Máfia: Crime organizado: História 364.1060973
Eliane de Freitas Leite – Bibliotecária – CRB 8/8415

Direitos de tradução para a língua portuguesa adquiridos com exclusividade pela
EDITORA PENSAMENTO-CULTRIX LTDA., que se reserva a
propriedade literária desta tradução.
Rua Dr. Mário Vicente, 368 — 04270-000 — São Paulo, SP — Fone: (11) 2066-9000
http://www.editoracultrix.com.br
E-mail: atendimento@editoracultrix.com.br
Foi feito o depósito legal.

À memória do meu pai,
o imigrante.

Sumário

Non so come si può vivere in questo fuoco!
(Não sei como é possível viver neste furor!)

— UM IMIGRANTE ITALIANO AO VER NOVA YORK
PELA PRIMEIRA VEZ

Prólogo

"Um Terror Imenso, Corrosivo"

N a tarde de 21 de setembro de 1906, um garoto animado chamado Willie Labarbera brincava em frente à loja de frutas da família, a duas quadras das águas reluzentes do East River, em Nova York. Willie, que tinha 5 anos na época, e seus amigos corriam atrás uns dos outros, gritando a plenos pulmões enquanto rolavam arcos[*] pela calçada, rindo quando os anéis de madeira, por fim, caíam sobre a rua de paralelepípedos. Eles se escondiam por trás dos banqueiros e trabalhadores e das jovens mulheres com seus chapéus enfeitados com penas de avestruz, que voltavam para casa ou iam para algum dos restaurantes italianos do bairro. A cada onda de pedestres, Willie e as outras crianças desapareciam da vista uns dos outros por uns instantes, e depois voltavam a aparecer quando os caminhantes passavam. Isso aconteceu dezenas de vezes naquela tarde.

---

[*] Antiga brincadeira que consistia em rolar um aro de madeira ou metal, mantendo-o em pé e controlando seu movimento com uma vareta ou um gancho. (N. da T.)

Muitas outras pessoas passaram, centenas delas. Então, quando o brilho prateado do rio começou a desaparecer, Willie virou-se e correu pela rua mais uma vez, e por fim sumiu atrás de mais um grupo de trabalhadores. Contudo, dessa vez, depois que os pedestres passaram, ele não voltou. O lugar da calçada onde ele deveria estar ficou vazio sob a luz cada vez mais pálida do sol.

Os amigos não perceberam de imediato. Só quando sentiram as primeiras pontadas de fome é que lentamente se viraram e observaram o pequeno trecho de calçada onde haviam passado a tarde. Então, começaram a procurar Willie de um modo mais efetivo por entre as sombras que se alongavam. Nada.

Willie era teimoso. Uma vez, havia se gabado de ter fugido dos pais como se fosse uma cotovia, por isso talvez os outros meninos tenham hesitado antes de entrar na loja e informar aos pais dele que havia algo errado. No entanto, tiveram que, por fim, avisar os adultos, e então entraram. Segundos depois, os pais do garoto, William e Caterina, saíram correndo da loja e começaram a procurar algum sinal da criança nas ruas ao redor, perguntando aos proprietários das banquinhas de doces e das pequenas mercearias se tinham visto o menino. Não tinham. Willie havia desaparecido.

Foi nesse momento que algo estranho e quase telepático ocorreu. Antes mesmo de chamarem a polícia ou de uma pista sequer ser colhida, a família e os amigos de Willie tiveram ao mesmo tempo a revelação do que havia acontecido com o menino sem trocarem uma só palavra entre si. E, por mais estranho que possa parecer, as pessoas em Chicago, Saint Louis, Nova Orleans e Pittsburgh, ou nas cidadezinhas anônimas espalhadas entre elas, as mães e os pais de crianças desaparecidas, nesse outono de 1906 muito mais numerosas do que o normal, teriam chegado à mesma conclusão. Quem havia levado seu filho? *La Mano Nera*, como a chamavam os italianos. A Sociedade da Mão Negra.

A Mão Negra era uma organização criminosa infame – "aquele bando maligno, demoníaco e sinistro" – que se dedicava a extorsão, assassinato, sequestro de crianças e atentados a bomba em grande escala. Tornara-se famosa em todo o país dois anos antes, por meio de uma carta deixada em uma caixa de correio numa vizinhança obscura do Brooklyn, na casa de um empreiteiro que havia conseguido fazer fortuna nos Estados Unidos. Desde então, as notas ameaçadoras dessa Sociedade, ilustradas com desenhos de caixões, cruzes e punhais, haviam aparecido em todos os setores da cidade, seguidas de uma série de atos horrendos que criaram, segundo um observador, "um recorde de crimes nos últimos dez anos que não tem paralelo na história de um país civilizado em tempo de paz". Apenas a Ku Klux Klan superaria a Mão Negra em termos de produção de terror em massa no início do século. "Do fundo de seus corações", disse um repórter sobre os imigrantes italianos, "eles os temem com um pavor imenso, corrosivo". Algo semelhante poderia ter sido dito de muitos americanos no outono de 1906.

Quando as cartas começaram a chegar para a família Labarbera, dias depois, seus medos se mostraram corretos. Os sequestradores exigiam 5 mil dólares pelo retorno de Willie, uma quantia astronômica para a família. As palavras exatas usadas pelos criminosos não ficaram registradas, mas tais cartas, muitas vezes, continham frases como "Seu filho está conosco!" e "Não entregue esta carta à polícia, pois, se o fizer, pela Madonna, seu filho será morto!". A mensagem era reforçada por desenhos ao pé da página: três cruzes pretas grosseiras eram pintadas no papel, junto a uma caveira sobreposta com ossos cruzados. Essas eram as marcas da Mão Negra.

Algumas pessoas afirmavam que o grupo, e outros como ele, não só estava criando um nível completamente novo de assassinato e extorsão nos Estados Unidos, uma era sombria de violência espetacular, como também agia naquele momento como um quinto pilar, corrompendo o governo para alcançar seus próprios objetivos. Essa ideia vinha atormentando os novos imigrantes da Itália na última década. "Havia uma crença popular", disse o senador Henry Cabot Lodge, de Massachusetts, sobre uma suposta sociedade secreta italiana, "de que estaria ampliando suas operações, que controlava a justiça pelo terror e que, pouco a pouco, teria os governos da cidade e do Estado sob seu controle". Os céticos – incluindo o embaixador italiano, que se irritava com a simples menção a essa Sociedade – rebateram afirmando que o grupo não existia, que era um mito criado pelos americanos para difamar os italianos, que eram odiados pelos "brancos", que desejavam expulsá-los de sua costa. Uma sumidade italiana declarou sobre essa Sociedade: "Toda a sua existência está, na verdade, confinada a uma frase literária".

Mas, se essa Sociedade era uma ficção, então, quem havia levado Willie?

A família Labarbera denunciou o sequestro à polícia, e logo um detetive bateu à sua porta na Segunda Avenida, 837. Joseph Petrosino era o chefe do famoso Esquadrão Italiano, um homem baixo, robusto, de peito largo, com a constituição física de um estivador. Seus olhos – que alguns descreveram como cinza-escuros, outros, como negros – eram serenos e perspicazes. Tinha ombros largos e "músculos como cabos de aço". Mas ele não era um bruto; na verdade, era quase o oposto disso. Apreciava discutir estética, adorava ópera, em especial os compositores italianos, e era um bom violinista. "Joe Petrosino", declarou o *New York Sun*, "poderia fazer um violino falar." No entanto, sua verdadeira vocação era solucionar crimes. Petrosino era "o maior detetive italiano do mundo", declarou o *New York Times*, o "Sherlock Holmes italiano", segundo a lenda popular no velho país natal. Aos 46 anos, ele já tinha "uma carreira tão emocionante quanto qualquer Javert[*] nos labirintos do submundo de Paris ou um inspetor da Scotland Yard – uma vida tão repleta de aventuras e realização quanto as que instigavam a imaginação de Conan Doyle".[**] Ele era tímido com estranhos, incorruptível, tinha a voz mansa e uma coragem que beirava a imprudência, violento quando provocado, e era tão hábil com disfarces que seus próprios amigos muitas vezes passavam por ele na rua quando ele estava disfarçado e não o reconheciam. Havia estudado apenas até o sexto ano do ginásio, mas tinha uma memória fotográfica e conseguia lembrar-se de imediato das informações impressas em um pedaço de papel que havia visto anos antes. Não tinha esposa nem filhos; dedicou a vida a livrar os Estados Unidos da Sociedade da Mão Negra, que sentia estar ameaçando a república que ele amava. Cantarolava operetas enquanto caminhava.

Petrosino estava vestido com seu costumeiro terno preto, sapatos pretos e chapéu-coco preto quando William Labarbera abriu a porta de seu apartamento e o fez entrar. O pai do menino desaparecido trouxe as cartas que havia recebido, mas não pôde contar muito mais ao detetive sobre o caso. A Mão Negra estava em toda parte e em lugar nenhum; estava quase oculta em sua onisciência, e era cruel. Disso, ambos sabiam. Petrosino podia perceber que os pais de Willie estavam "quase enlouquecidos de tanta dor".

O detetive saiu de novo para as ruas e, de imediato, entrou em ação, interrogando seus informantes e contatos em busca de pistas. Ele contava com uma vasta rede de espiões e informantes – os *nfami* – espalhada pela metrópole: funcionários de bar, médicos, mascates, advogados, cantores de ópera, varredores de rua (conhecidos como "asas brancas",

---

[*] Javert, personagem do romance *Os Miseráveis* (1862), do francês Victor Hugo, é um inspetor de polícia implacável e obcecado pela aplicação da lei. (N. da T.)

[**] Arthur Conan Doyle (1859-1930), escritor escocês, criador do detetive Sherlock Holmes. (N. da T.)

por seus uniformes brancos), banqueiros, músicos, bandidos sicilianos com cicatrizes no rosto. A descrição de Willie logo apareceu em muitos jornais dentre os que existiam na cidade.

No entanto, ninguém havia visto nem ouvido falar do menino. Uma quarta carta chegou, exigindo que a família vendesse sua modesta residência para levantar o dinheiro do resgate. O prédio era o único patrimônio da família Labarbera nos Estados Unidos, algo pelo qual eles haviam economizado a vida toda. Vendê-lo condenaria os pais e seus filhos à pobreza extrema, pobreza da qual desejavam escapar quando deixaram o Mezzogiorno.* Isso acabaria com seu sonho americano por pelo menos uma geração.

De algum modo, a Sociedade havia previsto a reação da família. Incluído na quarta carta havia um incentivo, talvez dirigido à senhora Labarbera. Quando o papel foi desdobrado, algo caiu no chão. Uma mecha escura do cabelo de Willie.

✳   ✳   ✳

OS DIAS SE PASSARAM. NADA. O MENINO HAVIA SE DESINTEGRADO.

Então, na terceira semana, uma dica de um *nfame*. O homem tinha ouvido uma história curiosa proveniente de Kenilworth, Nova Jersey. Uma mulher caminhava por um bairro operário quando cruzou com um homem que carregava um grande embrulho. Quando a mulher passou por ele, algo dentro do embrulho emitiu um grito penetrante. O homem entrou apressado em uma casa próxima, tão tosca e decrépita que foi descrita como um "barraco", e fechou a porta. No entanto a mulher, assustada com o que tinha ouvido, ficou do lado de fora, vigiando a porta

---

* *Mezzogiorno* (meio-dia, em italiano) é um termo usado para designar a porção sul da Itália e as ilhas da Sicília e da Sardenha. (N. da T.)

com atenção. Alguns minutos depois, o mesmo homem saiu da casa, ainda carregando o pacote – que agora estava em silêncio – e o colocou em uma carroça coberta. Em seguida, ele se foi, conduzindo a carroça.

Depois de ouvir essa história, Petrosino saiu às pressas e foi até o final da rua 23 Oeste, onde tomou uma barca a vapor rumo a Nova Jersey. Enquanto via as docas do West Side cada vez mais distantes, as lâmpadas pendentes dos carrinhos de ambulantes brilhando ao entardecer como fogueiras ao longe, o detetive se debruçou sobre o guarda-corpo e escutou as águas do rio Hudson, correndo e murmurando de encontro à proa da barca. Sua mente fervilhava com possibilidades, nomes e semblantes de suspeitos, armazenados em sua memória havia meses, anos, e agora desarquivados. Talvez tenha tomado um copo de leitelho comprado de um dos vendedores (2 *cents* a versão não esterilizada, 3 *cents* a esterilizada). A viagem levaria cerca de um quarto de hora, então Petrosino teve alguns minutos para pensar.

A Mão Negra estava ficando mais ousada e cruel à medida que o tempo passava. Era difícil compreender a escala do que estava acontecendo em Nova York. Nas colônias italianas, como eram conhecidos os bairros de imigrantes, os homens montavam guarda em frente às suas casas com espingardas carregadas, crianças eram trancadas dentro de aposentos barricados e eram proibidas de ir à escola; prédios jaziam escancarados aos elementos, suas fachadas tinham sido destruídas pelas bombas plantadas pela organização. Algumas partes de Nova York, uma das cidades mais prósperas e cosmopolitas do mundo, sofriam atentados a bomba como se algum encouraçado ancorado em Upper Bay estivesse sitiando a metrópole. A "sociedade das trevas" havia matado dezenas de homens, mutilado e aleijado outros, e agora mantinha dezenas – talvez centenas – de milhares de cidadãos sob seu domínio. O pânico havia crescido a tal ponto que uma família só precisou voltar para casa e avistar na porta a marca de uma mão preta, feita com pó de carvão – um sinal de que a Sociedade havia feito uma visita – para que arrumasse seus pertences às pressas e embarcasse no navio seguinte de volta à Itália.

E isso não estava acontecendo apenas em Nova York. Como Petrosino previra fazia tempo, o medo se espalhou de cidade em cidade, avançando por todo o país como um incêndio na pradaria. A Mão Negra havia se materializado em Cleveland, em Chicago, em Los Angeles, em Detroit, em Nova Orleans, em San Francisco, em Newport, em Boston e em centenas de cidades menores, bairros de médio porte, campos de mineração, pedreiras e vilas industriais pelo caminho. Havia assassinado homens e mulheres em muitos desses locais, bombardeado prédios, provocando linchamentos e ampliando a desconfiança dos americanos com relação aos vizinhos italianos. Incontáveis americanos – não apenas imigrantes italianos – estavam à mercê da Sociedade, e outros mais logo seriam vítimas: milionários, juízes, governadores, prefeitos, Rockefellers, advogados, membros do Chicago Cubs, xerifes, promotores distritais, matronas da sociedade, gângsteres e chefes de gangues. Naquele mês de janeiro, membros do Congresso haviam sido ameaçados por meio de uma série de cartas assinadas pela Sociedade e, embora a história tivesse um final peculiar e bastante bizarro, representantes de diversos Estados estavam sofrendo de "prostração nervosa".

Algumas cidades no cinturão de carvão da Pensilvânia foram tomadas pela Sociedade como se tivessem sofrido um golpe armado; os líderes detinham um poder de vida e morte sobre os cidadãos. Depois de um assassinato chocante cometido pela Mão Negra, os moradores do condado de Buckingham enviaram uma mensagem ao governador da Pensilvânia que lembrava as mensagens de colonos da conquista do Oeste quando cercados pelos apaches: "Condições aqui intoleráveis; gangue de assassinos firmemente entrincheirada a 5 quilômetros de distância; um cidadão baleado pelas costas, outros ameaçados; autoridades municipais parecem impotentes". Os moradores pediam "policiais e detetives". Novas leis estavam sendo redigidas e aprovadas para deter uma onda de terror que parecia impossível de ser detida. No Sul, havia uma revolta contra os imigrantes italianos, sobretudo por conta dos crimes da Sociedade. O presidente Teddy Roosevelt, amigo de Petrosino da época em que foi comissário de polícia de Nova York, segundo se dizia, estava acompanhando de perto os acontecimentos a partir da Casa Branca. Até mesmo o não tão importante rei da Itália, Vítor Emanuel III, deixara de lado por um momento a vasta coleção de moedas que o obcecava para escrever a Petrosino a respeito do problema, que lhe interessava muito, anexando à carta um caro relógio de ouro. Cidadãos de outras nações, da Índia à França, passando pela Inglaterra, estavam fascinados com a disputa entre forças da civilização e forças da anarquia, talvez com um toque de *Schadenfreude*, em virtude das dificuldades que o jovem país emergente estava tendo com seus imigrantes de olhos escuros.

Petrosino estava ciente dessa atenção, e por um bom motivo. Ele não era apenas um funcionário assalariado do Departamento de Polícia de Nova York; era famoso, talvez o mais famoso ítalo-americano de todo o país. E com a fama, pelo menos aos olhos de Petrosino, vinha a responsabilidade. Com uma pequena vanguarda de compatriotas seus – um advogado, um promotor distrital, o fundador de uma sociedade fraterna –, o detetive se propôs a desencadear um movimento que tiraria os italianos de sua situação precária. Os italianos eram acusados de ser um povo selvagem, inapto à cidadania americana; Petrosino discordava disso com veemência. "O italiano tem um amor natural pela liberdade", declarou ao *New York Times*. "Teve que batalhar com amargura por esclarecimento em seu próprio país, e o que a Itália é hoje foi alcançado por meio de lutas heroicas." No entanto, *sua própria* batalha – transformar os italianos em americanos de pleno direito – sucumbia diante da guerra em curso contra a Sociedade; até mesmo o *Times* juntara-se aos apelos pelo fim da imigração do sul da Itália. Como poderia uma pessoa redimir sua raça quando os "vampiros" da Mão Negra estavam lançando bombas, mutilando e matando para abrir seu caminho por todo o país?

Como Petrosino havia concluído, não poderia. Havia entre ambas as lutas uma conexão por demais íntima. O escritor H. P. Lovecraft, mais tarde, viria a fornecer um exemplo da animosidade que os americanos sentiam contra os recém-chegados em uma carta a um amigo na qual descreveu os imigrantes italianos que povoavam o Lower East Side como criaturas que "nem com muita imaginação poderiam ser chamadas de humanas". Em vez disso, "eram simulacros monstruosos e nebulosos do pitecantropoide e do amebal; meio moldados a partir de algum lodo viscoso malcheiroso da corrupção da terra, rastejando e escorrendo em e sobre ruas imundas, ou entrando e saindo pelas portas de um modo que não sugeria se não vermes infestantes ou seres inomináveis do fundo do mar".

Se Petrosino estivesse vencendo a batalha contra a Mão Negra, sua cruzada teria seguido com mais tranquilidade. No entanto 1906 tinha sido um ano ruim, com perda de sangue, de aliados e de território. A sombra da Sociedade agora se estendia por toda a pátria adotiva de Petrosino, das mansões de pedra de Long Island às enseadas escarpadas de Seattle. Petrosino sentia-se dominado por maus pressentimentos.

Aquela noite, porém, ele deixaria as preocupações de lado. Precisava encontrar Willie Labarbera.

Petrosino chegou à outra margem e desembarcou. Alugou uma carruagem, e o condutor assobiou para os cavalos, que partiram rumo a Kenilworth, cerca de 30 quilômetros a oeste, com o detetive a bordo. O cais se esvaziou de passageiros, e uma carroça cheia de carvão entrou na barca, reabasteceu a casa de máquinas e se foi, após o que a balsa seguiu o trajeto de volta a Manhattan. A tranquilidade envolveu o cais. Algumas horas depois, uma carruagem reapareceu e Petrosino desceu dela. Ele esperou a barca chegar e subiu a bordo. A embarcação se afastou do píer de Nova Jersey e deslizou pela água escura e ondulante rumo às lâmpadas de gás que brilhavam na cidade do outro lado do Hudson. Ele ia sozinho. Não encontrara o menino em lugar algum.

Quando Petrosino estava preocupado com um caso particularmente difícil, tinha como hábito refugiar-se nas óperas de Verdi, seu compositor favorito. Tomava seu violino e o arco e executava uma música em particular, "Di Provenza il mar", a ária de Germont de *La Traviata*. Nela, um pai consola o filho pela perda da amada, recordando o jovem de sua casa de infância na Provença, com o sol deslumbrante e doces lembranças:

> *Oh, rammenta pur nel duol*
> *ch'ivi gioia a te brillò;*
> *e che pace colà sol*
> *su te splendere ancor può.*
>
> *(Oh, lembra-te mesmo na dor*
> *que a alegria para ti brilhou,*
> *e que apenas lá a paz*
> *pode ainda te acalentar.)*

Sentado no apartamento em que morava sozinho, Petrosino tocava "incessantemente" a ária; suas mãos poderosas moviam o arco lentamente em meio às notas líricas de abertura antes de chegar às partes difíceis. É uma peça adorável, mas triste; expressa um anseio por coisas que já se passaram e que provavelmente nunca mais voltarão.

Podemos imaginar que os vizinhos de Petrosino ouviram a ária muitas vezes naquela noite.

A MÃO NEGRA

1

"Esta Capital de Meio Mundo"

E M 3 DE JANEIRO DE 1855, um homem jazia morto na margem do rio Mississippi, não muito distante de Nova Orleans, tendo a poucos metros de sua mão estendida a água que fluía para o sul, rumo ao Golfo do México. Mesmo de longe, ficaria claro a qualquer observador que a morte do homem havia sido violenta. Tinha a camisa coberta de sangue, furada em vários pontos; ele fora esfaqueado mais de uma dúzia de vezes. Além disso, a garganta fora cortada de orelha a orelha e, com o calor, o sangue do ferimento coagulava-se, formando uma espessa camada. O nome do homem era Fransisco Domingo, e ele foi a primeira vítima conhecida da Mão Negra nos Estados Unidos.

Joseph Petrosino só nasceria dali a cinco anos. A Sociedade o precedera no continente em quase duas décadas.

Diferentemente de Domingo, e da maioria de seus futuros inimigos, Petrosino não era siciliano. Ele tinha vindo da província de Salerno, da região da Campânia, próximo à área que, na bota da Itália, forma a parte da frente do tornozelo. Giuseppe Michael Pasquale Petrosino nasceu na aldeia de Padula, localidade de um famoso mosteiro cartuxo, em

30 de agosto de 1860. O pai, senhor Prospero, era alfaiate, e a mãe, Maria, dona de casa. A família era pequena para os padrões italianos. Petrosino partilhava com um irmão e uma irmã, ambos mais novos, a humilde casa do alfaiate, que foi atingida por duas tragédias quando Giuseppe era jovem. A mãe morreu durante sua infância – o motivo não foi registrado –, e Giuseppe contraiu varíola, doença muitas vezes fatal, na década de 1860. Ele sobreviveu, mas carregou as cicatrizes na pele pelo resto da vida.

A primeira crise foi, provavelmente, a que mais afetou a criança. Petrosino nunca mencionou a mãe – ele raramente falava de assuntos pessoais –, e se tornaria notório por seus silêncios, por uma introspecção a respeito da qual muita gente comentava e apresentava suas teorias; sua falta de instrução e as dificuldades de seu trabalho eram dois temas populares. "Ele nunca sorria" era uma descrição costumeira nas matérias que proliferaram nos jornais no início dos anos 1900, quando Petrosino ganhou fama nacional. Não era verdade. Petrosino era capaz de sentir forte emoção, alegria e ternura, bem como uma grande fúria; algumas pessoas próximas a ele chegaram a jurar que seria possível convencê-lo a fazer imitações em festas. Todavia, com certeza, a perda da mãe deixou uma marca profunda e triste em sua personalidade.

Os anos de sua infância marcaram um período de formação para a Itália. Giuseppe Garibaldi estava liderando a guerra pela unificação dos estados da península, incluindo o Reino das Duas Sicílias e os Estados Pontifícios, para criar a moderna nação da Itália. No entanto, a pobreza e o desgoverno persistiram, sobretudo nas regiões do sul, então, em 1873, quando Petrosino tinha 13 anos, seu pai decidiu tentar a sorte nos Estados Unidos. Prospero comprou passagens para a família para que partissem em um veleiro provido de motor a vapor com destino a Nova York.

Os 13 anos são considerados uma idade importante no Mezzogiorno: marcam o momento em que um menino deixa para trás seus interesses infantis e aprende como é o mundo e como se espera que alguém se comporte nele. De maneira geral, é considerada a idade em que o homem começa sua vida adulta. A essa altura, Petrosino teria absorvido muitas regras da vida e da honra italiana, sendo a mais importante a *ordine della famiglia* (ordem da família) – valores e costumes essenciais que ditavam todo comportamento que deveria ser adotado nas cidades da Itália meridional. Um dos princípios mais importantes da *ordine* dizia que o cidadão nunca deveria se colocar antes da família, nunca deveria permitir que suas ambições prevalecessem sobre seu dever. O severo Mezzogiorno, onde a vida era uma batalha, exigia obediência a seus entes queridos.

Depois de vinte e cinco dias, a família Petrosino chegou a Nova York, integrando uma onda inicial de migração italiana composta, em sua maioria, de trabalhadores qualificados e pessoas instruídas. A família se estabeleceu em Manhattan, e Petrosino foi matriculado em uma escola pública, onde começou a aprender inglês (como falava apenas italiano, ele deve ter entrado em alguma série anterior à que deveria cursar). A era da imigração italiana em massa para os Estados Unidos ainda não havia começado. Havia apenas 25 mil imigrantes italianos em 1875, e eles foram assimilados com relativa facilidade à tessitura de cidades como Nova York e Chicago. Logo depois da década de 1880, uma grande quantidade de migrantes da Itália muito pobres começaria a chegar à costa leste. Isso causou uma imensa tensão junto à população nativa. Em 1888, uma série de charges em um jornal de Nova Orleans foi publicada com o título "Sobre a população italiana". Uma ilustração mostrava uma gaiola cheia de italianos sendo baixada em um rio. A legenda dizia: "A forma de livrar-se deles". Em 1873, portanto, o jovem Joseph enfrentou o ódio nas ruas da zona mais baixa de Manhattan.

Os italianos estavam se estabelecendo em bairros que pertenciam aos irlandeses fazia pelo menos duas gerações. Os recém-chegados, com a melodia estranha e fluida de seu idioma, suas festas barulhentas, sua pele cor de oliva e suas comidas desconcertantes, estavam em menor número e eram objeto de grande desprezo. Quando uma família italiana se mudava para um cortiço, os irlandeses, quase sempre, se mudavam dali. Nos locais de conflito, policiais enfileiravam-se nas ruas todos os dias assim que o sinal de saída soava na escola local. Quando as crianças italianas saíam pela porta da frente, um clamor erguia-se dos cortiços próximos, ecoando no calçamento das ruas, enquanto uma mãe irlandesa após a outra abria a janela, se debruçava para fora e gritava para os filhos lá embaixo *"Matem os dagos!"*.* Os garotos de pele clara ouviam isso, apanhavam pedras e atiravam-nas na cabeça de meninas e meninos italianos, que saíam em grupos da escola. Pequenas gangues atacavam as crianças de cabelos escuros e tentavam intimidar os retardatários. Se encurralassem algum, batiam nele até lhe arrancar sangue. "Costumava ser simplesmente um caos", lembrou um homem que teve de passar por esse ritual diário quando menino.

Receando ter os dentes quebrados e ficar com ossos rachados, um grupo de estudantes italianos voltou-se para um recém-chegado que parecia irradiar força. O jovem Joe Petrosino nunca evitara uma batalha contra os irlandeses; na verdade, ele parecia gostar delas. Quando tocava o sinal de saída, Joe conduzia seus companheiros imigrantes para as ruas, com seus olhos atentos aos inimigos. Se um garoto irlandês conseguisse se esgueirar entre a polícia e lançar uma pedra contra alguma das crianças italianas que se protegiam atrás dele, Joe se virava e o atacava. Ele começava desferindo socos na cabeça do agressor e, em seguida, tentava quebrar o crânio do menino irlandês no calçamento de pedra da rua. Muitas vezes, Petrosino voltava para casa com a camisa coberta de sangue. Com o tempo, uma pequena lenda começou a se fazer em torno de seu nome.

Apesar de sua iniciação, muitas vezes, brutal à vida em Manhattan, Petrosino deu sinais de ser um típico imigrante americano: ele começou a desenvolver uma forma de subir na vida. Ele e outro garoto italiano, Anthony Marria, abriram um negócio de jornais e engraxate em frente ao número 300 da rua Mulberry, no que em breve seria conhecido como Little Italy ("Pequena Itália"). O prédio era a sede do Departamento de Polícia de Nova York, e, enquanto vendia cópias do *World* e do *Herald*, Petrosino lustrava os sapatos dos policiais vestidos com uniformes de lã azul-escura com botões dourados brilhantes. Alguns dos oficiais tratavam os meninos com gentileza, mas outros os chamavam de "*dago*", "*wop*" (abreviação de *without papers* ["sem documentos"]) ou "guiné", insulto particularmente odiado que ligava os italianos à escravização, pois o termo, a princípio, se referia às pessoas traficadas da Guiné, na costa oeste da África.

Os insultos não dissuadiram o adolescente. "Petrosino era um garoto grande e corpulento", lembrou seu amigo Anthony, "e era muito ambicioso." A maioria das crianças italianas abandonava a escola cedo para trabalhar nas lojas de roupas que surgiram por toda a Little Italy, ou recolhiam retalhos ou se tornavam aprendizes de sucateiros ou de vendedores de rua. Joe permaneceu por mais tempo na escola do que a maioria dos outros garotos imigrantes, enquanto mantinha o que equivalia a um emprego em tempo integral – engraxando sapatos. No entanto os estudos acabaram perdendo para a necessidade de ganhar dinheiro. Petrosino abandonou as aulas na Escola Pública 24, na esquina da Bayard com a Mulberry, depois de cursar a sexta série.

Com o fim de seus dias na escola, Joe se juntou aos milhares de outros garotos italianos, alguns deles descalços mesmo nos invernos gelados de Nova York, que enchiam as ruas trabalhando como engraxates, gritando "Lustre nos sapatos?". Quando conseguia um cliente, Petrosino colocava sobre o chão um velho pedaço de tapete, para poupar os joelhos, tirava uma escova de sua caixa, removia a sujeira das botas dos operários e dos sapatos de amarrar de advogados e jornalistas que se ajuntavam em volta da sede da polícia, antes de dar ao couro um brilho intenso com seu pano.

Os engraxates, que podiam ganhar 25 *cents* por dia, estavam na base da escala econômica na Manhattan dos anos 1870. O trabalho de engraxate apresentou ao jovem italiano o lado bruto do capitalismo nova-iorquino – isto é, o Tammany Hall.* Sob o controle dos políticos irlandeses que governavam a cidade, os engraxates italianos eram forçados a pagar em espécie pelo privilégio de trabalhar em uma determinada esquina, e eram até obrigados a engraxar de graça os sapatos dos policiais, como um bônus. Qualquer garoto que se revoltasse estaria convidando um irlandês a quebrar sua cabeça.

Havia urgência por trás da determinação de Petrosino; a alfaiataria de seu pai havia falido, e o único outro homem da família, o irmão mais novo de Joe, Vincenzo, mostrara ser um inútil completo. "Ele era um irresponsável", diz o sobrinho-neto de ambos, Vincent Petrosino. "Uma profissão atrás da outra. Nunca se adaptou aos Estados Unidos." Na verdade, ninguém mais na família de Joe tinha a mesma ambição ardente que ele; eram, segundo o sobrinho-neto Vincent, "um bando de preguiçosos" que logo passaram a depender dos ganhos do adolescente apenas para sobreviver. O pai de Joe, o senhor Prospero, só sonhava em voltar para a Itália, comprar um terreno e viver seus últimos anos em meio aos pomares de cítricos da Campânia. Mas Joseph era diferente.

---

* Tammany Hall foi uma organização que dominou a política da cidade de Nova York de 1854 até a década de 1930. Originada em um clube social voltado para a comunidade irlandesa que ajudava os pobres e oferecia empregos e até moradia aos seus membros, com o tempo, seu poder e sua influência aumentaram. Ficou conhecida por suas práticas corruptas, como suborno, abuso de poder e fraude eleitoral. (N. da T.)

"Ele estava empenhado, comprometido e determinado a vencer em Nova York", recordou seu amigo Anthony Marria.

Junto à determinação e à força bruta, durante a adolescência, Joe começou a dar amostras do que os italianos chamam de *pazienza*. A tradução literal é "paciência", mas o termo tinha um significado especial na cultura do sul da Itália. Significava manter para si os sentimentos mais íntimos, à espera do momento adequado para sua liberação. Era parte do código masculino da vida no Mezzogiorno, uma defesa contra a opressão e a *miséria*. "A *pazienza* não envolve a repressão das forças da vida", escreveu Richard Gambino. "O código de reserva, de paciência, da espera pelo momento, do planejamento do evento, e então da ação decisiva e apaixonada, serve à vida [...]. Um comportamento impetuoso e mal controlado significaria um desastre." Uma forma de demonstrar *pazienza* era permanecer calmo, quase inabalável, até que surgisse a necessidade de ação. Então, nada menos do que a paixão violenta era exigida.

Um dia, Anthony e Joseph estavam lustrando sapatos na frente de um bar na esquina das ruas Broome e Crosby. Petrosino ajoelhou-se em seu velho tapete, lustrou as botas de couro de um cliente e, em seguida, levantou-se para recolher seus centavos. Parte do que ganhava seria para pagar o aluguel de sua família, outra parte, para alimentação, carvão e roupas. Assim, restava pouco, ou quase nada, para si mesmo e para realizar o seu sonho de sair da colônia italiana.

Naquela tarde, algo em Petrosino se rebelou. Enquanto Anthony olhava espantado, Joseph pegou sua pesada caixa de engraxate, ergueu-a acima da cabeça, com seus braços grossos retesados pelo esforço, e então baixou-a e a atirou na calçada. A caixa partiu-se em pedaços. Anthony ficou olhando para o parceiro enquanto os transeuntes passavam pelos estilhaços de madeira e seguiam em frente. "Tony, não vou mais engraxar sapatos", Petrosino lhe disse, com calma. "Vou ser alguém."

Esta história é tão icônica em sua americanidade que é possível suspeitar que Anthony a tenha tirado de um romance de Horatio Alger, que às vezes criava personagens que eram engraxates de olhares deslumbrados. No entanto, Anthony jurava que aconteceu de verdade. O jovem Joe havia assimilado com profundidade o ideal americano. Com a caixa destruída, sem possibilidade de ser consertada, Petrosino precisou encontrar outra forma de ganhar a vida. Ele nunca mais engraxou nenhum sapato, nem em Nova York nem em outro lugar. Seu desabafo revelou algo a Anthony. Por trás do exterior tranquilo do amigo, fortes emoções estavam em ebulição.

* * *

Petrosino saiu em busca de um emprego melhor, perambulando por toda a Manhattan e se apresentando em vendas e lojas. Tentou desempenhar uma variedade de tarefas: ajudante de açougueiro, cronometrista de trabalhadores ferroviários, vendedor em loja de chapéus, mensageiro na bolsa de valores. Chegou a viajar pelo país como músico itinerante, tocando seu violino e indo até o Deep South* antes de retornar a Manhattan. Mas nenhuma dessas ocupações ofereceu a Petrosino uma forma de ascender e sair da pobreza humilhante que via à sua volta.

Enfim, quando tinha 17 ou 18 anos, Petrosino conseguiu emprego como "asa branca", ou varredor de rua, da cidade de Nova York. Não parecia um grande avanço, mas, na época, o departamento sanitário da cidade era administrado pelo Departamento de Polícia de Nova York (NYPD – New York City Police Department). Para o tipo certo de imigrante, poderia ser um trampolim para coisas maiores.

---

* O "Sul Profundo", região sudeste dos Estados Unidos, que engloba sobretudo os estados de Louisiana, Mississippi, Alabama, Geórgia e Carolina do Sul, e uma parte do Texas e da Flórida, e também Tennessee e Arkansas. (N. da T.)

Petrosino teve a sorte de ficar sob a proteção do duro e notoriamente corrupto inspetor Aleck "Clubber" Williams, conhecido como o "Czar de Tenderloin".* Williams era irlandês até a medula, sociável e intimidante por conta de seu porte físico, uma figura que os nova-iorquinos reconheciam de imediato quando o viam caminhando pela Sétima Avenida, patrulhando sua jurisdição (e a jurisdição era de fato *dele*; nenhum bar conseguia operar e nenhum criminoso conseguia sobreviver por muito tempo sem permissão de Williams). "Sou tão conhecido aqui em Nova York", gabou-se certa vez, "que os cavalos das carruagens me dão bom-dia." Um dia, querendo impressionar alguns jornalistas que foram entrevistá-lo, ele pendurou seu relógio com a corrente em um poste de luz na rua 35 com a Terceira Avenida, bem no meio do distrito selvagem permeado de crimes de Gas House, e depois deu uma volta descontraída pelo quarteirão com os repórteres. Quando o grupo retornou ao poste, o relógio de Williams ainda estava pendurado onde ele o havia deixado. Ninguém, das centenas de bandidos que povoavam o bairro, havia ousado tocar em seus pertences.

O talento de Williams para a corrupção era outro motivo de inveja no departamento. Ele tinha uma mansão enorme, de 17 quartos, em Cos Cob, Connecticut, e um iate de 53 pés, tudo adquirido de modo ostensivo com o modesto salário de inspetor da polícia de Nova York. Quando lhe perguntaram como obtivera aquela fortuna, ele deu uma resposta esplendidamente absurda: "Negócios imobiliários japoneses!".

Em seu novo cargo, Petrosino trabalhava muito. Nova York era famosa pela imundície; a cidade era muito mais suja do que Londres ou Paris. O trabalho de Petrosino era empurrar seu carrinho de três rodas

---

* Situado no coração de Manhattan, Terderloin era o distrito de entretenimento e prostituição de Nova York. O nome foi dado justamente por "Clubber" Williams, que, ao ser transferido para a delegacia local, afirmou que passaria a comer filé mignon (em inglês, *tenderloin*), por conta das propinas que receberia. (N. da T.)

pelas ruas e varrer os paralelepípedos para remover a quantidade inacreditável de imundície acumulada durante a noite. O estrume de cavalo era um desafio à parte. Os 150 mil cavalos que viviam e trabalhavam em Nova York e no Brooklyn (que foi uma cidade independente até 1898) produziam de 1.300 a 1.800 toneladas de esterco todos os dias, e esses animais duravam apenas cerca de dois anos e meio antes de caírem mortos por excesso de trabalho. As carcaças pesavam mais de 400 quilos, era peso demais para os asas brancas erguerem, de modo que eles tinham de esperar até que estivessem parcialmente decompostas antes de colocar os corpos por partes nos carrinhos. Petrosino passava os dias varrendo, juntando e carregando pilhas de cinzas, cascas de frutas, restos de jornais e móveis quebrados, além de porcos, cabras e cavalos mortos.

Ele progrediu. Logo passou a comandar a barcaça que transportava o lixo da cidade para o Atlântico, onde jogavam bem longe da costa o material malcheiroso. Todos os dias, Petrosino conduzia a barcaça através das ondas; a água batia na frente da embarcação e erguia rajadas de borrifos salgados por cima da cabine do piloto. Se olhasse para a esquerda ou para a direita, o rapaz conseguia avistar as lanchas elegantes pilotadas pelos sofisticados ricos da avenida Madison quando passavam por ele. Talvez ele até tenha sido ultrapassado pelo barão Jay Gould, o larápio que fazia o trajeto entre a cidade e sua casa em Tarrytown em seu magnífico iate de 230 pés, o *Atalanta*, a "mais magnífica embarcação privada em uso", cujo interior tinha uma decoração tão suntuosa quanto o palácio de um rajá. Um homem menos seguro de si talvez se sentisse meio ridículo na companhia desses navios glamourosos, comandando uma embarcação repleta de cabeças podres de cavalo e cascas de banana. Um refulgente navio dos sonhos para o filho da Campânia! Entretanto, Petrosino era inabalável. Nunca lhe faltou confiança.

À medida que o jovem italiano progredia, a cidade ao seu redor se tornava mais alta, mais iluminada e mais rápida. O primeiro elevado do metrô foi inaugurado ao longo da Nona Avenida em 1868. A luz elétrica começou a substituir os antigos lampiões a gás em 1880; o calor do vapor passou a circular pela rede subterrânea a partir de 1882; a ponte do Brooklyn, concluída em 1883, transpôs com sua bela e improvável estrutura toda a largura do East River. O país estava faminto por nova mão de obra; as indústrias cresciam em ritmo acelerado e precisavam de braços fortes para minerar, extrair, forjar, construir e escavar. Nova York estava no centro dessa transformação. Oitenta das cem maiores empresas do país tinham sua sede em Manhattan. "Wall Street abastecia o país com capital", escreveu o historiador Mike Dash. "A ilha Ellis canalizava a mão de obra.* A Quinta Avenida definia tendências sociais. A Broadway (assim como a Times Square e a Coney Island) fornecia seu entretenimento." A cada quatro anos, a cidade adicionava a seus números o equivalente à população de Boston; já era a maior cidade judaica e a maior cidade italiana do mundo (um escritor chamou Manhattan afetuosamente de "esta capital de meio mundo"). E muitos de seus novos cidadãos eram recém-chegados do sul da Itália, *contadini*, camponeses pobres do Mezzogiorno. O número de italianos que viviam na cidade aumentou de 833 indivíduos em 1850 para meio milhão em 1910.

Para muitos americanos, as turbas fervilhantes, os rostos morenos e os idiomas desconhecidos eram um sinal não de progresso, mas de anarquia. Henry Adams era um deles:

> O perfil da cidade tornou-se frenético em seu esforço por explicar algo que desafiava explicações. A força motriz parecia ter se ampliado demais para a servidão e declarado sua liberdade. Os cilindros explodiam e jogavam grandes massas de pedra e vapor contra o céu.

---

* Situada na baía de Nova York, entre Nova Jersey e Manhattan, a ilha Ellis era o local onde os imigrantes desembarcavam e eram examinados para serem autorizados a entrar nos Estados Unidos. (N. da T.)

A cidade tinha o clima e a agitação da histeria, e os cidadãos clamavam, em todos os tons da raiva e do alarme, que as novas forças deviam a qualquer custo ser controladas. A prosperidade nunca antes imaginada, o poder nunca antes exercido pelo homem, a velocidade nunca alcançada por nada além de um meteoro haviam tornado o mundo irritadiço, nervoso, queixoso, irracional e amedrontado [...].

Um viajante das jornadas da história olhava através das janelas do clube para o turbilhão da Quinta Avenida e sentia-se em Roma, sob o governo de Diocleciano, testemunhando a anarquia, ciente da compulsão, ansioso por uma solução, mas incapaz de saber de onde viria o próximo impulso ou como este se desenvolveria.

Para outros, porém, as mudanças eram uma oportunidade de ganho financeiro e de garantir sua permanência no poder. A Tammany Hall, que estava lucrando milhões com a nova riqueza que jorrava em Manhattan, observou os imigrantes que estavam abrindo os túneis do metrô e trabalhando nas fábricas de roupas. Os irlandeses precisavam de homens que pudessem se infiltrar entre os sicilianos e os calabreses e levá-los às urnas no dia da eleição. Assim, quando Clubber Williams viu aquela barcaça manobrando graciosamente ao longo da zona portuária, com um jovem italiano dando ordens com voz firme, prestou atenção. Havia algo no jeito de Petrosino – um ar de tranquilidade que o envolvia – que despertou a atenção do inspetor.

Williams gritou através do ruído das ondas: "Por que você não entra para a força policial?". Petrosino olhou para o inspetor, atracou a embarcação, saltou para a terra e foi até o homem. Williams viu de imediato que havia um problema. Tendo 1,60 metro, o jovem italiano era baixo demais para se candidatar a recruta; o padrão mínimo era 10 centímetros mais alto que isso. Mas o policial irlandês já havia resolvido problemas muito mais espinhosos do que a baixa estatura de alguém, então ele começou a fazer *lobby* para colocar Petrosino no departamento de polícia. Pouco tempo depois, em 19 de outubro de 1883, o jovem de 23 anos foi empossado como policial.

Foi um golpe de sorte para o antigo engraxate. Petrosino tornou-se um dos primeiros policiais italianos contratados pelo NYPD, que em 1883 era uma força majoritariamente irlandesa, com uma pitada de policiais alemães e judeus. A contratação dele também foi um marco para os ítalo-americanos, que só haviam conseguido galgar pequenas posições na estrutura de poder de seu novo país. Mas se Petrosino achava que seu progresso seria comemorado entre seu próprio povo, se achava que o escudo número 285 lhe renderia os aplausos de napolitanos e sicilianos na rua Mulberry, deve ter ficado muito decepcionado. Em seu primeiro dia de trabalho, o novo policial saiu do prédio em Little Italy, onde havia alugado um apartamento, vestindo o uniforme de lã azul e um capacete de feltro, com um cassetete de madeira* encaixado numa alça lateral de couro. As novas roupas eram os sinais exteriores de sua reinvenção como americano. Desde seus primeiros passos, os italianos começaram a gritar-lhe não palavras de congratulações, mas "insultos e obscenidades". Os ambulantes, quando o viam chegar, gritavam "Salsinha fresca à venda!" (em dialeto siciliano, *petrosino* significa "salsinha"), avisando aos criminosos do bairro que um policial estava se aproximando. Não muito tempo depois, Petrosino recebeu as primeiras ameaças de morte pelo correio.

Nas terras castigadas pelo sol de onde provinham os italianos do sul, como Petrosino certamente sabia, qualquer homem que usasse um uniforme era considerado inimigo. "O governo é um enorme monstro personificado", escreveu uma autoridade da cidade siciliana de Partinico

---

* A madeira então empregada para os cassetetes era a *locust wood*. Trata-se da madeira de uma árvore nativa do Brasil, aqui conhecida como aroeira-do-campo ou gonçalo-alves (*Astronium fraxinifolium*), que à época era mais barata nos Estados Unidos do que outras madeiras usadas com finalidade semelhante. (N. da T.)

em 1885, "desde o funcionário de escritório até aquele ser privilegiado que se autodenomina rei. Ele deseja tudo, rouba sem disfarces, dispõe sobre bens e pessoas em benefício de poucos, pois é apoiado por capangas e baionetas." Até a Igreja desprezava as pessoas que aplicavam a lei. Com base na *Taxae cancellariae et poenitentiarieae romanae*, publicada entre 1477 e 1533, o arcebispo de Palermo absolvia os réus que cometiam perjúrio no tribunal, incluindo quem tivesse subornado juízes ou obstruído a justiça de outras maneiras, desde que eles saíssem livres. Na visão da Igreja, os criminosos poderiam se redimir dando esmolas à paróquia local; eram até autorizados, sob essa interpretação especial da lei da igreja, a manter os bens roubados. Mas *o birro*, o policial? Ele era um pedaço podre de carniça.

Em um bairro irlandês ou alemão, um policial recém-empossado às vezes era motivo de comemoração, mas não era esse o caso em Little Italy. Muitos achavam que Petrosino havia se juntado aos opressores na nova terra. Ele "nasceu *contadino*", disse mais tarde um siciliano-americano. Juntar-se aos estrangeiros e voluntariar-se para policiar seu próprio povo era "uma afronta extrema e deliberada" que não seria fácil esquecer. "O comportamento de Petrosino constituía uma imoralidade ofensiva, nada menos do que uma *infamia* que exigia punição. Do ponto de vista [dos sicilianos], Petrosino havia violado uma espécie de *ordine della famiglia* ampliada ao tomar no âmbito público o lado dos estranhos contra seu próprio povo e, assim, melhorar sua própria posição na vida." Segundo a mentalidade de alguns italianos do sul, Petrosino havia vendido sua honra aos brancos.

Os italianos haviam chegado aos Estados Unidos como os últimos e mais pobres dos europeus ocidentais, mas não lhes faltava confiança em sua pátria nem amor a ela. De muitas formas, eles acreditavam que a cultura que carregavam em seu sangue era superior à dos americanos. Era dever de todo italiano honrá-la.

Entretanto, Petrosino havia completado uma viagem que muitos italianos do sul achavam difícil fazer: ele acolhera de todo o coração a promessa de seu novo país. Ele havia aceitado os valores americanos como seus próprios valores. Os olhares de ódio dos seus conterrâneos devem ter sido um choque. Ser chamado de *nfame*, um informante e espião, pelas ruas de Little Italy permaneceria para sempre sendo algo doloroso para ele. "A salsinha vai dar um gosto melhor à polícia americana", era um dos gracejos sobre o novo policial, "mas sempre será indigesta."

Havia muitos italianos que pensavam diferente, que sabiam que policiais italianos eram bem necessários na colônia, então, sentiam orgulho pela conquista de Petrosino. Mas outros lhe enviavam, num fluxo constante, cartas ameaçadoras, as quais se tornaram tão alarmantes que Petrosino foi forçado a procurar outro lugar para morar. Ele encontrou um pequeno apartamento em um bairro irlandês e levou para lá seus poucos pertences. Na cultura ítalo-americana, era quase impensável que um homem solteiro deixasse a colônia e fosse morar sozinho no meio de estrangeiros. Isso marcava Petrosino como um *straniero*, um estrangeiro, vivendo entre os irlandeses pálidos e inescrutáveis. Ficar sozinho sem a família era quase deixar de existir, tornar-se o que os sicilianos chamavam de *un saccu vacante* (saco vazio), *un nùddu miscàto nìènti* (um ninguém misturado com nada). Contudo, logo no início de sua carreira, Petrosino demonstrou sua vontade de romper com as tradições que regeram a vida no Mezzogiorno durante séculos. Para poder progredir, ele partiria.

Em sua primeira missão, Petrosino foi enviado para o Tenderloin, região localizada entre as ruas 23 e 42, da Quinta à Sétima avenidas, o distrito mais problemático da cidade. A primeira prisão que fez – e que saiu no *New York Times* – foi de um ator zeloso demais, tão ansioso por praticar seu ofício que desrespeitou a proibição de apresentações teatrais aos domingos. À medida que ganhava mais experiência, passou a ser designado também para outras missões. Certa noite, ele se aventurou e foi até os píeres ao final da rua do Canal [Canal Street], um antro pestilento repleto de bares de marinheiros e bordéis. Enquanto percorria a rua em seu ritmo enérgico habitual, Petrosino ouviu gritos aflitos. À sua frente, avistou uma agitação. Um grupo de homens brancos estava curvado sobre alguém caído na calçada; atacavam com violência um homem negro chamado William Farraday.

A reputação dos afro-americanos entre os policiais do NYPD não era favorável. Muitos policiais eram racistas radicais. Até mesmo o homem que em breve seria comissário de polícia expressou uma opinião ruim sobre os cidadãos negros da cidade. "O negro de Tenderloin", disse William McAdoo, "é um malandro arrumado demais, cheio de joias, e, em muitos casos, é um criminoso completo." Entretanto, ao ouvir os gritos de Farraday, o cabo Petrosino não hesitou. Ele avançou, tirando o cassetete de sua alça de couro enquanto corria, e, ao chegar ao aglomerado de homens, acertou o porrete de madeira dura na cabeça do primeiro sujeito branco que encontrou. Depois de mais alguns golpes, os atacantes fugiram. "Quatro homens estavam tentando me matar", lembrou Farraday. "Joe veio e me salvou no último minuto." Farraday iria se lembrar do incidente pelo resto de sua vida.

Petrosino demonstrou ser um policial nato. Ele era um mago das línguas; dominava não apenas o dialeto regional de sua Campânia natal como também a maioria das línguas regionais faladas pelos italianos de Nova York: abruzês, napolitano, siciliano e apuliense. Ele era incorruptível; nunca seria acusado de receber propina. E era excepcionalmente duro. Se ele perdeu uma única briga de rua em sua longa carreira, ninguém nunca relatou. No entanto, sua qualidade passou despercebida nos primeiros anos de profissão. Petrosino havia entrado para uma fraternidade irlandesa formada pelo mesmo tipo de homem que tentara separar sua cabeça do pescoço em brigas de rua quando ele estava na escola. Havia pouca esperança de progresso para um italiano no departamento de polícia de Nova York. Apenas os irlandeses e os alemães eram escolhidos para a unidade de homicídios ou para a divisão de detetives, consideradas as elites do departamento. Não havia um único sargento nem um detetive italiano em todo o departamento no final dos anos 1800 – em todo o *país*, aliás. Os irlandeses encaravam uma vaga do NYPD como um direito de nascença; policiais veteranos, às vezes, davam a seus filhos pequenos cassetetes de brinquedo como presente de aniversário, para que se divertissem até ter idade suficiente para ingressar no departamento. Um irlandês declarou: "Você não conseguia andar dois quarteirões da cidade sem topar com um uniforme azul com o nome O'Brien, Sullivan, Byrnes, O'Reilly, Murphy ou McDermott [...]. No fundo, o desejo do meu pai de fazer de mim um policial era regido pelo sangue irlandês em suas veias, mesmo quando eu ainda estava no berço".

Mesmo com um mentor como Clubber Williams, Petrosino era um *outsider*. As dependências de delegacias de polícia onde ele dormia com frequência naquele primeiro inverno, seu uniforme secando em um varal pendurado rente a uma parede e um fogão a lenha de ferro ardendo no centro da sala eram lugares frios para qualquer filho da Itália, onde os policiais irlandeses o olhavam com repulsa ou ódio velado. Alguns recusavam-se a falar com ele ou, quando o faziam, chamavam-no de "guiné" na cara dele. "Todo o pessoal do departamento se voltou contra ele", escreveu um jornalista sobre esse momento da vida de Petrosino. "Em silêncio e com dignidade, ele suportou as provocações, as ofensas e os insultos que lhe eram dirigidos por pessoas de diferentes nacionalidades." À medida que o ritmo da imigração italiana acelerava ano a ano, e o preconceito crescia nas ruas, esperava-se de qualquer imigrante que desejasse "ser alguém" que mantivesse silêncio. No entanto, esse não era o preço total a se pagar, como Petrosino logo descobriria.

2

Caçador de Homens

NOS PRIMEIROS DIAS DE 1895, Teddy Roosevelt, sentindo-se perdido depois que sua esposa o proibiu de concorrer à prefeitura de Nova York, foi se refugiar em Sagamore Hill, sua propriedade em Cove Neck, Long Island. Estava deprimido e irritado, sentia ter perdido "aquela chance de ouro única, que nunca mais volta". Numa tarde, abriu um livro de fotografias do reformador social Jacob Riis. *How the Other Half Lives – Studies Among the Tenements of New York* [Como o outro lado vive – Estudos entre os cortiços de Nova York] expunha o desespero que havia brotado nas sombras da nova Manhattan: pobreza, desesperança e alcoolismo eram os temas de Riis. A nova tecnologia, da fotografia com *flash*, o incentivou a entrar em cortiços da rua Mulberry e em outras áreas da parte baixa de Manhattan e registrar imagens de crianças descalças dormindo sobre grades e de homens e mulheres amontoados em quartos minúsculos como coelhos imundos.

Essas fotos chocaram Roosevelt, assim como chocaram muitos nova-iorquinos de classe alta que raramente desciam abaixo da rua 14, que constituía a linha divisória entre a modernização de Nova York e o mundo dos imigrantes. "Homem nenhum ajudou tanto quanto ele", recordou Riis. "Durante dois anos em que moramos na rua Mulberry, fomos irmãos." Roosevelt tornou-se chefe do Conselho de Comissários de Polícia de Nova York e empenhou-se na reforma do NYPD, que era conhecido como um antro de corrupção. "Cante, musa celeste, o triste desânimo de nossos policiais", clamava o *New York World*, carro-chefe do império jornalístico de Joseph Pulitzer. "Temos um delegado de polícia de verdade. Seu nome é Theodore Roosevelt [...]. Seus dentes são muito brancos e quase tão grandes quanto os de um potro. Parecem dizer 'diga a verdade a seu comissário, ou ele arrancará sua cabeça a dentadas!'." Roosevelt contratou policiais com base na habilidade, e não em filiação partidária, instalou telefones nas delegacias, ordenou que se fizessem exames físicos anuais e inspeções de armas de fogo, e foi de delegacia em delegacia certificando-se de que os homens estavam levando a sério seus deveres. Detetives foram realocados e até demitidos. Abriram-se vagas, e Roosevelt, ciente de que as colônias de imigrantes precisavam de policiamento, foi buscar um italiano que pudesse apoiar. Encontrou Joseph Petrosino. Em 20 de julho de 1895, depois de apenas dois anos no cargo, Petrosino tornou-se o primeiro sargento e detetive italiano do país.

Conhecer T. R. foi como ter sido tocado no ombro por um príncipe real. Os dois homens, tão parecidos em sua tenacidade canina, estabeleceram uma espécie de amizade. "Ele não conhecia a palavra 'medo'", diria mais tarde Roosevelt a respeito de Petrosino, com palavras que poderiam ter descrito seu próprio caráter. Por sua vez, Petrosino logo compreendeu quão importante poderia ser para sua carreira um patrono como Roosevelt. Ele elogiava o comissário a repórteres e colegas policiais em todas as oportunidades que tinha.

Em seu novo papel como detetive, Petrosino se superou; ele quase não dormia. Ele inovava. Ele usava disfarces de um modo que fazia com que os outros detetives zombassem dele. Dizia-se que o armário de seu apartamento parecia saído dos bastidores da Metropolitan Opera. Sua estonteante variedade de fantasias poderia transformá-lo em qualquer um entre dezenas de identidades: um simples operário, um gângster, um judeu ortodoxo, um mendigo cego, um burocrata do serviço de saúde, um padre católico. Petrosino entrava no apartamento como ele mesmo e saía como outra pessoa. Ele colocava roupas de trabalho rasgadas, levava uma picareta e conseguia um emprego trabalhando nas ruas, onde se parecia com qualquer outro trabalhador siciliano. Ele voltava à delegacia, depois de semanas nessas tarefas secretas, com as mãos cobertas de calos – Petrosino não fingia ser um operário, ele *se tornava* um –, e seu caderno de notas ficava cheio de novas pistas. Ele até encarnou o estereótipo italiano irrevogável: o homem do realejo com seu macaco.

Embora ele tivesse encerrado sua educação escolar na sexta série do ensino fundamental, o jovem detetive tinha fome de conhecimento. "Um de seus maiores prazeres era discutir assuntos estéticos com intelectuais", escreveu um jornalista. "Ele era sensível e emotivo. Também adorava fazer amizades e os prazeres da vida social." Ele poderia *parecer* estúpido, mas apenas porque isso era útil a seu trabalho. Ele tinha aprendido a imitar o *grignono*, ou novato, que acabava de chegar de Gênova em um navio a vapor. Era algo que Petrosino de fato praticava. "Ele é um mestre na arte de fingir uma ingenuidade reservada", disse um escritor italiano. "Mais de um ladrão e assassino, porém, aprendeu em primeira mão como sua mente é rápida e como seu braço é ágil." Este era, de certa forma, um tipo de comentário que demonstrava o baixo conceito que a maioria dos americanos tinha dos italianos: que melhor maneira de se tornar invisível do que se esconder por trás da máscara de um guiné estúpido? Mais de um policial irlandês passou pelo detetive disfarçado e nem percebeu.

Em seu novo cargo, Petrosino brilhou. Em vez de usar arquivos, como era costume entre os detetives, ele carregava seus casos "no chapéu"; ou seja, memorizava cada detalhe, com os nomes de milhares de

criminosos italianos, seus rostos, as estatísticas essenciais, os antecedentes regionais, os hábitos e os crimes dos quais eram acusados. Certa noite,
ele subiu as escadas para visitar amigos que moravam no último andar de
um prédio na Primeira Avenida, 2428. Enquanto subia, ele olhou para a
direita e viu, através da porta aberta de um apartamento, um homem sentado à mesa de uma cozinha. Petrosino subiu mais alguns degraus, parou,
ficou imóvel por um instante e, então, desceu de novo. Ele entrou pela
porta, que estava aberta, e foi em direção ao homem ordenando-lhe que
se levantasse e, depois, informou-o de que seu nome era Sineni, que ele
havia sido acusado de matar Oscar Quarnstrom com uma navalha quatro
anos antes em Chicago e que era procurado pela polícia por assassinato.
Quarenta e oito meses antes, Petrosino havia visto de relance uma circular enviada pela polícia de Chicago, e algo no rosto desse homem – visto
por uma fração de segundo – ressoara com aquela lembrança. Sineni confessou o crime e foi enviado a Chicago para ser julgado.

Petrosino logo superou seus colegas. Ele rastreou e desbancou a quadrilha do "seguro de ressurreição", cujos membros estavam comprando
apólices, declarando-se mortos e, em seguida, vivendo dos proventos do
golpe. Ele descobriu um esquema em que italianos inocentes estavam sendo assassinados por gângsteres que fingiam tê-los conhecido na Itália e,
então, contratavam apólices de seguro em nome das vítimas antes de mi-
nistrar-lhes uma dose letal de veneno. Em um ano, Petrosino conseguiu
promover 17 condenações por assassinato, um recorde no NYPD; até o
fim de sua carreira, ele enviaria uma centena de assassinos para a cadeira
elétrica ou para cumprir longas penas na prisão de Sing Sing[*].

---

[*] O Centro Correcional Sing Sing, anteriormente Centro Correcional de Ossining,
  é uma prisão de segurança máxima operada pelo Departamento de Correções e
  Supervisão Comunitária do Estado de Nova York na vila de Ossining, Nova York.
  Fica a cerca de 30 milhas ao norte da cidade de Nova York, na margem leste do
  rio Hudson. (N. da T.)

Os habitantes de Manhattan, não apenas os italianos, começaram a falar sobre esse novo e impressionante detetive. Petrosino se tornou tão famoso que criminosos que chegavam do sul da Itália pediam para ser levados até ele, pois queriam vê-lo de perto. Eles se juntavam na altura da rua Mulberry 300, na calçada do outro lado, e ficavam observando em silêncio para ver quando os policiais de uniforme azul e os detetives de sobretudo saíam e se reuniam nos degraus ou rumavam para suas missões. Às vezes, os criminosos ficavam esperando durante horas, até que um amigo se aproximasse e dissesse "É ele!". Lá estava Petrosino, com seu pescoço de touro, seus olhos escuros, vestido todo de preto, usando seu característico chapéu-coco. Eles memorizavam as linhas de seu rosto, sua altura (às vezes, ele usava palmilhas para parecer mais alto), suas passadas largas. Havia uma razão funcional para essa inspeção: os homens queriam saber como era Petrosino para poder evitá-lo durante suas atividades criminosas. Mas eles também estavam, com toda a probabilidade, um tanto fascinados. *Um italiano legítimo que conhece Teddy Roosevelt!* Eles eram ladrões e assassinos, sim, mas também eram imigrantes. "Petrosino parecia sintetizar a história de sucesso nos Estados Unidos", escreveu o historiador do crime Humbert Nelli, "para muitos da colônia italiana e fora dela."

Alguns desses homens se tornariam os precursores da Sociedade da Mão Negra, que estava, nos últimos dias do século, começando a se espalhar como tifo pelos corredores dos cortiços da rua Mulberry.

É revelador que o ítalo-americano mais famoso do país no fim dos anos 1800 fosse aquele que havia sido escolhido pelos poderosos para perseguir e prender seus compatriotas. Havia artistas e intelectuais entre os migrantes do Velho Mundo – professores clássicos, escritores, cantores de ópera, pedreiros que produziram grandes obras civis –, mas o país basicamente os ignorou. Foi Petrosino, o "caçador de homens", que fascinou a velha linhagem americana dos Knickerbockers e WASPs,* e eles o acolheram como a nenhum outro ítalo-americano de seu tempo. Era como se a ideia que a nação fazia do italiano fosse tão estreita e restrita que conseguisse acolher apenas duas figuras entre as milhares que entravam pelos portões da ilha Ellis: o assassino, que aterrorizava os americanos, e seu oposto, o homem da lei, o salvador.

* * *

HAVIA UMA QUALIDADE ESPECÍFICA QUE EXPLICAVA POR QUE O DETETIVE era respeitado, até idolatrado, na rua Mott, pelo menos por aqueles que não o detestavam. Isso foi amplamente demonstrado no caso Angelo Carbone.

O jovem italiano estava bebendo em um café chamado Trinarcia, em uma noite de 1897, quando se envolveu em uma discussão com um homem chamado Natale Brogno, de 42 anos. Durante a briga, Brogno levou uma facada nas costas. Carbone jurou ser inocente, mas, depois de um julgamento de oito horas (um dos mais rápidos da história de Nova York até então), um júri de Manhattan o condenou por assassinato. O juiz irlandês, que também era o Grande Sachem (líder) da Tammany Hall, condenou Carbone à morte, dizendo-lhe que a condenação era um aviso a todos os italianos, "que eram muito propensos a cometer crimes desse tipo". Perguntaram ao réu, que estava perplexo, se ele tinha algo a declarar. "Excelência", disse Carbone, "por que eu, que sou inocente, deveria ser obrigado a morrer como um exemplo para os outros?" O jovem foi levado à prisão de Sing Sing para aguardar seu encontro com a Old Sparky, a cadeira elétrica de madeira construída por

---

* Knickerbockers eram os descendentes dos holandeses fundadores de Nova Amsterdam, que depois se tornou Nova York. Os WASPs (acrônimo, em inglês, para *White, Anglo-Saxon and Protestant*, ou "brancos, anglo-saxões e protestantes) eram os descendentes de colonos ingleses protestantes. (N. da T.)

um dentista que se inspirou no relato de um bêbado que foi eletrocutado ao tocar em um cabo de energia.

Petrosino não estava envolvido nesse caso, mas, logo depois da condenação, ele começou a ouvir murmúrios na rua Mott de gente que afirmava que Carbone era um homem trabalhador, respeitoso, diferente da *marmaglia*, ou gentalha, que em geral estava envolvida em esfaqueamentos. Havia indícios que apontavam para outro homem. Não havia nenhuma razão particular para Petrosino se importar com Angelo Carbone; não houve nenhum clamor na imprensa, nenhum pedido de novo julgamento, e o NYPD tinha certeza de que havia detido o homem certo. Reabrir o caso despertaria ressentimento entre seus colegas policiais. Ainda assim, a história de Carbone incomodou o detetive durante os últimos dias de 1897. Por fim, ele resolveu dar uma olhada no caso.

O detetive pegou o trem até Sing Sing (a famosa prisão que recebeu o nome de uma tribo local de nativos americanos, Sinck Sinck, que significa "pedra sobre pedra"), localizada na margem leste do rio Hudson, cerca de 50 quilômetros ao norte da cidade. Ele entrou na prisão, que fora construída com mármore cinza nativo e era vigiada por atiradores armados que observavam o pátio a partir de suas torres de vigia cônicas. Os guardas conduziram Petrosino até a Casa da Morte, onde eram mantidos os condenados, e então para a cela de Carbone, úmida e gelada, de um metro por dois e meio. Lá, o preso contou ao detetive toda a história em italiano. "*Io non l'ho ucciso*", disse no final. "Eu não o matei." Petrosino resolveu investigar o assassinato.

A princípio, ele investigou a vida da vítima, Brogno, e descobriu que ele tinha vários inimigos conhecidos. Um em particular se destacou: Salvatore Ceramello, de 62 anos, que tinha um histórico de violência e estava no café na noite em que Brogno morreu. Um fato que Petrosino achou de especial interesse: Ceramello havia desaparecido no dia seguinte ao assassinato e não foi mais visto em Little Italy desde então.

Petrosino partiu para localizar Ceramello; primeiro, foi atrás de pistas em Jersey City e na Filadélfia. Como não encontrou nada, foi mais longe, para os bairros italianos de Montreal, onde de novo as buscas foram infrutíferas. O detetive então tomou um navio para a Nova Escócia. Na mala, carregava diversos disfarces, os quais ele alternava com regularidade: operário, trabalhador da saúde, homem de negócios, entre outros. A pista que o levou à Nova Escócia, porém, acabou sendo mais um beco sem saída. Ceramello não estava em lugar algum. Desanimado, Petrosino voltou a Nova York e começou a pressionar seus *nfami* por novas informações. O encontro de Carbone com a cadeira elétrica, em que seria levado à câmara da morte por sete guardas e um capelão, no horário tradicional das 23 horas de uma quinta-feira à noite, estava se aproximando.

Dias depois de sua volta, Petrosino recebeu a informação de que Ceramello estava morando em uma casa nos subúrbios de Baltimore. De imediato, ele embarcou em um trem para o sul e seguiu para a rua onde Ceramello havia sido avistado. Passou a vigiar a área, observando a casa dia e noite. Ele viu homens e mulheres entrando e saindo da residência, mas ninguém que se encaixasse na descrição de Ceramello.

O tempo estava se esgotando. Petrosino precisava voltar a seus casos em Manhattan e, mais urgente ainda, a execução de Carbone seria dali a poucos dias. O detetive não podia esperar mais.

Usando uma barba falsa, Petrosino bateu na porta da casa. Uma mulher atendeu e observou Petrosino, claramente desconfiada. "Sou do serviço de saúde", informou o detetive. "Disseram-me que havia um caso de varíola aqui." A mulher ficou pensativa por um instante. No entanto, de repente, ela agarrou a porta e tentou golpear Petrosino no rosto com ela. O detetive avançou e empurrou a porta com violência antes que ela pudesse fechá-la. A mulher cambaleou para trás, xingando Petrosino enquanto ele entrava no apartamento. O detetive deu a volta para examinar a sala onde se encontrava, e seu olhar fixou-se em um velho que estava sentado numa cadeira, segurando um machado. O homem estivera cortando pedaços de lenha para que coubessem no fogão. Petrosino perguntou-lhe qual era o seu nome.

– Meu nome é Fioni – o homem respondeu.

Petrosino sacudiu a cabeça e disse:

– Você quer dizer que seu nome é Ceramello.

O velho encarou o estranho e perguntou quem ele era.

O detetive respondeu:

– Meu nome é Petrosino.

Ceramello estava armado. No entanto, ao ouvir o nome do detetive, a vida pareceu escapar dele. Ceramello se entregou sem lutar. Petrosino conduziu o homem para fora de casa, e os dois se dirigiram ao escritório telegráfico mais próximo. Minutos depois, um despacho chegou à rua Mulberry, 300: "BALTIMORE – ALLESANDRO CIAROMELLO PRESO. OBTIDA CONFISSÃO COMPLETA. TEM A FACA COM A QUAL MATOU NATTALI BROGNO. CHEGANDO HOJE. PETROSINO".

Naquela noite, Angelo Carbone estava sentado em sua cela em Sing Sing quando um guarda se aproximou e passou um pedaço de papel pelas grades. O prisioneiro desdobrou-o. Um telegrama. Carbone olhou para ele sem reação; a mensagem estava em inglês, que ele não sabia ler. Um tradutor foi chamado e ele disse a Carbone que o telegrama era de seu irmão Nicolo. "Fique tranquilo", leu o intérprete. "Ciaramello foi preso." Carbone se manteve num silêncio atordoado, depois caiu no choro e gritou: "Estou salvo!".

Menos de uma semana antes da execução programada, Angelo Carbone deixou Sing Sing como um homem livre e voltou para os braços de sua família. Ceramello tomou seu lugar no Corredor da Morte e acabou sendo executado.

Carbone nunca desfrutou plenamente de sua miraculosa liberdade. Nos meses que se seguiram à sua libertação, começou a se comportar de forma errática e apresentou sinais de um nervosismo extremo. O que ele fez ou disse nunca foi registrado com exatidão, mas foi perturbador o suficiente para que sua família o levasse para ser examinado por uma série de médicos que, por fim, chegaram a um diagnóstico de insanidade. Carbone estava obcecado com a ideia de que seria levado de volta para Sing Sing e que morreria na cadeira elétrica. Esse pensamento obsessivo havia perturbado sua mente.

Muitos italianos se identificavam com o medo de Carbone. Incontáveis homens italianos definharam nas prisões de Nova York, condenados por estarem perto do local de um crime ou por serem considerados violentos por sua própria natureza. "Em todos os crimes, de qualquer tipo", escreveu Arthur Train, que trabalhou na promotoria de Nova York, o público considerava os italianos "capazes apenas de atos de bandidagem".

Ser italiano nos Estados Unidos era ser meio culpado.

Essa era a razão secreta pela qual Petrosino era amado na colônia. Na ausência de representantes italianos eleitos, ele era um irmão, um escudo. Se ele acreditasse que você era culpado, o perseguiria até os confins da terra. Se achasse que você era inocente, não descansaria até vê-lo livre.

O DETETIVE COMEÇOU A FAZER AMIZADE COM OS PODEROSOS – promotores, advogados de defesa, juízes e jornalistas. Esses homens descobriram que sob o exterior severo de Petrosino havia uma veia de sociabilidade, como uma fonte que borbulhava sob uma dura paisagem calcária. "Petrosino não era nenhum latino temperamental nervoso", escreveu um jornalista do *Evening World*. "Ele era um amigo simpático, alegre, que sabia entreter os demais com músicas, histórias e imitações." Um aristocrata formado em Harvard convidou Petrosino a sua casa para conversarem sobre um caso cuja acusação ele apresentaria no dia seguinte, um assassinato no Parque Van Cortland, no Bronx, que Petrosino resolvera de forma brilhante. Foi um convite de trabalho que, contudo, transformou-se em outra coisa – "a noite mais emocionante de minha vida", lembrou o promotor. Petrosino sentou-se ereto em uma poltrona, com "sua grande e feia cara de lua inexpressiva, exceto por um brilho ocasional de seus olhos negros"; o promotor e sua esposa ficaram ouvindo ao lado da lareira crepitante enquanto o detetive desenrolava sua narrativa. "Tão vívido era o relato de Petrosino sobre seus trabalhos", disse o promotor, "que, ao abrir o caso no dia seguinte para o júri, precisei apenas repetir a história que ouvira na noite anterior." O assassino foi logo condenado.

Os jornalistas iam atrás de Petrosino sentindo que ele tinha uma chave para a mística essência dos italianos. Encontraram nele um companheiro de jantar encantador e surpreendente. "Um homem grande e corpulento com brilhantes olhos negros e voz melodiosa" era como um jornalista se lembrava dele, "perspicaz e criativo". Quando Petrosino percorria Little Italy, as crianças o seguiam durante as rondas que ele fazia, "seus olhos escuros e inquietos estudando os rostos de todos por quem ele passava". Muitas vezes, quando ia prender um homem em algum dos bares que funcionavam nos porões da cidade, ele sequer apresentava o distintivo ou sacava sua arma de serviço, uma .38 Smith & Wesson. Ele simplesmente dizia "meu nome é Petrosino", e o criminoso quase sempre se levantava e ia com ele. Era como se aquela palavra – "Petrosino" – tivesse mais prestígio do que todo o Departamento de Polícia de Nova York, com seus dez mil homens.

O detetive passava o dia inteiro com policiais, jornalistas e juízes; ele vivia em um mundo masculino em sua maioria. Ao contrário de muitos de seus colegas, não tinha namorada nem esposa, e alegava ser algo proposital. "O departamento de polícia é a única esposa que tenho direito de ter", disse ele certa vez. "Há mortes súbitas demais neste ramo. Um homem não tem o direito de trazer uma mulher para isto." No entanto, ele tinha amigos por toda a cidade, e suas relações eram, muitas vezes, construídas em torno de seu primeiro amor: a ópera. "Se ele falasse de música com você", escreveu um jornalista do *New York Sun*, "diria que 'Lucia' era sua favorita, que 'Rigoletto' ocupava o segundo lugar e que gostava de 'Ernani' e 'Aída'. Wagner, ele admitia, não agradava tanto a seu ouvido, embora gostasse muito de 'Tannhauser'." Michael Fiaschetti relembrou que o detetive visitava o apartamento de sua família aos domingos para conversar e ouvir enquanto o pai de Fiaschetti tocava ao piano as peças favoritas deles. Já nessa época Fiaschetti sabia quem era Petrosino. "A reputação dele estava por toda a cidade", recordou Fiaschetti. "Estar diante dele era como fazer uma reverência a um rei." Entre uma ária e outra, o jovem perguntava ao detetive sobre esta ou aquela prisão, e Petrosino o brindava com um relato de suas últimas aventuras. O garoto de 18 anos ficava extasiado por estar na presença desse semideus, mas se surpreendia por Petrosino ser diferente do que havia imaginado: "de meia-idade e com um jeito tranquilo [...]. Dificilmente acharíamos que era o herói cujos feitos arriscados e embates corpo a corpo [...] eram uma lenda". Fiaschetti, um jovem musculoso de cabelos negros reluzentes, fez uma comparação entre si e Petrosino e descobriu, para sua surpresa, que "eu parecia mais um detetive durão do que ele". Mas quando Fiaschetti conversava com Petrosino naquelas longas tardes de domingo, e ouvia as histórias sobre suas perseguições a homens que haviam matado dez ou quinze vezes na Itália, e sobre como ele prendera este ou aquele gângster sem contar com nenhum apoio, sua impressão, aos poucos, começou a mudar. "Havia algo em seu comportamento calado e um tanto fatal", lembrou, "que impedia que um homem falasse muito alto."

À medida que a fama de Petrosino se espalhava, um mito começou a crescer em torno dele. Não é possível rastrear a fonte precisa da história, mas ela continua a fazer parte da lenda dele até hoje. Dizia-se que, ainda menino, Petrosino havia emigrado antes do restante da família para viver com seu avô em Manhattan. Nessa versão da história, o avô havia morrido em um acidente de bonde e Petrosino e seu jovem primo Antonio ficaram sozinhos. Por isso, foram parar no Tribunal de Órfãos. Um juiz irlandês generoso teve pena dos dois meninos e, em vez de enviá-los para um orfanato, levou os dois para casa e cuidou deles até que outros membros da família de Petrosino chegassem aos Estados Unidos. "Em consequência", conta a lenda, "Joseph Petrosino e seu primo Anthony Puppolo viveram com uma família irlandesa 'com conexões políticas' por algum tempo, e isso abriu caminhos de educação e emprego nem sempre disponíveis para imigrantes mais recentes, em especial imigrantes italianos."

Essa última história é ficção. Não existiu avô nos Estados Unidos, nem acidente de bonde, nem juiz irlandês. Petrosino foi criado em uma casa italiana e aprendeu tudo o que sabia sobre integridade com seus companheiros imigrantes. Ele era totalmente produto de sua própria cultura e da dura educação na vida americana.

Essa narrativa era um insulto aos italianos pobres, considerados incapazes de produzir um Joseph Petrosino. Era outra faceta, mais sutil, do preconceito que aguardava o detetive em sua carreira, um preconceito que a maioria dos italianos enfrentou na virada do século e que ofuscaria cada passo da guerra que Petrosino estava prestes a dar início.

✳   ✳   ✳

PETROSINO JÁ HAVIA SIDO APELIDADO DE "SHERLOCK HOLMES ITALIANO", mas ainda não tinha conhecido ninguém que se assemelhasse a seu Moriarty. Isso mudaria com os acontecimentos que tiveram início na manhã de 14 de abril de 1903.

Logo depois do amanhecer, Frances Connors, uma faxineira, caminhava pela rua 11, chegando à esquina com a Avenida D, quando se deparou com um barril no meio da calçada coberto por um sobretudo dobrado. Curiosa, ela levantou o casaco de lã de feltro e olhou para dentro do barril. E então deu um grito. Pois o que a faxineira tinha visto no barril era o rosto de um morto, com a cabeça enfiada entre os joelhos. O cadáver estava completamente nu, e sua cabeça havia quase sido cortada por um selvagem golpe de faca na garganta. Quando se revelou que a vítima era siciliana, o investigador principal pediu ajuda. "Chamem o *dago*", disse a seus homens. Ele se referia a Petrosino.

O detetive, com alguns agentes do Serviço Secreto, que acreditavam que o assassinato estava ligado a uma rede de falsificação, rastreou os supostos assassinos: uma gangue liderada por Giuseppe Morello, um siciliano da cidade de Corleone, conhecido em Little Italy como "Mão de Garra" ou a "Velha Raposa". O primeiro apelido era resultado de sua mão direita deformada, que lembrava uma garra de lagosta e que ele apoiava em um cordão branco passado ao redor de seu pescoço. De olhos negros e astuto, Morello carregava uma pistola calibre .45 na cintura e uma faca amarrada à perna esquerda, com a ponta enterrada em uma pequena rolha para evitar cortá-lo quando ele caminhava. Ele foi preso com um bruto imponente chamado Tomasso "o Boi" Petto, "um brutamontes de rosto oval, puro músculos e ameaça" que era conhecido por sua grande força e seu intelecto irrisório. Petrosino suspeitava que tivesse sido Petto quem havia cortado a garganta do homem no barril. Todos os integrantes da gangue de Morello foram capturados e levados ao tribunal para a acusação; todos, exceto um – um siciliano alto de olhos penetrantes chamado Vito Cascio Ferro, que parecia ter melhores fontes de informação do que seus compatriotas e havia fugido da cidade antes que os policiais agissem.

No tribunal, o juiz estava dando seguimento ao caso quando o homem fichado como Tomasso Petto ergueu a voz furioso no banco dos réus. Ele disse algo em italiano. O juiz tentou seguir adiante, mas o suspeito recusava-se a se acalmar. Por fim, um intérprete traduziu o que ele estava dizendo ao juiz: "Eu não sou Tomasso Petto!".

Os espectadores começaram a sussurrar e a rir. O homem se parecia muito com Petto. Qual era a jogada dele?

— Então, quem é você? – perguntou o juiz.

— Meu nome é Giovanni Pecoraro – gritou o suspeito. – Eu posso provar.

Depois de dizer isso, o homem mostrou vários documentos de identificação, todos com o mesmo nome: Giovanni Pecoraro. O promotor distrital não teve escolha a não ser retirar as acusações contra Pecoraro. Foi um desastre para o Ministério Público e um constrangimento para a polícia. Como havia acontecido aquilo? O suspeito, em especial aos olhos não italianos, se parecia exatamente com o Boi.

Descobriu-se, então, que o suspeito desaparecido, Vito Cascio Ferro, havia inventado um plano engenhoso para livrar-se das acusações: fazer com que o verdadeiro assassino desaparecesse e colocar um sósia em seu lugar. O esquema funcionou à perfeição. Os promotores, sem conseguir encontrar o assassino, foram obrigados a soltar todos os suspeitos. Pecoraro e os outros saíram livres, para deleite do submundo de Little Italy, e os assassinos do homem do barril nunca foram encontrados nem processados.

Por muitos anos, Petrosino havia sido mais esperto que o submundo italiano, mas ali, pela primeira vez, encontrara a evidência de um homem que estava à sua altura. A substituição por um sósia foi muito bem-feita – para não dizer ousada. "Algo estava mudando no mundo do crime americano", escreveu um autor.

Em 1903, Petrosino não fazia ideia da importância de Vito Cascio Ferro. O siciliano era uma espécie de gênio organizacional, e logo se tornaria um superchefe da Máfia de Palermo, o homem que alguns acreditavam ter reinventado o crime para a era urbana. Ele era um mestre estrategista, tido "em ilimitada estima" por criminosos mais comuns e até mesmo chefes de gangues como Morello. Contudo, depois de seu espetacular truque no tribunal de Manhattan, a aventura americana de Vito Cascio Ferro chegara ao fim. O suspeito fugiu para a Itália partindo de Nova Orleans, e Petrosino, atarefado com outros casos e outros criminosos, guardou o nome de Cascio Ferro em sua memória e seguiu com sua vida. O siciliano, no entanto, não fez o mesmo.

Quando voltou para a Itália, Cascio Ferro começou a remodelar a Máfia, transformando os pequenos grupos de bandidos e chantagistas em algo muito mais visionário e lucrativo. Ele tinha vastas ambições e uma mente afiada com a qual trabalhar. Dizia-se que foi ele quem inventou os esquemas de "proteção" que logo se espalhariam de Little Italy para todo o país. Mas seus dias de glória estavam ainda por vir. Naquele momento, ele era um homem pobre que retornava a contragosto ao país onde havia nascido nutrindo um rancor profundo e permanente por Joseph Petrosino. No porto de Nova Orleans, Cascio Ferro subiu pela prancha de embarque até o navio a vapor com destino à Itália carregando uma mala com suas roupas e seus escassos pertences. Em sua mente, ele havia sido expulso pelo homem do chapéu-coco, aquele *straniero*, aquela pessoa infame. No bolso, Cascio Ferro carregava uma foto de Petrosino que manteria sempre consigo. Dizia-se que, no caminho de volta à Itália, ele tirava a foto do bolso e a estudava, comentando com os amigos: "Eu, que nunca fui maculado por um crime, juro que vou matar este homem com minhas próprias mãos!". A história pode ter sido uma lenda do submundo, inventada após a morte de Cascio Ferro, mas há pouca dúvida de que ele mantinha uma fixação doentia em relação ao detetive.

Petrosino voltaria a ouvir o nome Cascio Ferro, e de fato iria escrevê--lo um dia, seis anos depois, no caderno de couro que carregava consigo em todos os momentos; ele pode até mesmo ter encontrado o *capo* cara a cara, desta vez numa terra estrangeira, em circunstâncias enigmáticas, em que a vantagem estava totalmente do lado do siciliano. Mas tal encontro viria ao fim de uma longa e obsessiva jornada na qual o detetive estava prestes a embarcar: a guerra, que começou como *sua* guerra, contra aquilo que alguns americanos chamavam de "os lobos sicilianos" e que outros consideravam "aquela misteriosa organização, estranhamente esquiva", mas que formalmente era conhecida como a Sociedade da Mão Negra.

3

"Em um Terror Mortal"

P ETROSINO OUVIU FALAR DA SOCIEDADE ANTES DE TER, DE FATO, se deparado com ela. Em algum momento dos primeiros anos do século – não podemos precisar quando –, ele recebeu informações sobre um grupo obscuro que agia nas sombras entre a colônia italiana. A princípio, havia sobretudo murmúrios sobre como *La Mano Nera* estava aterrorizando os imigrantes, com ameaças de morte caso não fizessem pagamentos solicitados em dinheiro. Estavam levando crianças, explodindo prédios, queimando casas; confrontando vítimas relutantes nas ruas com facas e armas. Poucos na colônia italiana estavam dispostos a dizer o que era a Mão Negra ou o que ela fazia; as mulheres persignavam-se ao mencionarem tal nome. O medo que os amigos e informantes de Petrosino demonstravam era espantoso. Havia histórias de assassinatos, cadáveres *sem cabeça*, crianças enfiadas em chaminés e abandonadas para que apodrecessem. Mas o que era essa Sociedade? De onde tinha vindo? Como funcionava? Seria mesmo real?

Nos primeiros anos do século, Petrosino pegou seu diário e registrou pela primeira vez seus pensamentos sobre essa Sociedade. "Hordas de assassinos italianos estão agindo na parte baixa da cidade, praticando atividades de extorsão com o nome de Mão Negra. Se não forem detidos de imediato, vão ampliar suas operações de tal forma que a polícia terá muita dificuldade para acabar com eles." Alguma coisa – um cadáver? uma carta? – havia deixado bem claro para ele que a Sociedade da Mão Negra era real.

Os Estados Unidos ainda não haviam acordado para a ameaça que estava sendo gestada em suas cidades. Havia relatos dispersos sobre as operações da Mão Negra desde antes da virada do século, mas nenhum pânico. Tudo mudaria depois de uma manhã abafada de agosto de 1903. Foi quando a Sociedade apareceu à luz do dia. Nada voltaria a ser exatamente igual para os ítalo-americanos, para seu novo país ou para Petrosino.

Tudo começou no Brooklyn. Uma carta foi deixada na caixa de correio de um empreiteiro chamado Nicolo Cappiello no próspero, mas em grande parte desinteressante, bairro italiano de Bay Ridge. Dentro do envelope havia uma série de instruções: "Se você não se encontrar conosco na esquina da rua 72 com a Décima Terceira Avenida, no Brooklyn, amanhã à tarde, sua casa será bombardeada e sua família será morta. O mesmo destino o espera caso revele nossos propósitos à polícia". Estava assinada *La Mano Nera* e ilustrada com cruzes pretas e adagas.

Cappiello era de Nápoles, e nunca tinha ouvido falar da Mão Negra, cujo nome foi tirado de um grupo de anarquistas e manifestantes que floresceu no fim de 1800 na Espanha rural. Ele ignorou a carta. Dois dias depois, chegou outra: "Você não foi nos encontrar como ordenado em nossa primeira carta. Se ainda se recusa a aceitar nossas condições, mas deseja preservar a vida de sua família, pode fazê-lo sacrificando sua própria vida. Caminhe pela rua 16, perto da Sétima Avenida, entre as quatro e as cinco horas desta madrugada". Cappiello de novo não fez nada; então, depois de alguns dias, começaram a aparecer homens em sua casa, alguns deles, amigos, e outros afirmando serem representantes dessa organização, a "Mão Negra". Eles o informaram de que um preço de 10 mil dólares havia sido colocado pela sua cabeça, mas, se ele entregasse mil dólares, eles resolveriam o problema. Com seus amigos, alguns dos quais ele conhecia havia uma dúzia de anos, estava um "estranho misterioso", disse Cappiello, que o fez ficar "tomado [...] por um pavor inominável".

Então, ele passou a acreditar que a Mão Negra o mataria se não obedecesse. Ele pagou os mil dólares.

As cartas pararam de chegar. Alguns dias depois, porém, os homens estavam de volta, pedindo mais 3 mil dólares, com ameaças mais insistentes e terríveis. A família parou de sair na rua, com medo de ser assassinada. Quando um repórter foi à casa de Cappiello, a porta se abriu e um revólver foi apontado para sua cabeça. O repórter gaguejou seu nome e recebeu ordem para entrar. Quando ele já estava lá dentro, a esposa de Cappiello pediu desculpas. "Estamos com um pavor mortal por nossas vidas", ela lhe disse, "e há mais de um mês vivemos na constante expectativa da morte. Não sabemos em quem confiar."

Cappiello estava cansado daquilo, então, procurou a polícia. Cinco homens foram presos e depois condenados e mandados para a prisão.

A Mão Negra poderia ter permanecido como uma obscura onda criminosa, restrita aos bairros italianos de algumas cidades americanas, se não houvesse um fator: a competição feroz entre os tabloides de Nova York. Um repórter do *Herald Tribune*, conhecido por suas histórias sensacionalistas sobre crimes, soube da carta enviada a Cappiello e da tentativa de extorsão e escreveu uma matéria. Os editores deram destaque a isso, e outros jornais logo publicaram outras matérias sobre esse novo e aterrorizante fenômeno. "ACOVARDAM-SE COM MEDO DA MÃO NEGRA", bradava uma manchete do *Evening World*. "MÃO NEGRA EM AÇÃO AQUI", alertou o *Tribune*. A Sociedade, que era familiar apenas para suas vítimas italianas e seus amigos, de repente tornou-se conhecida em milhões de lares por todos os Estados Unidos em questão de dias.

E então as crianças começaram a desaparecer.

Em 2 de agosto, Antonio Mannino (Tony), de 8 anos, filho de um próspero empreiteiro, entrou em uma confeitaria na esquina das ruas Amity e Emmett, no Brooklyn. Ele observou os doces e refrigerantes expostos e escolheu vários de seus preferidos para levar a seus amigos. Pagou com "uma moeda reluzente de 50 *cents*". Do lado de fora, Angelo Cucozza, de 18 anos, que trabalhava para o pai do menino, aguardava na calçada. Quando o garoto saiu, Cucozza o chamou: "Vamos, Tony, está na hora de irmos!". O garoto e seu amigo "desapareceram na escuridão da rua, e essa foi a última vez que o menino foi visto".

Quando o pai de Tony, senhor Vincenzo, começou a receber cartas assinadas pela Mão Negra, o sequestro se tornou uma sensação. Jornais de Newark e Baltimore pegaram a história e a estamparam na primeira página, e então Chicago, Los Angeles e outras cidades fizeram o mesmo. "NOVA YORK INTEIRA AGITADA PELA BANDIDAGEM MAIS RECENTE", gritava uma manchete do *St. Louis Dispatch*. Quando um jornalista tentou tirar uma foto de Vincenzo Mannino perto de sua casa, o homem explodiu de fúria. "Minha foto não pode ser publicada", ele gritou para o fotógrafo. "Eu serei um homem marcado. Todos me conhecerão e qualquer um poderá me matar." Depois disso, Mannino caiu de cama e lá ficou por uma semana, sendo cuidado pela esposa. O medo da família e o terror crescente da comunidade pareciam alimentar um ao outro. Quando a polícia foi até um magistrado irlandês-americano chamado Tighe para solicitar mandados de prisão de dois suspeitos, o juiz não apenas atendeu ao pedido como também disse aos policiais: "Vão e façam as prisões! Tragam-nos vivos, se puderem, e mortos, se for preciso!".

Como em quase todos os crimes que envolviam italianos, a ordem foi dada: "Chamem o *dago*!". Petrosino foi designado para o caso. De imediato, começou a rastrear com base em relatos sobre dois homens suspeitos que tinham sido vistos na barca para Nova Jersey e vasculhou várias cidades, mas não encontrou nada. Choviam avistamentos em pontos mais para o lado oeste e para o sul. "Evidentemente", escreveu um jornalista, "há muitas duplas de italianos vagando pelo país, cada uma acompanhada de um garoto que se parece com Tony Mannino." Surgiram boatos sobre uma caverna secreta em Manhattan, e enviaram detetives para investigá-la. Os píeres eram vigiados. Quando um menino que correspondia à descrição de Tony foi visto andando em Astoria, no Queens, uma horda de policiais baixou no bairro e começou a bater nas portas à meia-noite, "tirando garotinhos italianos da cama onde quer que os encontrassem". Uma fotografia de Tony era colocada junto ao rosto dos meninos para que se fizesse uma comparação, e os pais eram interrogados. Mas o garoto não foi encontrado.

A Mão Negra reagiu à pressão policial enviando uma carta a uma delegacia do Brooklyn. Estava endereçada ao capitão responsável pela investigação. "Parem de nos perseguir", dizia, "ou serão mortos." Jornais de todo o país exploravam ao máximo cada novidade, e os leitores acordavam todas as manhãs ansiosos para saber se Tony havia sido encontrado. Os americanos olhavam para seus vizinhos imigrantes com uma nova desconfiança. "O caso do sequestro de Mannino", relatou um jornal, "deu ao público uma sensação tão nítida de que a população italiana representava perigo que passaram a circular as histórias mais extravagantes de chantagem, sequestro e irmandades criminosas semelhantes, e nenhuma parecia extravagante demais para merecer crédito."

Manhattan estava à beira do pânico. Em outubro, circulou pelo East Harlem o boato de que a Mão Negra estava ameaçando explodir a Escola Pública 172, a menos que fosse pago um resgate. Pais dos alunos que estavam em aula saíram em massa dos cortiços próximos e correram para a escola. "Quinhentos homens e mulheres alucinados bradavam às portas", escreveu um jornalista, "exigindo que os estudantes fossem imediatamente liberados." As pesadas portas de madeira começaram a ceder enquanto a multidão empurrava, gritando por seus filhos. O diretor da escola saiu de sua sala no último instante e conseguiu acalmar a multidão antes que explodisse uma revolta.

Um repórter do *Times* procurou Petrosino e perguntou-lhe sobre essa nova sociedade secreta que parecia ter surgido do nada. "A gangue da 'Mão Negra' está, sem dúvida, agindo nesta cidade", reconheceu Petrosino, antes de tentar colocar panos quentes. "Um homem afirma ter recebido quatro dessas cartas, e não entregou dinheiro algum. Ele ainda está vivo e não corre o risco de morrer." O detetive encorajava qualquer italiano que tivesse recebido uma carta da Mão Negra a não pagar nada e denunciar o caso à polícia. "Se as pessoas fossem corajosas como o pai de Tony", anunciou Petrosino, "o flagelo da Mão Negra poderia ter sido eliminado antes mesmo de ter de fato se iniciado."

A Sociedade não ficou impressionada. Eles enviaram outra carta a Mannino. "Não vamos matar o menino, pois ele está se portando bem", dizia a mensagem. Mas informaram que estavam pensando em vendê--lo. "Uma família sem filhos nos prometeu, por carta, 2 mil dólares se lhes enviássemos o garoto. Tenham certeza de que o faremos se o senhor Mannino não chegar a um acordo conosco. Não somos ignorantes nem criminosos, mas cavalheiros como você, só que esta grande terra dos Estados Unidos frustrou nossas expectativas, e precisamos de dinheiro para voltar à nossa bela e pitoresca Itália." Estava assinada: "Muito respeitosamente, seu Capitano da…", com o contorno de uma mão preta.

Então, em 19 de agosto, uma semana após o desaparecimento de Tony, algo aconteceu. O primo de Mannino estava caminhando à meia--noite quando viu um pequeno vulto se aproximando do outro lado da rua. O primo correu na direção do menino e viu que era Tony. Abraçou-o e levou-o para casa. A família Mannino se recusou a dizer se havia pagado resgate para libertar o menino e, em seguida, cortou todo o contato com Petrosino e a polícia. Ficou claro para o detetive que alguma quantia havia sido paga. Mannino não lhe dera ouvidos. Ele considerara que a Sociedade da Mão Negra era mais forte do que o NYPD.

Foi a primeira derrota pública de Petrosino para a Sociedade, e foi uma derrota desanimadora. Cada resgate que era pago fortalecia o grupo, dava destaque a sua lenda crescente e atraía novos membros para suas fileiras. O detetive acreditava que já havia milhares de criminosos da Mão Negra em Nova York, organizados em pequenas gangues com um punhado ou algumas dezenas de homens, que usavam as mesmas táticas e cooperavam umas com as outras.

O número de casos envolvendo a Sociedade começou a aumentar. Os homens – eram sempre os homens que vinham falar com Petrosino – passaram a aparecer na Mulberry 300 e a entregar-lhe cartas que ameaçavam a existência de suas famílias. Em alguns dias, ele chegou a receber 35 cartas. Havia casos demais para que ele pudesse investigar todos.

A tensão aumentou durante todo o verão, alimentada por notícias duras. A Mão Negra incendiou uma banca de doces no Brooklyn, imolando o dono, Ernest Curci, que estava lá dentro. Uma bomba explodiu na Rua 151, lançando estilhaços de vidro e madeira pelo ar e ferindo cerca de vinte pessoas. Cinco meninas foram sequestradas no East Harlem, mas suas famílias ficaram aterrorizadas demais até para denunciar os crimes. Houve boatos – embora não confirmados – de que o corpo de uma delas foi achado dentro de uma chaminé. Os pais das garotas nunca se manifestaram, por isso Petrosino não tinha como saber a verdade.

Contudo, outra coisa também devia estar assombrando Petrosino: as histórias contadas pelas crianças recuperadas. Depois que um garoto chamado Nicolo Tomoso, de 6 anos, foi levado das ruas perto de sua casa em East Houston, os sequestradores o mantiveram por dois meses. Por fim, depois que o resgate foi pago, o menino voltou para casa, pálido e abalado. Ele disse a Petrosino que tinha sido atraído por um homem que lhe deu um centavo e um doce. Como o menino se recusou a ir com o desconhecido, este o agarrou e o carregou até seu carro. A criança foi levada para uma casa no Brooklyn e foi mantida lá.

Durante o tempo em que ficou no cativeiro, o pequeno Nicolo foi tratado razoavelmente bem; os sequestradores o alimentavam com bife e macarrão, mas ele não podia tirar os sapatos nem para dormir. Se chorasse, um dos sequestradores ameaçava cortar sua língua. Quando a família, por fim, juntou dinheiro suficiente para pagar o resgate, Nicolo foi tirado da cama, levado para a escada de uma escola perto da casa de sua família e largado lá.

No entanto, o mais perturbador era que Nicolo não estava sozinho em sua pequena prisão. Depois de voltar a salvo para casa, ele contou a Petrosino que um garotinho chamado Tony (não era Tony Mannino) e duas meninas eram mantidos no mesmo quarto que ele e que continuaram lá quando ele foi libertado. As meninas costumavam ficar em silêncio durante os longos dias, mas Tony "chorava a maior parte do tempo e dizia que queria ir para casa".

Mesmo com sua rede de informantes, Petrosino não tinha registro de outro garoto chamado Tony que tivesse sido sequestrado, ou de duas meninas desaparecidas. Então, enquanto percorria as ruas, Petrosino era obrigado a imaginar o interior dos prédios por onde passava, a ver através de tijolos e argamassa as cenas lá dentro. Havia crianças definhando em sótãos abafados, com mãos amarradas e a pele cheia de vergões? Estariam seus corpos enterrados sob montes de lixo nos cantos de porões? Para Petrosino, Manhattan deve ter se tornado, naquela temporada de sequestros, uma cidade assombrada.

No decorrer do ano seguinte, a atividade da Sociedade ardeu em silêncio nos guetos italianos do nordeste da cidade, obrigando Petrosino a trabalhar em um caso após o outro. Então, no verão de 1904, a "febre da Mão Negra", como passou a ser chamada, explodiu em chamas. Em 22 de agosto, Joseph Graffi foi assassinado em um cortiço de New Rochelle, seu coração foi cortado ao meio por uma facada. Uma bomba explodiu a mercearia de Poggroriale Ciro, na rua Elizabeth, em Manhattan, ferindo a esposa dele. E um rico empreiteiro do Bronx, Antonio Barroncini, chegou em casa, no número 81 da rua Van Buren, e descobriu que a senhora Barroncini havia desaparecido. Ele vasculhou todos os cômodos e depois saiu às ruas, procurando-a na casa de amigos e parentes. Barroncini caminhou pela cidade sem parar por seis dias antes de retornar, exausto e com o coração despedaçado, para a rua Van Buren. Então, um dia, à meia-noite, ele ouviu uma batida na porta de casa. Quando desceu correndo e virou a maçaneta, deparou-se com dois italianos postados em sua varanda; a dupla lhe disse que sabia quem estava com a esposa dele e que ele teria que pagar um resgate para tê-la de volta. Barroncini conseguiu o dinheiro bem rápido e o entregou aos dois. Quando a mulher voltou para casa, traumatizada, contou ao marido que os homens da Mão Negra haviam batido em sua porta, certa tarde, e invadido a casa antes que ela pudesse reagir. Eles a amarraram e a amordaçaram e, então, a arrastaram para fora.

Os primeiros indícios de uma reação provocada pela ação da Mão Negra começaram a surgir. O *Brooklyn Eagle*, o *Washington Times*, o *New York Times* e outros jornais manifestaram-se apoiando a redução do número de sicilianos autorizados a entrar no país. Um jornal chegou a aconselhar os italianos "a se lembrarem do destino de seus compatriotas em Nova Orleans alguns anos atrás", uma referência aos linchamentos de onze italianos em 1891, depois do assassinato do chefe de polícia da cidade, evento que ficou marcado na memória de muitos ítalo-americanos. A Sociedade recebeu tanta atenção da imprensa, e a raiva contra os imigrantes italianos aumentou a tal ponto, que o embaixador da Itália foi forçado a emitir uma declaração pública. "O sequestro do jovem Mannino é com certeza um assunto sério", disse o embaixador, o barão Edmondo Mayor des Planches, "mas não é nada que diga respeito ao governo italiano [...]. Quando os italianos deixam a Itália e vêm para este país, temos a expectativa de que sejam bons cidadãos [...]. Condeno o fato de que os italianos tenham se envolvido em sequestros ou outros crimes [...] e espero que recebam punição total." O governo de Roma, encabeçado pelo ineficaz rei Vítor Emanuel III, tinha efetivamente lavado as mãos com relação a essas questões da Mão Negra.

Vários americanos saíram em defesa dos novos residentes do país. O *New York Mail* listou as virtudes dos imigrantes e invocou "a sólida doutrina americana" de "tratamento igualitário". O *New York Evening Journal*, de propriedade de William Randolph Hearst, publicou em 14 de outubro de 1904 um editorial com palavras fortes, posicionando-se com firmeza contra o ódio fervente: "Dizer que os italianos são uma raça criminosa é totalmente falso. Eles têm criminosos em seu meio, assim como outras raças também têm. A grande maioria deles [...] cumpre a lei [...] são honestos, trabalhadores, dedicados às suas famílias".

O *Nashville American*, uma das raras vozes sulistas que se manifestaram em apoio aos italianos, repreendeu os editores que permitiam que seus jornais emitissem condenações genéricas. "Os jornais", declarou seu editor, "em especial aqueles que pertencem a homens que eram imigrantes, ou que são editados por eles, deveriam abster-se de apelar para o estúpido preconceito racial da turba, fazendo falsas e insultuosas acusações de criminalidade racial." É provável que a provocação de abertura tivesse como alvo o principal concorrente de Hearst em Nova York, Joseph Pulitzer, o jornalista mais poderoso do país, que havia emigrado da Hungria em 1864, tendo a viagem financiada por recrutadores militares que reuniam homens para lutar ao lado da União na Guerra Civil. O

American também declarou que, mesmo que a Sicília fosse violenta e incontrolável, Kentucky era pior.

Apesar do pânico e das manchetes, para sua surpresa e consternação, Petrosino percebeu que seus superiores pareciam em grande parte indiferentes aos crimes da Mão Negra. Várias vezes, Petrosino implorou ao NYPD que fosse atrás da Sociedade e gerasse processos sérios. "Ele foi ridicularizado", relatou o *Washington Post*, "e lhe disseram que 'Mão Negra' era apenas um termo inventado por algum repórter sensacionalista e alarmista. 'Saia daqui e vá fazer seu trabalho na área portuária!', foi a recomendação que lhe deram." Era como se os italianos, com sua *omertà* e seus estiletes, não merecessem ser protegidos.

Petrosino, por sua vez, se opunha a qualquer limitação à imigração do sul da Itália, pois sabia que, cada vez que uma entrada era negada a uma família italiana, isso destruía uma tábua de salvação para homens e mulheres desesperados por dignidade e comida. Mas ele também sabia que cada crime bem-sucedido da Mão Negra inclinava a balança do sentimento americano cada vez mais para o ódio brutal. Derrotar essa Sociedade não era apenas uma questão de impedir alguns assassinatos. Ter controle sobre a Mão Negra era algo que estava intimamente ligado ao destino de seu povo nessa nova terra.

No verão de 1904, Petrosino começou a conceber um plano para deter a Mão Negra. Depois de acertar os detalhes, ele chamou um amigo jornalista, e os dois se encontraram para uma entrevista. Quando o artigo resultante desse encontro foi publicado, ficou claro que a opinião do detetive sobre a Sociedade havia mudado e se tornado mais sombria. "As ramificações dessa confederação de criminalidade", disse ele ao repórter, "atingem as partes mais remotas da Terra". A explosão de violência e sequestros o deixara abalado. No entanto, ele acreditava ter chegado a uma solução. Petrosino estava pedindo ao NYPD que criasse uma divisão especial de detetives, que deveria ser chamada de "Esquadrão Italiano", para enfrentar e destruir a Sociedade da Mão Negra. "Deem-me vinte homens ativos e ambiciosos do meu próprio povo treinados para o trabalho de detetive", disse ele, "e dentro de alguns meses, no máximo, eliminarei todos os vestígios das guildas amaldiçoadas neste país livre," Petrosino não demorou para apresentar a ideia ao comissário William McAdoo na Mulberry 300.

O cortês McAdoo também era um imigrante, nascido no Condado de Donegal, na Irlanda, trazido para os Estados Unidos durante o auge da Guerra Civil aos 12 anos de idade. Com uma calvície incipiente, vigoroso e de aparência rústica, mas atraente, era um ex-congressista democrata por Nova Jersey que trabalhou como repórter em Jersey City para conseguir se formar em Direito. Notava-se, ele era um escritor incrível. Sua descrição de como era dirigir um departamento de polícia em Manhattan no início dos anos 1900 dificilmente poderia ser melhor: "Imagine o capitão de um navio a vapor, na ponte da embarcação, que, no meio do oceano, luta contra um furacão, ventos ferozes e cruéis, mares revoltosos, estrondos de trovões, relâmpagos ofuscantes; os baluartes se foram, as âncoras foram arrancadas de suas amarrações; os motores funcionam a todo vapor; toda a estrutura está se desfazendo e gemendo...". Sua visão sobre o cargo de comissário, no qual deveria agradar a Tammany Hall enquanto impedia os nova-iorquinos de se matarem uns aos outros, era ainda mais sombria: "Sua vida oficial é o joguete do momento. É um rei da resignação [...]. Quanto mais original, radical, honesto e sério ele for, menor a probabilidade de permanecer no cargo".

McAdoo era, por tudo que se sabe, um homem honesto; ele nunca foi atingido pelos escândalos de corrupção que em geral abalavam o departamento. Entretanto, ele não queria montar um esquadrão italiano;

nesse aspecto, ele não queria ser "original" nem "radical". Não havia um esquadrão alemão nem um irlandês, então, por que deveria haver um italiano? Como irlandês nativo, com sua base celta, McAdoo sabia quão impopular essa ideia seria. Um novo esquadrão criaria uma poderosa divisão liderada por um grupo muito difamado, que mantinha uma liderança mínima no NYPD; apenas homens que falassem italiano estariam qualificados para integrá-lo, excluindo os irlandeses de vagas e promoções. Além disso, cada detetive designado para as colônias italianas seria um detetive a menos para proteger os demais nova-iorquinos. Ao avaliar o assunto, McAdoo não viu razão para arriscar sua posição por causa de um grupo incorrigível de homens violentos.

Do ponto de vista dos homens que controlavam o NYPD – isto é, os figurões irlandeses da Tammany –, proteger os italianos era algo que não valia a pena. A polícia de Nova York devia proteger os eleitores, que, por sua vez, mantinham a Tammany no poder. E os italianos eram notórios por não votarem, por se apegarem às memórias de seus pomares e às praças centrais de suas vilas, em detrimento da integração ao novo país. Na virada do século, 90% dos imigrantes irlandeses eram cidadãos americanos, mas, em 1912, menos da metade de seus pares italianos era naturalizada. Quem examinasse a lista de legisladores estaduais apoiados pela Tammany por volta de 1900, veria como a organização foi bem-sucedida em absorver as ondas de novos imigrantes: ali estava um Dolan e um McManus, sim, mas também um Litthauer, um Goldsmith e um Rosen, moradores das mesmas ruas em que os italianos viviam. Mas onde estavam os Zangaras, os Tomasinos, os Fendis? Não havia nenhum. No cosmos da Tammany, os italianos eram moradores de um planeta distante.

Assim, quando Petrosino levou essa ideia ao comissário, houve uma discussão. Quando o detetive apontou o óbvio – que os italianos não confiavam nos policiais irlandeses, por justificadas razões –, McAdoo tinha uma resposta pronta. A polícia na Sicília, muitas vezes, lidava com italianos que não confiavam neles e, ainda assim, conseguia levar os casos adiante. Por que ele não poderia? O problema não estava no departamento. "O problema agora é que um criminoso italiano de imediato busca se refugiar por trás da simpatia racial e nacional", disse ele à imprensa. "O trabalho policial com os italianos, mesmo em seu melhor desempenho, não obterá os resultados desejados, a menos que seja seguido por um movimento moral por parte da melhor classe de italianos." Tradução: o câncer estava dentro da alma italiana.

Esta era uma reação comum ao "problema italiano" em 1904. Considerava-se tão impossível separar um italiano da violência quanto seria separar um irlandês do amor de sua mãe ou um alemão de seu suado dinheiro. E, se os italianos eram mesmo incorrigíveis, qual seria o sentido de policiá-los? O fato é que os sicilianos reagiam muito mal quando eram abordados por um policial: "A visão de um uniforme", comentou um colaborador de uma revista na época, "significa para eles um coletor de impostos, um alistamento obrigatório no exército ou uma prisão, e, ante sua aparição, os homens correm e as mulheres e as crianças se transformam em pedra".

Petrosino se recusou a aceitar esse argumento. Ele respondeu a McAdoo que essa não era uma questão de genética ou de cultura, mas, sim, de dinheiro, tática, atenção, a *seriedade* com que os americanos enfrentavam o problema da Mão Negra. "Você sabe o que meus compatriotas dizem quando falam dos Estados Unidos?", disse ele ao comissário. "Eles dizem: 'Um italiano o descobriu e os judeus e irlandeses o administram!'. Tente dar um pouco de poder aos italianos também, e talvez haja alguma mudança."

Deve ser observado que tal citação, que vem do biógrafo italiano de Petrosino, Arrigo Pettaco, não pode ser confirmada. Pettaco não fornece nenhuma fonte para essa fala maravilhosa, e ela não pode ser localizada em nenhum jornal da época. Pode facilmente ser um exemplo de pensamento otimista demais por parte de um escritor italiano indignado com o tratamento dispensado a seu povo. No entanto, mesmo que Pettaco não tenha resistido a inventar a citação, o espírito de seu relato é preciso. Havia uma discussão sobre o poder em Nova York, sobre quem o exercia, e questionava-se se os ítalo-americanos mereciam uma parte desse poder, nem que fosse para se salvarem da morte violenta.

McAdoo manteve-se firme. Ele vetou a ideia de um esquadrão italiano. A câmara de vereadores da cidade apoiou sua decisão.

Petrosino estava desesperado. Seu povo estava sendo sequestrado e morto, e os governantes de Manhattan não estavam nem um pouco preocupados. E não era só o NYPD. Os tribunais, acreditava Petrosino, quase nunca levavam a sério os crimes da Mão Negra. A pena máxima para tentativa de extorsão era de dois anos e meio; os primeiros criminosos receberam penas ainda mais leves. Em Franklin Park, Nova Jersey, um chantagista prolífico que havia assinado suas cartas como "Presidente da Mão Negra" recebeu uma pena de apenas oito meses no reformatório depois de condenado. "De outros crimes que não o assassinato por parte de malfeitores italianos", escreveu o jornalista Frank Marshall White, que foi o observador mais crítico da Mão Negra em Nova York, "poucos chegam aos tribunais ou ficam conhecidos fora das colônias italianas".

Com Roosevelt agora ocupando a Casa Branca, Petrosino estava sozinho no departamento de polícia. Não há menções, nas muitas centenas de artigos sobre sua carreira, de que seu primeiro mentor, Clubber Williams, tenha interferido a seu favor. Não havia políticos italianos a quem recorrer em busca de apoio; os italianos eram o segmento da população da cidade que mais crescia, mas eram pouco representados no governo municipal ou estadual. Não foi apenas porque Petrosino optou por não reclamar, mas, se o tivesse feito, com quase toda a certeza teria perdido o único apoio que tinha – o apoio do público. "Petrosino não tinha por que esperar favores", escreveu um jornalista, "e, em consequência, não pediu nenhum."

O que ele tinha a seu favor, no entanto, era a imprensa. Petrosino, o pioneiro, o incorruptível, tornara-se um tema favorito dos diários metropolitanos. O *New York World*, de Pulitzer, e o *New York Evening Journal*, de Hearst, bem como o *New York Times*, de Adolph Ochs, encontraram no detetive corpulento e intelectual um herói. "Quando assassinato e chantagem estão no ar", declarou o *Times*, "e os homens ficam pálidos e as mulheres recitam ladainhas à Santíssima Mãe [...] toda a Little Italy confia no detetive italiano para protegê-la e guardá-la." Embora a imprensa não adorasse os italianos, estava determinada a reverenciar Petrosino.

O detetive insistiu com seu pedido. Sem um Esquadrão Italiano, ele temia que a Sociedade da Mão Negra se tornasse ainda mais poderosa e cruel; temia que se espalhasse por todo o país e inviabilizasse qualquer chance que seu povo tivesse de ser aceito num grupo de verdadeiros americanos. O italiano que brandia uma faca já era personagem padrão nos palcos da Broadway e de Chicago. Enquanto a Mão Negra dominasse as manchetes, o italiano seria sempre uma coisa à parte. Um monstro.

Petrosino argumentou com a burocracia na Mulberry 300. "Ele se esforçou para demonstrar a eles", escreveu um jornalista, "a necessidade urgente de tomar medidas drásticas para esmagar o perigo cada vez maior." Às vezes, Petrosino conseguia uma reunião. "Em outras ocasiões, era dispensado sem muita cortesia, embora até as maiores autoridades soubessem muito bem que o histórico desse policial era impecável, e que ele nada tinha de alarmista." O detetive foi atrás de jornalistas e repetiu seus alertas sobre a Sociedade da Mão Negra. Ele ainda conseguiu recrutar um aliado poderoso, Elliott Norton, presidente da Sociedade para a Proteção dos Imigrantes Italianos, que falou com McAdoo e o exortou a aprovar o Esquadrão Italiano. Mas McAdoo recusou mais uma vez o pedido de Petrosino, então, o detetive caiu em depressão.

Sua mente voltou-se para as pessoas que estava tentando proteger. Ele se sentiu traído pelas muitas centenas de vítimas da Mão Negra que deixavam de testemunhar contra a Sociedade e que patrocinavam suas atrocidades e, portanto, davam vida a ela. "O problema de meu povo", disse ele a um jornalista, "é que [...] essas pessoas são fechadas e não vão dar informações sobre seus compatriotas. Se formassem uma Liga de Vigilância que entregasse nas mãos da polícia os malfeitores italianos, essas pessoas estariam tão seguras quanto qualquer um e não teriam seu esforço e sua prosperidade penalizados com o pagamento de grandes quantias aos ociosos e inúteis." Essa era a sua postura pública; era uma postura de silenciosa lamentação. Mas houve momentos em que Petrosino perdeu a paciência com seu povo e odiou mais as vítimas da Mão Negra do que os próprios criminosos. Ele "chamava as vítimas de ovelhas", disse o jornalista e escritor italiano Luigi Barzini, "e lançava sobre elas invectivas ferozes". Petrosino estava em um nível baixo, tomado pelo desespero. Por que seu povo se recusava a unir-se contra aqueles bárbaros?

Contudo, a cidade pela qual ele era tão apaixonado, a cidade que os italianos estavam construindo com seu trabalho extenuante, também não tinha cumprido seu dever. A polícia estava libertando os membros da Mão Negra para que matassem e sequestrassem de novo. "A frustração infinita", escreveu seu biógrafo italiano, "de ver os tribunais libertarem de imediato os homens que com tanta dificuldade ele havia caçado tornou-o duro e impiedoso." Diante do descaso do governo, Petrosino fez um alerta. "A Sociedade da Mão Negra", disse ele a repórteres, "está apenas começando suas ações. Se não for detida, a peste se espalhará." "No momento", disse ele, "os bandidos da Mão Negra atacam apenas seus compatriotas, mas, a menos que sejam controlados, vão ficar mais ousados e atacarão os americanos." Essa não era apenas uma tática de Petrosino; ele acreditava de fato que isso era verdade e repetia essa afirmação com frequência.

O detetive podia sentir o futuro dos ítalo-americanos tornando-se sombrio; ele previa uma catástrofe. A crença em si mesmo e em seu país, que o levara a quebrar sua caixa de engraxate naquela tarde, anos antes, estava se exaurindo. "Ele se sentia abandonado", disse Barzini, "deixado sozinho na tremenda batalha."

4

Os Seis Misteriosos

A BATALHA PROSSEGUIU DURANTE TODO O VERÃO DE 1904. Petrosino continuou a fazer *lobby* por um esquadrão italiano. McAdoo respondia com rejeição após rejeição. Então, uma série de crimes macabros da Mão Negra fez pender a balança. Ficou claro que a Sociedade, em vez de desaparecer, estava aumentando em poder, e que os jornalistas em Park Row continuariam a exagerar as histórias. As manchetes alardeavam a ascensão da Sociedade.

Em 14 de setembro, McAdoo chamou Petrosino a sua sala. "Eles, enfim, atenderam a seu pedido", disse ele, de má vontade, ao detetive. "Agora, você está autorizado a montar um Esquadrão Italiano. Você mesmo selecionará os membros." Foi algo inesperado. A divisão de Petrosino seria a primeira do tipo na história do país. Mas McAdoo estava sendo matreiro. Petrosino havia pedido "um pouco de poder" para os italianos e foi exatamente isso que o comissário lhe deu: um *pouco* de poder. Petrosino havia solicitado vinte homens, mas conseguiu cinco, e nenhum orçamento digno de menção.

Quando McAdoo anunciou o novo esquadrão à imprensa, atribuiu a ele uma missão benigna. "O italiano honesto", disse McAdoo, "deve ser levado a entender que a polícia não é sua inimiga, mas sua amiga." Petrosino sabia que essa era apenas metade da história: primeiro, ele teria que amedrontar a Mão Negra e reduzi-la à submissão; só assim poderia ganhar a confiança de sua gente.

O detetive começou a vasculhar delegacias por toda a Manhattan em busca de seus cinco homens. Para a seleção da equipe, o detetive não teve muitas opções. O NYPD tinha cerca de dez mil policiais em 1904, mas menos de vinte eram capazes de falar italiano, e talvez apenas quatro ou cinco conseguissem conversar em siciliano. Os primeiros membros do Esquadrão Italiano eram detetives que Petrosino arregimentou de várias delegacias pela cidade, homens com quem ele havia trabalhado ou que tinha conhecido por reputação.

Sua primeira escolha foi Maurice Bonnoil, filho de franco-irlandeses que havia crescido em Little Italy. Bonnoil era conhecido por sua fluência: seu siciliano era, na verdade, melhor que seu inglês. Ele havia trabalhado com Petrosino durante anos e estava no meio de uma carreira altamente agitada, na qual fez de tudo, desde salvar uma jovem de ser forçada a entrar em uma casa de ópio até prender "as Gêmeas Lindas", irmãs travestis que gostavam de passear pela Broadway com "saias farfalhantes e grandes chapéus". Em seguida, veio Peter Dondero, um jovem bem-educado de 27 anos que estava na polícia havia três anos e demonstrara ser um esteta. "Esta é a cidade com a decoração mais bonita que já tive o prazer de visitar", disse ao *Los Angeles Herald* durante uma visita para pegar um prisioneiro. "O sol brilhante e a brisa fresca a tornam uma cidade ideal." Apesar de seu olhar atento para o planejamento urbano, Dondero era durão; mais tarde, ele ostentaria no rosto uma cicatriz irregular, fruto de uma briga com um mendigo chamado Harry "Pussy" Meyers. Durante outra detenção, um criminoso italiano enfiou um revólver na boca de Dondero e puxou o cão da arma. Dondero conseguiu desviar a arma de seu rosto pouco antes de ela ser disparada.

George Silva, John Lagomarsini e Ugo Cassidi completaram o esquadrão. O último recruta pediu aos novos parceiros que o chamassem de "Hugh Cassidy", em homenagem a seu atirador favorito do Velho Oeste, Butch Cassidy. Seu caso mais famoso antes de entrar para o esquadrão foi a recuperação de 6 mil dólares roubados de uma cômoda, de propriedade do filho do massagista favorito do rei da Bélgica, por ladrões que desceram pelo acesso ao sótão, na rua 113 Leste. Cassidi tinha algo de fora da lei: em 1895, quando era patrulheiro, foi acusado de tentar extorquir uma grande quantia em dinheiro de um suspeito. O acusador era um ex-inspetor que alegou que Cassidi o ameaçara com uma prisão falsa e, então, o agredira quando ele se recusou a aceitar o acordo. O detetive insistiu em provar sua inocência, e as acusações foram retiradas dois anos depois. Virtuoso e com a vida tão limpa quanto um padre, ainda assim Petrosino estava disposto a correr o risco com homens imperfeitos.

Uma vez com o esquadrão já em atividade, Petrosino mostrou-se um chefe incomum, incansável e brilhante, mas ele não confiava totalmente nos colegas. Sua memória fenomenal e os anos que passou trabalhando sozinho o tornaram autossuficiente. Ele nunca tivera colegas policiais em quem pudesse confiar, e os constantes insultos feitos pela irmandade de oficiais irlandeses o tornaram paranoico. Um membro do esquadrão, ansioso para começar seu primeiro dia de trabalho, foi enviado para seguir alguns suspeitos pelas ruas da cidade, mas Petrosino se recusou a dizer-lhe de que os homens eram suspeitos, ou mesmo ao que se referia aquele caso. Isso prosseguiu por semanas. Petrosino havia sofrido amargamente com os italianos que lhe gritavam na rua e revelavam sua presença aos mafiosos. Como podia ter certeza de que aqueles detetives eram diferentes?

Apesar da diversidade de suas origens, havia uma força que unia Petrosino e os demais – apelidados de "os seis misteriosos" pelo *Evening World* – entre si: a hostilidade de seus colegas policiais. A divisão de detetives, que era composta de irlandeses em sua maioria, deu um gelo nos recém-chegados, da mesma forma que seus superiores. "Eles não tinham uma sala", observou um jornal, "não havia porta com letras douradas, nem mesas reluzentes, nem telefone de linha direta, nem estenógrafo, nenhum mensageiro." Faltavam-lhes até armários para guardar seus arquivos. No início, Petrosino carregava os arquivos do esquadrão na cabeça, como estava acostumado a fazer com seus próprios casos. Seu apartamento se tornou a sede temporária do Esquadrão Italiano. Toda manhã, seus homens se perfilavam com os demais na rua Mulberry 300; depois, quando os membros do esquadrão de homicídios e da divisão de detetives retornavam a suas salas, os seis italianos se reuniam em uma pequena alcova de um corredor movimentado e, em voz baixa, planejavam seu dia. Os policiais irlandeses observavam, saboreando as expressões "desoladas" dos italianos deslocados.

As ordens do esquadrão eram "para lidar com os problemas peculiares que constantemente surgem nos distritos italianos". Em essência, McAdoo tinha acabado de entregar meio milhão de italianos, espalhados por vários quilômetros quadrados de território, a seis homens. Para efeito de comparação, os cidadãos de Roma, que eram cerca de 500 mil em 1904, eram guardados por milhares de policiais e *carabinieri*, com o total apoio de tribunais, promotores e oficiais. Esperava-se que o esquadrão fizesse o mesmo trabalho com recursos risíveis.

E o fardo aumentava dia a dia. A imigração italiana para Nova York prosseguia em ritmo acelerado durante os primórdios do esquadrão. Em 1904, ano de fundação da unidade, entraram nos Estados Unidos 193.296 italianos, entre homens, mulheres e crianças. Em 1905, o total saltou para 221.479, e os números nos dois anos seguintes foram ainda maiores:

273.120 (em 1906) e 285.731 (em 1907). De modo inevitável, alguns desses imigrantes eram criminosos. "Há milhares de ladrões e assassinos da Mão Negra em Nova York e no Brooklyn", admitiu Petrosino ao *Times em* outubro de 1905, "e eles são uma ameaça em rápida ascensão." Mais tarde, ele calculou que o número de criminosos italianos que agiam em Manhattan estava entre 35 mil e 40 mil, com mais imigrantes chegando a cada dia.

Alberto Pecorini, um editor de jornal que estudou a Sociedade da Mão Negra, concordava. Ele estimou que 95% dos pequenos empresários, donos de lojas, tocadores de realejo, banqueiros e trabalhadores não qualificados nas colônias italianas estavam pagando à Mão Negra uma taxa de extorsão semanal para manter em segurança seus negócios e suas famílias. Se esse cálculo estivesse correto, significaria que havia centenas de milhares de vítimas da Mão Negra apenas em Nova York. Mas mesmo esse número estava incompleto, pois excluía os imigrantes que haviam fugido do país temendo por suas vidas. "A Mão Negra", escreveu o jornalista Frank Marshall White, "arruinou e expulsou dos Estados Unidos milhares de italianos honestos e trabalhadores que, de outra maneira, poderiam ter constituído o melhor tipo de cidadão."

É possível que esses números fossem exagerados. O fato de a maioria dos crimes da Mão Negra não ter sido denunciada tornava difícil até mesmo para alguém como Petrosino ou Pecorini avaliar sua real dimensão. Mas havia amplos indícios provenientes de outras fontes – listas de vítimas, apreendidas com membros da Mão Negra, relatos de jornalistas de Saint Louis, Chicago e outras cidades – de que o número de vítimas era alto; com certeza, havia milhares de vítimas todos os anos apenas em Nova York. Em especial se você fosse um pequeno empresário, caso tivesse acumulado qualquer tipo de riqueza durante seus anos nos Estados Unidos, poderia ter certeza de que seria ameaçado.

A demografia estava contra Petrosino. O Esquadrão Italiano era uma linha fina de homens postados na costa atlântica, voltados para leste, preparados para uma onda que nunca arrebentava, mas continuava sempre a subir mais alto. Muitos observadores acreditavam que o NYPD havia feito um gesto simbólico ao criar o esquadrão enquanto negava o apoio institucional de que a unidade precisava. "Para muitos, parecia uma vitória inútil", escreveu um historiador, "um truque de relações públicas."

Enquanto Petrosino instruía seus homens quanto aos meandros da Sociedade da Mão Negra, ele pressionava o departamento para arrecadar fundos com o objetivo de abrir um escritório adequado. Por fim, McAdoo consentiu. O detetive não teve permissão para instalar sua unidade na Mulberry 300 – ou talvez tivesse solicitado um lugar distante dos irlandeses –, mas foi autorizado a alugar um local na Waverly Place 175, no que é hoje o West Village de Manhattan. Petrosino reuniu todo o material que pôde, conseguiu algumas escrivaninhas velhas e as levou para a sala e pendurou na janela uma placa em que estava escrito "Imobiliária". Todos os cidadãos que batiam à porta perguntando sobre imóveis no bairro eram afastados de um modo discreto. O negócio era apenas uma fachada para o verdadeiro trabalho do Esquadrão Italiano.

Quando o esquadrão estava bem estabelecido em seu novo lar, o *New York Times* enviou um repórter para fazer uma entrevista detalhada com o chefe daquela estranha nova divisão. Ele descreveu o homem que encontrou à sua espera:

> Os olhos não têm o olhar inteligente de um estudioso. Em geral, há neles um brilho gentil, uma luz que faz com que a pessoa se sinta tranquila. Eles convidam você a ter confiança, e quando a linha reta dos lábios se abre em um sorriso, você pode de imediato imaginar que está falando com uma pessoa gentil e atenciosa, que pensa em seu interesse.

Petrosino começou com uma visita guiada pelo escritório. Fotos de criminosos italianos forravam as paredes, e sobre uma mesa de madeira havia uma exposição de armas confiscadas pelo esquadrão: estiletes, revólveres, porretes. O detetive pegou o que parecia ser um apontador de lápis. "Veja isto", ele disse. Na verdade, aquilo era uma faca tomada de um chantagista.

Terminada a pequena inspeção, os dois sentaram-se para a entrevista, e o repórter perguntou a Petrosino como ele planejava destruir a Sociedade da Mão Negra. A resposta talvez tenha sido uma surpresa, vinda daquele detetive conhecido por ser rude. "Esclarecimento", disse Petrosino. Ele explicou:

> Precisamos mais de um missionário do que de um detetive nos bairros italianos de Nova York. Um missionário que fosse até os recém-chegados e lhes transmitisse uma quantidade razoável de conhecimento sobre nosso governo. É a ignorância quanto às bênçãos de que ele pode desfrutar neste país que está atrasando o cidadão ítalo-americano. Eles desconhecem seus direitos constitucionais. Sequer conhecem a gloriosa história da República.

Enquanto lançava esta nova experiência na aplicação da lei, Petrosino argumentava que só policiamento não era suficiente. Os italianos não se sentiam parte dos Estados Unidos; precisavam de professores, embaixadores, assistentes sociais. O detetive se esforçou em destacar que seus compatriotas amavam a liberdade, assim como os americanos, mas estavam confusos a respeito do modo como os Estados Unidos funcionavam e não sabiam se, de fato, poderiam confiar no sistema. Petrosino pediu que os americanos tivessem paciência com seu povo. "O italiano médio", ele disse, "trabalha muito, tem prazeres simples, ama as coisas que são bonitas e envia seus filhos para as escolas públicas. Vale a pena esclarecê-lo."

O jornalista arquivou sua matéria, e um editor de redação meteu-lhe uma manchete. "PETROSINO", lia-se, "DETETIVE E SOCIÓLOGO".

✳   ✳   ✳

TODAS AS MANHÃS, OS HOMENS DO NOVO ESQUADRÃO ITALIANO CHEGAVAM À Waverly 175 vestidos como operários, usando os chapéus de feltro de abas largas que estavam na moda entre os *contadini*. Seu chefe examinava as centenas de pistas que havia coletado com seus *nfami* e as dividia entre os detetives. Os homens, então, deixavam o local sozinhos ou em dupla e saíam pela rua Waverly rumo a suas missões, disfarçados de trabalhadores que estavam sendo enviados para reformar propriedades alugadas.

A violência da Sociedade da Mão Negra aumentava a uma velocidade inquietante. Bombas estavam sendo lançadas em Little Italy, no Brooklyn e no East Side. Três policiais estavam guardando uma loja em Williamsburg quando sua fachada de tijolos foi lançada para a rua emitindo um rugido que estremeceu a terra. Uma carga de dinamite havia sido instalada sem que os homens percebessem. A loja foi destruída. Ninguém viu o criminoso, e a polícia ficou perplexa com a forma como ele havia colocado os explosivos no local. Cartas a outros empresários prometiam o mesmo. "Se você não pagar, grande covarde", dizia uma delas, "vai sofrer. A resistência é inútil. A morte está agora olhando você de frente!"

Serrino Nizzarri era um padeiro cuja loja ficava na rua Bayard 98, no que hoje é o bairro de Chinatown. Um membro da Mão Negra, Anthony Fazia, já havia atentado contra sua vida, chamando-o para fora de uma barbearia e tentando enterrar uma faca em seu peito, mas Nizzarri conseguiu se esquivar do golpe e fugiu. Uma carta revelava com quem Nizzarri estava lidando: "Nossa sociedade é composta, além de italianos, de policiais e advogados, e, se você divulgar seu conteúdo, saberemos na hora". Quando estivesse pronto para pagar, como instruíam as cartas da

Mão Negra, ele deveria colocar um lenço vermelho na janela. Mas o lenço vermelho nunca apareceu. Nizzarri havia decidido resistir.

Certa noite, o padeiro estava fazendo pão no porão da loja, com a filha e o bebê dela ali por perto. Ele sentiu uma presença, olhou para cima e viu um homem descendo lentamente as escadas até seu local de trabalho. Era Fazia. O membro da Mão Negra avistou o padeiro, sacou uma arma e a apontou para o peito de Nizzarri. No porão, ecoaram dois tiros. As balas não atingiram o padeiro, mas, no meio da confusão, sua filha bateu em uma panela de água fervente e a derrubou sobre o bebê, que emitiu um grito horrível. A criança foi escaldada e morreu.

O Esquadrão Italiano perseguiu Fazia e o conduziu para o centro de detenção na região central da cidade conhecido como Tombs ("túmulos"). Ele recusou um advogado, foi a julgamento e, da tribuna, lançou uma declaração desafiadora: "Vou para a cadeia, mas ele", referindo-se a Nizzarri, "vai pagar. Meus amigos cuidarão dele direitinho. Leia a carta. Ela diz tudo". Fazia foi desafiador, mas o esquadrão conseguiu sentir satisfação com aquela pequena vitória. Nizzarri se erguera e havia testemunhado contra seu perseguidor, e o homem passaria os melhores anos de sua vida em Sing Sing. Se eles pudessem encadear uma série de casos assim, a Sociedade sofreria um duro golpe.

A batalha entre a Mão Negra e o Esquadrão Italiano virou o assunto da cidade. Até os ourives ficaram atentos. Logo no início dessa onda, um jornal noticiou que "a Mão Negra agora é a febre" e então explicou que "desde a recente declaração do detetive Petrosino, da força policial de Nova York, de que não existe nenhuma Sociedade da Mão Negra" – esta foi uma citação equivocada, pois Petrosino havia dito que não existia nenhuma organização *nacional* – "a coisa toda foi encarada como uma piada". Vendedores ambulantes começaram a vender pequenas mãos pretas de metal para uso como amuletos nos relógios ou como botões. A demanda, segundo o jornal, superou em muito a oferta. Lojas em Manhattan chegaram a vender artigos especiais de papelaria com o símbolo da Mão Negra no alto do papel de carta e envelopes combinando, para que a pessoa pudesse enviar à namorada ou à tia-avó em Rochester uma carta "Mão Negra". Os símbolos da morte e do horror haviam sido apropriados pelos criadores de tendências; tinham "virado uma verdadeira moda".

No entanto, a violência continuava a ocorrer por toda parte. Na vizinha Westfield, em Nova Jersey, John Clearwater, um "branco" (não italiano) dono de um restaurante, voltava a pé para casa à uma da manhã quando uma gangue da Mão Negra que vinha ameaçando sua vida o confrontou. Apontaram revólveres para ele, mas Clearwater sacou sua própria arma e começou a atirar. Duas balas atingiram o corpo do dono do restaurante, e ele caiu ao chão. Os membros da Sociedade lançaram-se sobre ele com seus punhais, esfaqueando-o no pescoço e no rosto. Ele sangrou até a morte ali na estrada.

Nenhum ramo de negócios estava a salvo. Quando o navio a vapor *Sibiria* entrou no porto de Nova York e atracou no Píer 1 com uma carga de frutas das Índias Ocidentais, havia maços de cartas esperando por sua tripulação siciliana. Um dos marinheiros abriu uma carta e encontrou um bilhete da Sociedade da Mão Negra. Se a tripulação não pagasse 50 dólares cada um à Mão Negra, os marinheiros seriam assassinados um a um. O capitão mandou seus homens mostrarem a mensagem ao Esquadrão Italiano. "Não!", responderam eles. "Pelo amor de Deus, não! Essa é uma das coisas que não devemos fazer. Eles nos matariam na mesma hora." Os sicilianos recusaram-se a deixar o navio e ficaram escondidos em suas cabines, "amontoados como ovelhas, com as mãos sobre revólveres que a maioria deles havia conseguido emprestados, enquanto outros brandiam tacos". Os marinheiros observavam atentos cada estivador que vinha para bordo e entrava no porão para descarregar as frutas. Os homens não descansaram até que o navio partiu de Nova York.

Os italianos estavam muito apavorados. No Brooklyn, Tony Marendino, filho de um empreiteiro, desapareceu das ruas numa tarde. Quando o Esquadrão Italiano abordou o pai do menino, ele se recusou a falar-lhes. Mesmo sem a ajuda da família, o esquadrão conseguiu localizar os sequestradores, Salvatore Peconi e Vito Laduca. Peconi era um conhecido integrante da Mão Negra que já havia sido preso antes por sequestrar uma criança. A dupla foi presa e mantida na prisão para aguardar julgamento. Quando a notícia chegou ao pai da vítima, ele correu para o tribunal e tentou pagar a fiança dos sequestradores, chegando a afirmar que Peconi era seu melhor amigo e que deveria ser libertado de imediato. Marendino temia que, se Peconi fosse preso por raptar seu filho, sua vida se tornasse impossível. Ele se recusou a testemunhar contra a dupla, e o Esquadrão Italiano foi forçado a arquivar o caso.

A intimidação era constante: durante um julgamento da Mão Negra, quando a testemunha principal apareceu no tribunal, detetives observaram a multidão para tentar pegar alguém que lhe fizesse "o sinal da morte". Quando estava prestes a dizer o nome de um líder da Sociedade, ela viu algo na multidão que a fez se calar. Ela quase desmaiou, mas continuou. Só quando outro sinal foi feito é que ela se levantou, gritando: "Juro pelo Deus que está no céu! Juro pelo túmulo da minha santa mãe! Juro que não sei nada! Não tenho nada para dizer! Não vou dizer mais nada!". Um juiz de Baltimore ordenou que os assentos do júri e o banco das testemunhas fossem erguidos e virados de costas para que os homens da audiência não pudessem ver o rosto daqueles que prestavam depoimento.

Os relatos jorravam no escritório da Waverly 175. Homens apareciam à porta com cartas na mão, ou relatando casos de crianças desaparecidas, incêndios misteriosos, explosões durante a noite. Petrosino estava começando a entender a extensão daquilo que enfrentava. Ele estimou que, para cada italiano que o procurava, outros 250 se mantinham em silêncio. O flagelo da Mão Negra já atingia proporções epidêmicas.

<h1 style="text-align:center">5</h1>

Uma Revolta Geral

NO VERÃO E NO OUTONO DE 1905, UM JOGO MUITO LETAL DE ESPIONAGEM se desenrolou por toda a Manhattan. Nas grandes avenidas, nos corredores de cortiços, em becos malcheirosos e iluminados a gás, nas "adegas de chianti", onde dizia-se que homens da Sociedade se reuniam para tramar seus crimes, a Mão Negra e a polícia se confrontavam de novo e de novo. Estava sendo posta à prova a força da Sociedade da Mão Negra nos Estados Unidos. Estavam testando, na verdade, se ela poderia ser impedida ou não.

Alguns dos casos do Esquadrão Italiano eram simples. Quando um açougueiro da rua Bleecker 211 foi alvo de chantagistas, o esquadrão apareceu bem cedo, certa manhã, antes que a rua ganhasse vida com os clientes. Os policiais se esconderam no freezer do açougue e ficaram lá por horas, bebendo chocolate quente e se agitando para se aquecer. Sentados em blocos de gelo, contavam histórias sobre sua infância ou a respeito dos bandidos espertinhos que haviam encontrado em Tenderloin. Então, no fim da tarde, um homem identificado no *Washington Post* como Gioacchino Napoli entrou na loja e aceitou 50 dólares em dinheiro. Os detetives saíram do freezer cambaleando, um a um, meio congelados, e algemaram Napoli. Em um caso posterior, os detetives trabalhavam atrás do balcão de uma farmácia na Segunda Avenida com a rua 12, vestidos de balconistas e até vendendo aos clientes láudano e comprimidos para os nervos, enquanto vigiavam pelas janelas o primo de uma vítima da Mão Negra que andava nervoso de um lado para o outro, esperando que um cobrador aparecesse. Os homens do esquadrão viram o primo conversar com um jovem italiano que estava acompanhado por outros dois homens. O primo entregou algo ao estranho e, então, pegou um lenço com o qual limpou rapidamente os lábios. Era o sinal. Os detetives saíram correndo da farmácia, mas os três integrantes da Mão Negra já estavam correndo rumo a um bonde que disparou pela Segunda Avenida a quase 30 quilômetros por hora. O trio conseguiu embarcar no bonde. Um membro do esquadrão alcançou a porta do bonde e içou-se para bordo, mas um dos homens da Mão Negra, Paolo Castellano, viu o detetive entrando e lançou-se pela janela aberta do veículo, caindo de cabeça nos paralelepípedos antes de se levantar e sair correndo.

O detetive e um guarda que por acaso estava a bordo sacaram suas armas e começaram a atirar em Castellano. "O carro virou um caos", relatou o *Times*, "homens, mulheres e crianças gritando e saindo da frente dos revólveres." Uma bala atingiu o chantagista no quadril e fez com que rodopiasse e caísse na calçada. Os detetives saltaram do bonde e arrastaram Castellano para a delegacia mais próxima, com os dois cúmplices.

Petrosino ensinou seus homens a ler e interpretar as cartas da Mão Negra, a identificar determinadas construções de frases e fragmentos de dialeto que poderiam revelar a identidade de seu autor. Havia ameaças demais para levar todas igualmente a sério, de modo que os detetives precisaram aprender a distinguir uma carta genuína de uma falsa. Algumas ameaças careciam do verdadeiro toque, como a que foi recebida pelo senhor Nussbaum, de Manhattan, no outono de 1905. "Veja aqui", assim começava a carta. "Não vamos mais brincar com você. Se não recebermos 50 dólares no dia 30 de setembro antes das 11 horas, vamos matar você e sua garota. Sou presidente do Klick, então, posso escrever cartas mais simples do que o resto." Estava assinada pela Mão Negra, mas a culpada revelou ser a filha de 15 anos de Nussbaum, Nellie. Ela havia escrito o bilhete "só de brincadeira".

Uma carta diferente, enviada a um barbeiro de Manhattan cuja loja havia sido destruída por uma bomba, indicava um nível muito maior de perigo. "Você sabe o que esperar agora", dizia. "Este é só o começo [...]. Você está condenado porque não vai obedecer [...]. Somos os homens que visitaram Palibino na rua 116 e Ciro, o merceeiro, na rua Elizabeth." Esse tipo de mensagem exigia atenção imediata. Mais tarde, na história da Sociedade da Mão Negra, um homem de Chicago recebeu uma carta dos sequestradores de seu filho escrita pelo menino. "Por favor, papai", dizia, "pague o dinheiro ou você nunca mais vai me ver." Os integrantes da Mão Negra acrescentaram um posfácio: "Você reconheceria a cabeça do seu menino se a visse?".

Petrosino estimava que dezenas de milhares de nova-iorquinos estavam sendo extorquidos pela Mão Negra. Eram os homens que cavavam os túneis do metrô, que faziam as escavações para os reservatórios de água da cidade, que construíam a linha do horizonte. Quantos deles a Mão Negra tinha sob seu domínio? E como, queria saber Petrosino, a Sociedade estava conseguindo o nome de cada homem que trabalhava nesses projetos gigantescos?

Foram meses de trabalho, mas Petrosino e seus homens, por fim, desvendaram o esquema. Quando um novo projeto de construção era anunciado – uma linha ferroviária, um aqueduto –, um membro da Mão Negra era escolhido para obter um emprego nele. Ele aparecia no canteiro de obras, disfarçado de trabalhador comum, assim como Petrosino fazia em suas investigações, e se candidatava a uma vaga. Quando conseguia, dirigia-se ao acampamento e interagia com os colegas de trabalho. Depois de ser estabelecido lá, ele fingia receber uma carta da Mão Negra, que havia trazido consigo com esse propósito. "Ele conta a um ou dois trabalhadores e finge que está quase morto de medo com a situação", explicou Petrosino. "Isso se espalha rapidamente até que todos os homens naquele acampamento ficam com medo de todos os demais, sem saber quem ou quantos ali são membros da *Mano Nera*." Os trabalhadores ficavam com medo de falar uns com os outros, temiam que seu vizinho pertencesse à Sociedade. Quando os homens estavam desmoralizados e isolados, outro membro da Mão Negra recebia ordem para aparecer no acampamento no dia do pagamento e começar a recolher o tributo deles.

Outros aspectos das operações da Sociedade fariam esse esquema específico parecer diminuto. Petrosino logo descobriu que membros de gangues da Mão Negra estavam conseguindo empregos como caixas em bancos de poupança por todas as colônias e mantendo registros dos depósitos de pequenos comerciantes. Basicamente, estavam agindo como informantes, reportando sobre as participações financeiras de alvos potenciais. Tais ativos eram substanciais. Ao fim da década, os italianos de Nova York possuiriam 120 milhões de dólares em propriedades, 100 milhões investidos em vários negócios e 20 milhões em depósitos bancários. A Sociedade monitorava os italianos que estavam prosperando para aterrorizá-los. Os membros da Mão Negra se reuniam em barbearias, restaurantes, bares, lugares onde os imigrantes socializavam e compartilhavam fofocas sobre quem havia se casado recentemente (presentes de casamento não estavam a salvo da ganância da Sociedade), pessoas cujo tio ou pai acabara de morrer (tampouco as heranças), ou que haviam vendido a fazenda da família na Calábria ou na Sicília.

Também havia as lojas. Conversando com as vítimas da Sociedade, Petrosino detectou um padrão: muitas haviam feito negócios com lojas de determinados comerciantes. Logo, um nome começou a se destacar.

Giuseppe Morello, adversário de Petrosino no Crime do Barril. Morello e seu sócio, Ignazio "o Lobo" Lupo, haviam estabelecido uma gigantesca mercearia na rua Elizabeth, e filiais logo abriram por toda a cidade. Uma parte importante da operação consistia na extorsão de empresários que entravam em alguma de suas lojas. Se um comerciante encomendasse um grande número de itens, ele logo receberia uma carta da Mão Negra em seu local de trabalho. Se não pagasse, sua própria loja sofreria um atentado a bomba e seus filhos seriam ameaçados.

Os dois gângsteres não poderiam ser mais diferentes: Morello parecia um ogro, e Lupo era elegante e cortês, e percorria a rua Mott em uma charrete puxada por um cavalo branco reluzente, vestindo ternos sob medida e um chapéu "inclinado para um lado de modo jovial". Lupo havia crescido em uma família rica de Palermo antes de assassinar um rival por conta de uma disputa comercial e fugir do país. Tinha uma cara redonda, com olhos arregalados e fixos, e falava com voz aguda e irregular, que dava às suas palavras uma bizarra qualidade cantada. No submundo italiano, muitas vezes brutal e repleto de testosterona, Lupo era um elemento estranho. "Dou-lhe minha palavra", disse William Flynn, chefe do escritório do Serviço Secreto em Nova York, "Lupo só precisava tocar em você para lhe dar a sensação de ter sido envenenado".

Os dois sócios atacavam os empresários honestos ao redor da rua Mulberry. Um desses comerciantes, Salvatore Manzella, importava vinho e alimentos italianos para sua loja na rua Elizabeth. Lupo chegou ao escritório dele e ameaçou sua vida, forçando-o a pagar 10 mil dólares pelo direito de continuar respirando. O dinheiro de Manzella foi aos poucos sendo todo drenado, e sua empresa, antes próspera, acabou falindo. Como muitas das vítimas da Sociedade, ele só se destacou ante o olhar público quando sua vida chegou a um fim desastroso.

A sofisticação do esquema – e as montanhas de dinheiro dedicadas a ele – superavam qualquer coisa que Petrosino e seus homens pudessem conceber. "Eles dispõem de um gabinete secreto de informações mais completo e preciso do que qualquer um [...] que já tenha sido criado", disse Petrosino a um jornalista sobre a Sociedade. "O *status* exato de cada membro das várias colônias italianas [...] é conhecido dos poderosos predadores." A Mão Negra estava compilando dossiês sobre cada comerciante proeminente da cidade: patrimônio líquido, endereço residencial, os membros de suas famílias estendidas. A Sociedade que tomava forma diante dos olhos do detetive se assemelhava menos a uma organização criminosa do que a um governo paralelo: ela taxava seus súditos, vigiava-os e matava seus inimigos.

COM O PASSAR DOS MESES, PETROSINO PÔDE PERCEBER QUE A Sociedade da Mão Negra estava evoluindo. Ela parecia pressentir a presença do esquadrão na rua, antecipar-se a seu pensamento.

Quando Petrosino começou a prender os coletores, a Mão Negra contratou tolos incautos para pegar o dinheiro, muitos deles recém-desembarcados dos navios da Sicília. Quando o esquadrão usava disfarces, a Sociedade respondia com seus próprios disfarces. Em uma ocasião, integrantes do grupo dos seis misteriosos foram designados para uma tocaia; eles deviam ficar de olho em um pacote falso colocado num determinado local em uma rua de Manhattan. Os homens tentaram se comportar de maneira espontânea enquanto observavam o fluxo de pedestres passando pelo pacote. Horas se passaram. Empresários, mascates, donas de casa, operários da indústria têxtil – ninguém sequer olhava para o pacote. Quando o dia foi se transformando em noite, um homem corcunda chegou à rua. Ele tinha um nariz quebrado que era visível mesmo a distância e andava de uma forma peculiar. Os detetives o examinaram quando ele se aproximou do pacote e levaram um susto quando ele de repente avançou, abaixou-se e o agarrou. O corcunda saiu correndo com incrível agilidade e virou uma esquina bem rápido. Os detetives abandonaram seus disfarces e viraram a esquina segundos depois dele. No entanto, não havia mais nenhum homem corcunda à vista; todos os homens que andavam pela rua tinham as costas eretas, normais. Inspecionando o chão, os homens encontraram um pequeno pedaço de massa: o nariz torto do "corcunda". O coletor, fosse quem fosse, estava se afastando, de costas eretas, com o dinheiro enfiado dentro do casaco. Ele nunca foi encontrado.

Quando Petrosino começou a marcar as cédulas de dinheiro, algumas gangues passaram a pedir para as vítimas que pagassem em moedas de ouro e prata. Então, Petrosino passou a identificar certas frases ou partes de caligrafia como pertencentes a um bando da Sociedade, cartas-padrão passaram a ser usadas, a mesma nota era enviada a centenas, talvez milhares de vítimas, para que o esquadrão não pudesse identificar nenhuma quadrilha em particular pelas expressões que usava. Petrosino rastreou os coletores até seus cortiços, então, uma quadrilha alugou uma caixa postal.

Os homens do Esquadrão Italiano se tornaram especialistas amadores em caligrafia e conseguiam identificar as gangues pelas cartas que enviavam. Quando o esquadrão encontrou algumas palavras rabiscadas em um pedaço de papel que fora parte de uma bomba detonada, seus membros reuniram todos os suspeitos de pertencerem à Mão Negra na cidade – a essa altura, a lista havia crescido para milhares – e os levaram para delegacias locais, fazendo-os assinar o registro de ocorrência. A escrita de um dos suspeitos coincidiu com a da nota e ele foi preso.

A Sociedade da Mão Negra passou a usar máquinas de escrever. Ou outros métodos. Um bilhete chegou endereçado ao capitão Cullen na delegacia da avenida Liberty, no Brooklyn, ameaçando a vida dos chefes do departamento de polícia. Era composto de letras recortadas de jornais.

Às vezes, a mensagem assumia uma forma muito diferente. Uma vítima que recebeu várias cartas levou-as para o Esquadrão Italiano. Petrosino garantiu que seus detetives investigariam o caso assim que tivessem tempo; os homens já estavam tendo que dormir em suas mesas, de modo que nem todos os casos podiam ser acompanhados de imediato. Algumas horas depois, uma bomba explodiu em frente à loja do homem. Ele foi arruinado por ter ousado se aproximar de Petrosino.

As pessoas na cidade estavam com os nervos à flor da pele. No fim de setembro de 1905, uma pedra de 45 quilos estraçalhou a porta de uma tabacaria no número 230 da rua 30 Oeste, quase esmagando um cliente antes de derrubar a bandeira da porta e destruir o acabamento interior de madeira. "Gritos de 'Mão Negra!' cortaram o ar", relatou o *Times*, e de imediato circularam pelo bairro boatos de que a Sociedade havia adquirido uma catapulta gigantesca capaz de lançar pedras por cima de quarteirões inteiros da cidade. A verdade era mais prosaica: a pedra havia sido arrancada do solo por uma explosão três quarteirões a norte, onde estava sendo escavada a nova Estação Pensilvânia, e tinha rolado pela Sétima Avenida antes de colidir com a tabacaria. A cidade sentiu-se aliviada. Pelo menos, a Sociedade ainda não tinha adquirido superarmas.

Às vezes, a tensão era quebrada por um humor macabro. O grande volume de crimes da Sociedade levava a algum erro ocasional. Adolph Horowitz, presidente da U.S. Framing & Picture Company, de Manhattan, havia sido ameaçado de morte pela Sociedade se não pagasse o que pediam. Certa manhã, ele chegou à sua loja e descobriu que, durante a noite, o estabelecimento ao lado havia sido destruído por uma bomba. Naquele dia, uma carta foi deixada em sua caixa postal. "Um dos nossos homens foi enviado para cumprir nossa ameaça, mas cometeu um erro", explicou o autor, "e explodiu a loja do lado." A carta tinha como objetivo assegurar a Horowitz que o erro em nada afetava sua obrigação de pagar à Mão Negra o dinheiro devido.

Os jornais atacavam. O *Washington Post* enviou um repórter para os subúrbios verdejantes ao norte de Nova York, onde os ataques da Sociedade estavam aumentando. "O condado de Westchester é o lugar certo para ver as pessoas sendo baleadas", escreveu o enviado após retornar de sua excursão. "Se você [...] está procurando uma nova sensação, basta pegar o trem de Nova York, descer em Katonah ou em qualquer outro local pastoral no cinturão de túmulos e, de imediato, a Mão Negra da emoção será estendida a você, dando-lhe as boas-vindas." O repórter descobriu que estava em curso na floresta uma "revolta geral" que havia mudado as coisas para a classe alta e seus criados. O mordomo de uma casa elegante "agora deveria ser um cavaleiro bruto, combativo e lutador, bom o bastante com a espingarda da família para expulsar a tiros o membro da Mão Negra do emaranhado familiar no gramado, sem permitir que nem um chumbinho sequer entrasse nas aristocráticas pessoas ou nos jovens da família". "As crianças", ele relatou, "estão sendo amarradas em postes enfiados nos gramados das mansões, para sua própria proteção, e 'alarmes de sequestro' saem aos montes das prateleiras das lojas locais" (tais dispositivos não existiam, claro). Ele conseguiu encaixar algumas notícias reais: cerca de cinquenta policiais de cidades de toda a região haviam formado uma aliança contra a Sociedade da Mão Negra e estavam patrulhando as ruas sombreadas de Westchester, armados até os dentes. Com um floreio macabro, o autor finalizou: "Westchester espera com carinho o momento em que seus problemas vão se resolver sozinhos, com os italianos matando todos os negros e os negros matando todos os italianos".

A sátira mexeu com os nervos dos cidadãos. No entanto, ao contrário dos moradores de outras cidades atingidas, os moradores de Manhattan podiam confortar-se com o pensamento de que tinham Petrosino e seus cinco homens leais a seu lado. E, de fato, o Esquadrão Italiano, embora estivesse sobrecarregado e fosse subfinanciado, estava a todo vapor, prendendo centenas dos mais notórios integrantes da Mão Negra apenas em seu primeiro ano. Os crimes cometidos pela sociedade tiveram uma queda de 50%. O *Times* relatou "uma calma que é com certeza curiosa e não tem explicação". Mas a explicação era, de fato, bastante clara: Petrosino havia colocado um preço no terror da Mão Negra, e menos criminosos estavam dispostos a pagá-lo.

O Esquadrão Italiano havia evoluído de "um pequeno bando de *outsiders* itinerantes e sem-teto" para uma unidade bem lubrificada que ganhara a admiração de Manhattan. Os "seis misteriosos" eram um fenômeno novo em uma cidade americana: agentes da lei que arriscavam a vida para reverter a maré de um terror iminente – e eles eram italianos. Para os nova-iorquinos, Petrosino e seus homens foram alguns dos primeiros imigrantes a serem reconhecidos como americanos. "Aquele punhado de fanáticos", como os chamaria mais tarde o *Washington Post*, cheio de admiração.

O ESQUADRÃO HAVIA MOSTRADO A QUE VIERA. O COMISSÁRIO McAdoo, que tinha resistido à sua criação, até deu permissão a Petrosino para que chamasse mais detetives. Petrosino saiu em busca de recrutas. Ele tinha um amplo círculo de amigos em Little Italy: músicos, comerciantes, pais e mães cujas famílias ele havia ajudado quando a Sociedade da Mão Negra atacou. Entre eles estavam os Cavone, uma família que havia trazido seu filho Rocco da Itália ao emigrar alguns anos antes. Rocco era um garoto brilhante. "Ele havia demonstrado capacidade e manejo e compreensão do animal humano", escreveu um repórter, "sobretudo aqueles nascidos com temperamento e tradições italianos." Era também, como o jovem Petrosino, ambicioso. Aos 10 anos de idade, ele se tornou garoto de recados em uma empresa atacadista de frutas (como tantas crianças italianas, Cavone abandonou a escola para ajudar a família). Aos 16 anos, ele se tornou gerente de uma loja e, logo depois, gerente de produção em uma fábrica de Manhattan, uma posição impressionante para um jovem imigrante.

Um dia, Petrosino foi visitar Rocco em seu trabalho.

"Precisamos de você na polícia", ele disse. "Eu preciso de você!"

Não era um pedido para ser avaliado de forma leviana. Cavone estava a caminho de altas posições no mundo dos negócios, uma raridade para alguém tão jovem, sobretudo quando se tinha um sobrenome terminado com uma vogal. Sim, o Esquadrão Italiano era sedutor – eles eram os ídolos de grande parte da colônia, mas juntar-se a ele renderia a Cavone o ódio de muitos de seus compatriotas; sua vida estaria em constante perigo.

Contudo, a simples visita de Joseph Petrosino era uma grande honra. E o salário de um policial, embora fosse baixo, ainda era melhor do que o salário que o dono da fábrica pagava a Cavone; os italianos, mesmo os gerentes de produção, muitas vezes, ganhavam menos do que seus colegas nativos da América. Ele aceitou a oferta.

Cavone saiu do emprego e se tornou um patrulheiro do departamento. Dez dias depois, ele desapareceu das fileiras de forma repentina e misteriosa. Ninguém sabia o que havia acontecido. Teria desistido? Teria desanimado? Um ou dois dias depois, porém, um jovem vestido com roupas esfarrapadas começou a rondar os bares de Little Italy. Ele se parecia com Cavone, mas o nome com o qual se apresentava era outro. Esse italiano recém-chegado logo passou a tomar parte em todos os vícios que estavam escancarados na colônia. "Ele era frequentador habitual de espeluncas de porão", de acordo com o *Evening World*, "um apostador, um pupilo assustado e hesitante de chantagistas e sequestradores." Rocco Cavone estava agindo como o que mais tarde seria chamado de infiltrado.

Ele já não dormia na casa da família, e passou a descansar a cabeça nos travesseiros imundos e infestados de pulgas de uma das *flophouses* de Mulberry Bend. Esses estabelecimentos eram pensões baratas que pareciam sórdidos alojamentos do exército, onde os trabalhadores, exaustos depois de um dia explodindo túneis de metrô, deitavam-se lado a lado com criminosos que ansiavam fazer fortuna na Sociedade da Mão Negra. Cavone fez amizade com atendentes de bar, com executores e assassinos. Trocou seu jargão empresarial pela gíria especial do submundo. Ouviam-no dizer coisas como *"Take a slide off Broadway and stay off!"* ["Caia fora da Broadway e fique longe!"].

Depois de alguns meses nessa vida, Cavone começou a fornecer a Petrosino pistas sobre as gangues da Mão Negra que estavam surgindo: quem as liderava, quem eram seus alvos. Petrosino não abriu investigações com base nas informações. Ele queria conhecer toda a gama de atividades daquela gente antes de fazer qualquer coisa. Durante meses, Rocco Cavone ficou imerso no submundo da colônia italiana.

Então, com os arquivos repletos das anotações de Cavone, Petrosino atacou. Dezenas de criminosos com quem o policial disfarçado fizera amizade foram presos. Outros saíram correndo da cidade. "Os poucos que restaram", noticiou o *Evening World*, "declararam guerra aos 'meninos de Petrosino'."

Com homens como Cavone, liderados por Petrosino, o Esquadrão Italiano parecia capaz de enfrentar a Sociedade da Mão Negra e vencer. Nos primeiros tempos da batalha, parecia que as forças da ordem poderiam de fato prevalecer.

Apesar de sua fama crescente e seu sucesso com o esquadrão, havia um lugar em que o detetive não era idolatrado: o NYPD. Seus colegas policiais sabotavam o tempo todo a unidade de Petrosino. "Todos os obstáculos possíveis eram colocados em seu caminho", de acordo com o *Washington Post*, "e em nenhum momento ele pôde contar com a cooperação de seus superiores ou de seus inferiores na hierarquia. Todos se portavam da mesma maneira desdenhosa com relação ao Esquadrão Italiano e, quando tinham a chance, não poupavam esforços para atrapalhar [seu] trabalho." Logo depois da formação do esquadrão, Petrosino se convenceu de que membros de seu próprio departamento o espionavam. "Havia certos políticos na cidade", relatou o *Post*, "que se opunham totalmente à formação do Esquadrão Italiano, e tais homens tinham influência suficiente sobre os membros das forças policiais para obrigá-los a se reportar diretamente a eles." Petrosino estava tão preocupado com os informantes que, no início de uma investigação, usava telegramas para informar a seus detetives onde deviam encontrá-lo. Ele não queria que seus homens fossem seguidos da rua Mulberry 300 até a sede do esquadrão, e não confiava nos telefones.

Uma das ferramentas essenciais de um detetive de homicídios em uma cidade como Nova York, onde dezenas de milhares de novos imigrantes enchiam as ruas todos os anos, eram as fotos de identificação. Os suspeitos eram levados para a rua Mulberry 300 e eram fotografados, e suas fotos entravam para o vasto acervo do departamento. No entanto, quando Petrosino levava seus suspeitos à sede, os policiais responsáveis se recusavam a fazer as fotos. Petrosino era obrigado a mandar um dos membros do esquadrão conversar com um suspeito na rua enquanto ele apontava uma câmera para o criminoso, na esperança de obter uma foto decente. Muitas vezes, essas fotos eram inúteis; Petrosino era um péssimo fotógrafo. O truque também expunha seus homens aos suspeitos que deveriam seguir de forma secreta.

Em sua sede em Waverly Place, o comportamento dos homens italianos de chapéus de abas largas começou a chamar a atenção. Quem eram aqueles estranhos de cabelos escuros, que entravam e saíam do local a qualquer hora da noite? Um guarda "jovem e ambicioso" que patrulhava o quarteirão observou aqueles estranhos morenos, que pareciam agir de uma forma "que ele considerava suspeita". Depois de vigiar os italianos por um tempo, o policial correu de volta para sua delegacia e relatou que uma gangue de potenciais membros da Mão Negra havia se mudado para a Waverly Place 175.

O capitão John "Ginger Jack" O'Brien foi designado para aquela missão; por ironia, Petrosino havia trabalhado com O'Brien no início de sua carreira. O capitão reuniu um grupo de homens, e foram todos às pressas para Waverly, onde encontraram a porta do escritório "imobiliário" trancada. O'Brien ordenou a um dos homens que entrasse no apartamento. O homem jogou seu peso contra a porta, e ela cedeu. Os policiais percorreram os cômodos devagar, observando as armas espalhadas em uma mesa e as fotos de homens italianos de aparência ameaçadora coladas nas paredes. Os homens de O'Brien começaram a vasculhar o local em busca de cédulas falsas ou outras provas (além de sequestro e assassinato, acreditava-se que a Sociedade também atuava em um esquema de falsificação). Tiraram as gavetas das escrivaninhas, jogaram seu conteúdo no chão e rasgaram o tapete para examinar as tábuas do piso.

Nesse momento, sem saber de nada e ainda disfarçado de operário italiano, Petrosino voltou ao prédio depois de investigar uma pista sobre um caso em andamento. A senhoria, em pânico, foi ao encontro dele na porta de entrada, "implorando-lhe que fugisse de imediato, pois a polícia estava atrás dele". Enquanto o detetive tentava acalmá-la, um policial o viu e informou a Ginger Jack que o líder da gangue havia chegado. O'Brien correu para o saguão e, não reconhecendo Petrosino, tentou derrubá-lo no chão. Mas o detetive era forte demais. Ele aplicou um golpe no capitão que lançou O'Brien contra uma parede e o fez cair ao chão. O'Brien se pôs em pé, cambaleando, sacou sua arma de serviço e avançou devagar, colocando a arma a centímetros do rosto de Petrosino. "Você gostaria de ir à delegacia", ele perguntou, "com ou sem o trabalho de mandar buscar um carro funerário?"

Petrosino ficou imóvel. Ele conhecera italianos demais que haviam sido mortos pela polícia por terem resistido. Lentamente, ele levou a mão à lapela de sua jaqueta e a afastou centímetro a centímetro. Ali, preso à camisa, estava seu distintivo de detetive.

O'Brien baixou sua arma.

A história saiu nos jornais no dia seguinte, e o capitão O'Brien sumiu de imediato de sua delegacia. Tempos depois, disseram que ele estava "levando uma vida rural em Greenpoint" – ou seja, fora rebaixado para fazer ronda nos confins do Brooklyn. No entanto, Petrosino não guardava rancor dos outros policiais. Ele chegou a indicar o guarda que havia localizado sua "gangue" para uma promoção a sargento detetive. Petrosino adorava um policial inteligente.

Ainda assim, foi um momento a ser saboreado. Um detetive nascido na Itália havia levado a melhor sobre um capitão ruivo chamado O'Brien no Departamento de Polícia de Nova York em 1905. "O 'Dago' havia se tornado um superstar", escreveu um historiador da época. "Seus chefes, que precisavam desesperadamente de sua habilidade para solucionar casos, não ousaram silenciá-lo."

Petrosino havia chegado para valer.

6

Explosão

N A TARDE DE 16 DE OUTUBRO DE 1905, JOSEPH PETROSINO estava parado em frente a uma porta, observando a entrada de uma pequena mercearia italiana na rua Stanton 13. A loja pertencia aos irmãos Gimavalvo. Um dos irmãos tinha vindo sozinho da Sicília e, então, trabalhou até ter dinheiro suficiente para trazer o outro irmão. O processo foi continuado até que toda a família estivesse reunida em Manhattan, tudo graças aos lucros da pequena loja.

Então, as cartas da Mão Negra começaram a chegar. De imediato, os irmãos Gimavalvo entraram em contato com Petrosino. Sua base nos Estados Unidos era frágil. Poderia o detetive salvar seus destinos americanos, varrendo aqueles animais da porta deles?

Uma carta de outra vítima da Mão Negra ao *New York Times* espelhou o terror dos Gimavalvo. Veio de um homem que poderia falar em nome de cada vítima da Mão Negra. "Meu nome é Salvatore Spinella", começava assim. "Meus pais levavam uma vida honesta na Itália. Vim para cá há dezoito anos e fui trabalhar como pintor, como meu pai. Casei-me. Formei família. Sou cidadão americano há quinze anos."

Spinella havia prosperado como pintor de casas e comprou dois prédios, nos números 314 e 316 da rua 11 Leste. "Minha família toda está feliz", ele escreveu. Em seguida, ele recebeu uma carta da Mão Negra, exigindo-lhe 7 mil dólares.

Eu digo a eles para irem para o inferno. Tentam explodir a minha casa. Vou à polícia e os enfrento da melhor forma possível. Explodem outra bomba; duas, três, quatro, cinco bombas. Meu negócio está arruinado. Meus inquilinos estão indo embora, todos, só ficaram seis de 36 famílias [...]. Sou um homem arruinado. Minha família vive aterrorizada dia e noite. Tem um policial na frente da minha casa, mas o que ele faz? Só meu irmão Francisco e eu podemos ver minha esposa e meus filhos, que não têm coragem de sair. Quanto tempo isso deve durar?

Spinella e o irmão compraram espingardas e passaram a vigiar seus lares dia e noite. O cabelo de Spinella ficou grisalho em poucos dias, e ele ficou conhecido em Little Italy como *L'Uomo che non dorme* – "o homem que não dorme". Uma das cartas que recebeu, endereçada a "Pedaço de Carniça" e "Espião e Traidor", dizia-lhe que "nem o Departamento de Polícia de Nova York inteiro seria capaz de salvar você". O autor estava correto. Spinella, depois de meses de tormento, perdeu ambos os prédios e foi forçado a voltar a efetuar trabalhos braçais. Havia tantos homens como ele em Nova York que Petrosino seria incapaz de contar.

Petrosino observava os pedestres que percorriam a rua Stanton com a esperança de reconhecer um rosto entre os milhares que havia memorizado. Enquanto esperava, ele se perguntava qual deveria ser sua próxima parada: um encontro com o vendedor de frutas na ponte do Brooklyn, cuja vida estava em perigo mortal, ou um encontro com os homens da

Sociedade da Mão Negra, "que dizem não ter medo do inferno porque escolheram ser homens maus na terra"? Cada um deles mantinha aterrorizada uma família italiana. Ou deveria ir à loja da rua 3 Oeste, de Carmello de Giacono, que pouco antes recebera a visita de um estranho que comunicou a ele que seus companheiros da Mão Negra tinham feito uma votação quanto ao seu destino e que o resultado "foi unânime para assassinato"? Um dos homens havia dito a Giacono: "Eles têm discutido para resolver de que modo você encontrará a morte. Alguns querem esfaquear você, outros gostariam de matá-lo a tiros, mas a maioria é a favor de explodir você e sua loja com dinamite!".

Petrosino tinha poucos recursos para dedicar a essas pessoas desesperadas. Havia anos que a falta de policiamento era crônica em Little Italy. Os editores do *New York Journal*, de propriedade do multimilionário William Randolph Hearst, confirmaram isso por meio de um editorial. "Os italianos pagam seus impostos", argumentou o jornal, "e pagam seu aluguel, e executam um grande volume de trabalho pesado. Eles têm direito à proteção policial, mas não a tiveram." Além de ignorar os pedidos de mais patrulhas e indiciamentos, a polícia ainda chegou a proibir muitos italianos cumpridores da lei de obter armas. "Se a polícia tivesse sido paga para *não* ver nada", escreveu o jornalista Sidney Reid, "não poderia ter feito isso com mais sucesso."

Tudo isso deixava Petrosino em um dilema: como escolher quem salvar e quem deixar morrer?

Enquanto observava a fachada da loja dos Gimavalvo naquela tarde, com os clientes entrando de mãos vazias e saindo com sacos de papel cheios de berinjelas e limões, Petrosino tomou sua decisão: o caso do vendedor de frutas era o mais premente. Todos os outros teriam que esperar. Quando estava chegando a hora de seu compromisso, ele avistou o sargento Funston, cuja jurisdição incluía a rua Stanton 13, e o chamou. Ele disse ao policial que a loja precisava ser vigiada o tempo todo até que ele pudesse retornar. Funston escreveu um bilhete para o capitão Murtha, um oficial irlandês, com as instruções de Petrosino para que colocasse ao menos um guarda na loja, e em seguida garantiu ao detetive que a loja seria vigiada o tempo todo.

Satisfeito, Petrosino caminhou rumo à ponte do Brooklyn. Lá, encontrou o vendedor de frutas e fingiu ser o ajudante dele enquanto instalavam o humilde carrinho no meio da ponte. Assim que as frutas estavam expostas em suas caixas, os dois descansaram, observando a multidão e esperando que os chantagistas aparecessem.

Quase de imediato ocorreu um problema. Um policial deteve-se junto ao carrinho e mandou que Petrosino e o camelô circulassem. Petrosino explicou quem ele era – como detetive, ele de fato era superior hierárquico ao policial –, mas o policial causou tanta comoção que as chances de um encontro foram arruinadas. Petrosino ficou furioso. Claramente, o oficial viu apenas dois carcamanos causando incômodo. Petrosino desistiu, conversou com o vendedor de frutas e, então, foi para casa dormir.

Naquela noite, às três da manhã, uma "explosão terrível" destruiu o prédio de apartamentos dos irmãos Gimavalvo, arrebentando paredes de tijolos e arrancando das dobradiças a porta de entrada de carvalho. As pessoas da família foram lançadas de suas camas e ficaram cobertas de vidros e das lascas de madeira que voaram. Janelas se quebraram ao longo do quarteirão. Quando a polícia chegou, havia italianos de joelhos por todo o cortiço, orando por proteção. "Um projétil de 13 polegadas não poderia ter causado mais dano", relatou o *Times*. Um pedestre que passava pelo local sofreu graves cortes no rosto causados pelos estilhaços de vidro. Por milagre, ninguém morreu.

Petrosino soube do atentado e não conseguiu entender o que havia acontecido. Onde estava o homem de Murtha? Onde estava o NYPD? Ele saiu correndo para a delegacia onde Murtha trabalhava e lá descobriu a verdade. Quando os criminosos chegaram com suas bombas à rua

Stanton, no meio da noite, não havia nenhum policial à vista. O capitão Murtha tinha mentido; ele não protegeu os Gimavalvo.

Com isso, a famosa *pazienza* de Petrosino, enfim, se esgotou. A fúria que vinha acumulando havia meses, se não anos, a lembrança dos insultos, das ofensas e das agressões contra sua raça e sua família, por fim, vieram à tona. Petrosino ficou possesso. Ele encontrou um repórter do *Times* e lhe disse para anotar o que iria dizer. "Quando eu [...] soube da explosão na rua Stanton", disse ao homem, "bati nos lados da cabeça com as duas mãos. Disse, então, a mim mesmo coisas sobre o capitão Murtha pelas quais sinto muito!" Era claro que ele não estava arrependido. O Esquadrão Italiano havia protegido a família, com certeza, mas, no momento em que a missão foi entregue a um policial irlandês, os Gimavalvo foram atacados. Petrosino não conseguia conter a fúria nem o sentimento de impotência. "Trabalhamos tanto e com tanta fé para reprimir essa bandidagem. [...] Ficamos sem dormir e sem comer e nos submetemos a indignidades." Petrosino nunca havia falado publicamente com tamanha emoção. No entanto, ele não estava mais disposto a defender o NYPD enquanto este permitisse que os italianos sofressem atentados a bomba.

O que o detetive estava tentando passar para o *Times* e seus leitores era que, na guerra contra a Sociedade da Mão Negra, toda e qualquer batalha importava. O ataque, Petrosino sabia, se tornaria uma ferramenta de recrutamento para a Mão Negra. Naquele exato momento, os relatos do atentado bem-sucedido muito provavelmente estavam sendo repetidos em toda a Little Italy "para os ouvidos ansiosos dos meninos sicilianos". Os bravos italianos seriam silenciados e intimidados. Os assassinos "iriam se regozijar com nossa derrota". E buscariam novas vítimas.

O NYPD estava perdendo a confiança dos ítalo-americanos da cidade. "Há pouquíssima esperança, a meu ver, de acabar com esses bandos secretos", admitiu um capitão da polícia. Toda vez que um italiano era vítima e ninguém era punido, isso fazia Petrosino parecer um *nfami*, um *spia* – um informante a soldo dos opressores.

Nunca antes o detetive havia expressado publicamente sua raiva contra o NYPD e seus líderes irlandeses. Mas agora ele estava farto. E queria que os nova-iorquinos – todos os americanos, na verdade – percebessem que poderiam ser os próximos. "Eles estão ficando mais ousados", ele disse aos repórteres sobre os criminosos da Sociedade. "Com o tempo, podem descobrir uma maneira de atacar o público em geral. Eles são inteligentes o bastante, acredito, para encontrar esse caminho." Petrosino vinha dizendo isso havia meses, mas então ele acrescentou algo que alertava para uma nova reviravolta: "A sociedade deles é governada por um comitê executivo com sede em várias cidades dos Estados Unidos. Os membros do comitê são chamados de chefes e são obedecidos de forma absoluta".

Isso era tolice, e Petrosino sabia. Suas investigações não haviam descoberto nenhuma rede nacional de membros da Sociedade, nenhum "comitê executivo" nem uma sede ou qualquer coisa do tipo. Mas agora ele afirmava que sim. Talvez acreditasse que apenas mexendo com os medos da nação, confirmando seus piores pesadelos sobre uma vasta conspiração de membros da Mão Negra entranhados no coração do país, ele poderia impressionar os americanos e tirá-los de sua apatia.

Mesmo em meio ao desabafo, Petrosino tinha um objetivo. O Esquadrão Italiano estava em inferioridade numérica. Precisavam de aliados poderosos para derrotar a Sociedade da Mão Negra, e Petrosino tinha um em mente. "Com o tempo, podemos ser capazes de apanhá-los", disse ele, "mas só há uma forma de nos livrarmos do terror, e é por intermédio do governo federal."

O que Petrosino pedia, em específico? Três coisas: que o governo federal exigisse da Itália multar qualquer funcionário que concedesse passaporte a um criminoso conhecido. Que o Congresso aprovasse leis permitindo a deportação de qualquer um com antecedentes criminais de volta à Itália (quase todos os criminosos da Mão Negra presos em Nova York haviam cometido crimes no país natal). E, por fim, que o Serviço Secreto se juntasse à guerra contra a Mão Negra.

Ninguém jamais havia sugerido que o governo dos Estados Unidos da América entrasse na guerra contra a Sociedade da Mão Negra. Mas Petrosino sentia claramente que, sem isso, os esforços estavam fadados ao fracasso. O pedido também tinha um significado pessoal para Petrosino. Ele tivera uma experiência dolorosa e até trágica com o Serviço Secreto que se refletia na crise atual. Para entender essa história, devemos voltar no tempo cinco anos.

$$* \quad * \quad *$$

NO VERÃO DE 1900, UM TECELÃO DE SEDA MAGRO E DE BIGODES chamado Gaetano Bresci largou seu emprego fabril em Paterson, Nova Jersey, e o jornal anarquista que havia fundado e tomou um navio para o porto de Le Havre, na França. Assim que desembarcou, ele viajou para Paris e passou horas caminhando pela Exposição de Paris*; ele comprou um lenço de seda para a esposa com seu próprio nome bordado em vermelho num canto. Parecia ser apenas mais um turista apreciando a magnífica feira. Então, Bresci embarcou em um trem e viajou para a cidade de Castel San Pietro, na Itália, não muito longe de Bolonha, onde se hospedou com um parente. Bresci comprou um revólver .32 de cinco tiros e praticou tiro ao alvo no quintal. Estava treinando para a missão que passou a acreditar ser a obra de sua vida: assassinar o rei Humberto I, como

---

* A Exposição Universal de Paris de 1900 foi uma feira mundial acontecida ao longo desse ano, para comemorar os avanços do século XIX e incentivar o desenvolvimento no século que começava. Foi o maior evento do tipo até então, sendo visitada por 50 milhões de pessoas.

vingança por um massacre a sangue-frio de 90 radicais italianos durante motins ocorridos em Milão, dois anos antes. Em 29 de julho, quando o jovem e elegante rei partia de Monza depois de conceder medalhas a um grupo de atletas, Bresci correu em direção à carruagem real e disparou quatro tiros contra o monarca, matando-o.

O governo italiano acreditava que Bresci não havia agido sozinho e que as pistas para os verdadeiros motivos da morte do rei Humberto estavam na cidade de Paterson, reconhecida por quase todos como um ninho de anarquistas. "Este país", observou um colaborador da revista *New Outlook*, "é, sem dúvida, o centro e a sede da Anarquia italiana dos dias de hoje, a qual é muito mais perigosa do que qualquer uma das formas que a precederam". O governo italiano solicitou ao presidente McKinley que ordenasse uma investigação de Bresci e seus associados, mas o Serviço Secreto conduziu apenas uma investigação superficial antes de abandonar o caso. O motivo foi um tanto constrangedor. "O pânico reinou em Washington durante certo tempo", relatou o *Post*, "quando se descobriu que não havia um homem sequer entre os agentes com suficiente qualificação para se infiltrar entre os anarquistas neste país e arrancar deles os segredos internos de seu clã." Na verdade, o Serviço Secreto não tinha nenhum agente de língua italiana em sua equipe. Roma continuou a pressionar McKinley por respostas. Por fim, o presidente mencionou o assunto a seu vice-presidente, Teddy Roosevelt, cuja mente o levou de imediato de volta a seus dias agitados como comissário de polícia da cidade de Nova York. "Eu tenho o homem certo para esse trabalho", disse Roosevelt a McKinley. "O nome dele é Joe Petrosino, e ele é um dos melhores detetives de Nova York." Telefonaram para a Mulberry 300, e Petrosino na mesma hora concordou em ir a Paterson, para infiltrar-se na camarilha anarquista da qual Bresci havia sido parte e descobrir o máximo que pudesse sobre o grupo e suas intenções. Ele cumpriria a missão em total sigilo e relataria suas descobertas direto ao presidente.

Foi um momento com o qual Petrosino apenas poderia ter sonhado. Ali estava uma chance de provar seu patriotismo, suas habilidades como detetive e sua amizade com Roosevelt, tudo de uma só vez.

Petrosino voltou para seu apartamento e foi direto até o famoso armário. Para a missão de Paterson, ele escolheu um terno antiquado típico dos *grignoni*, homens que sempre desembarcavam nos Estados Unidos usando roupas sem estilo, que os marcavam, sem dúvida, como recém-chegados. Ele colocou algumas camisas e calças de trabalhador, além de roupas íntimas, em uma mala. Assumindo o disfarce de Pietro Moretti, um trabalhador de meia-idade analfabeto recém-chegado da Itália, personagem que com facilidade passaria despercebido entre os trabalhadores da indústria têxtil e os operários idealistas que formavam o círculo de Bresci, Petrosino deixou seu apartamento e tomou um trem para Paterson.

Ao chegar, o detetive registrou-se no Hotel Bertoldi, que era conhecido por sediar reuniões das sociedades anarquistas locais. Bresci, o assassino, havia ficado nesse hotel e até conhecido sua esposa lá. Fiel a seu estilo habitual, Petrosino começou a procurar trabalho e acabou conseguindo emprego em um canteiro de obras. Passava os dias trabalhando ao sol e as noites fingindo ser um revolucionário incipiente.

O detetive permaneceu em Paterson durante semanas, conversando, comendo e discutindo com os anarquistas que trabalhavam nas tecelagens. Ouviu seus monólogos selvagens sobre o capitalismo mundial, leu com eles artigos do *La Questione Sociale*, um jornal anarquista publicado ali mesmo em Nova Jersey, que denunciava a ganância da classe dominante e de seus fantoches nos palácios e edifícios do parlamento por toda a Europa e nas Américas. Quando voltava para o quarto, Petrosino escrevia notas detalhadas sobre o que ouvira, para então deitar-se sob seu cobertor puído e adormecer. Depois de três meses, ele sentiu que tinha descoberto tudo o que podia, então, uma noite, Pietro Moretti desapareceu de repente de Paterson, para nunca mais ser visto. Horas depois, Joseph Petrosino, vestido com seu chapéu-coco e terno preto, reapareceu em Nova York e logo marcou um encontro com Roosevelt e McKinley na Casa Branca.

Quando se sentou com o presidente e o vice-presidente, Petrosino relatou com ansiedade o que descobrira em Nova Jersey. Era algo chocante: o grupo do qual Bresci havia surgido era formado por revolucionários dedicados que haviam feito um sorteio para decidir quem mataria Humberto. Havia, porém, notícias ainda mais preocupantes: o trabalho do grupo, segundo Petrosino, não estava concluído. Mais assassinatos de líderes mundiais estavam sendo planejados. E no topo da lista de alvos dos anarquistas estava o próprio presidente McKinley.

Petrosino provavelmente esperava que sua notícia produzisse alarme, no mínimo, nos dois grandes homens que estavam sentados diante de si. McKinley, contudo, apenas deu um leve sorriso e não disse nada. O presidente, um homem de natureza cordial e confiante, acreditava não ter nenhum inimigo no mundo. Para ele, falar de assassinato não passava de uma fofoca imprudente. Roosevelt também não pareceu impressionado; fez um comentário banal sobre não querer que um anarquista o tornasse presidente, e então os dois homens agradeceram a Petrosino por seu trabalho árduo e o dispensaram.

O detetive pegou o trem de volta para Nova York totalmente desapontado. Havia passado três meses em uma missão muito perigosa durante a qual descobrira um plano para matar o presidente americano, entre outros. No entanto, McKinley e o amigo de Petrosino, Theodore Roosevelt, o trataram como um amador descontrolado, um homem que não estava à altura da situação. Ficou claro que McKinley e os agentes do Serviço Secreto, cujo trabalho era protegê-lo, não iriam levar seu relatório a sério. Talvez quisessem apenas poder dizer a seus pares em Roma que tinha sido feita uma investigação detalhada e que nada alarmante havia sido encontrado.

Meses depois, em 6 de setembro de 1901, o presidente McKinley cumprimentava as pessoas no Templo da Música, localizado na ampla área da Exposição Pan-Americana em Buffalo, Nova York, quando um homem de olhar alucinado e com o braço direito todo enfaixado se aproximou e disparou dois tiros no abdômen do presidente à queima-roupa. Oito dias depois, McKinley morreu de gangrena. Seu assassino, Leon Czolgosz, era um anarquista.

Instantes depois de os tiros soarem, os telefones em Park Row, na parte baixa de Manhattan – apelidada de Newspaper Row, por estar ali sediada a maioria dos jornais de Nova York –, começaram a tocar. Os editores foram informados do assassinato e na hora ligaram para seus repórteres que ficavam na Mulberry 301, em frente à sede da polícia. Os repórteres atravessaram a rua correndo para registrar a reação do NYPD. Quando alguns jornalistas toparam com Petrosino, deram-lhe a notícia. O detetive ouviu os relatos num silêncio atordoado. Então, para espanto dos repórteres, ele começou a chorar. Ele chorou "de forma tão copiosa e histérica quanto uma mulher", escreveu um repórter; sua demonstração pública de dor "veio como uma revelação para seus camaradas" e também para os jornalistas ali reunidos. Os repórteres acharam difícil acreditar que o lendário caçador de homens pudesse demonstrar uma emoção tão profunda. Talvez alguns até tenham ficado chocados ao descobrir que um representante de uma minoria desprezada ficara tão abalado com o assassinato de um presidente americano.

Petrosino, no entanto, amava os Estados Unidos com o amor irracional do imigrante. "Nenhum americano nativo foi um patriota mais fervoroso", escreveu Frank Marshall White. "Ele considerava ter uma dívida eterna e ilimitada de gratidão para com seu país adotivo, pelas oportunidades que dera a ele e a tantos outros compatriotas." Petrosino havia aceitado com profunda seriedade o pedido que lhe fizeram para ajudar a proteger o líder do país, e agora McKinley estava morto.

Depois de alguns instantes, Petrosino recuperou o controle de si. "Eu o avisei!", ele contou aos jornalistas. "Disse a ele que criminosos anarquistas queriam matá-lo. Mas o presidente tem um coração bom demais e acreditou demais na bondade alheia." Os repórteres correram de volta para suas salas e produziram longas reportagens com as manchetes "PETROSINO O AVISOU!" e "DETETIVE ITALIANO TENTOU SALVAR MCKINLEY".

Nos anos que se seguiram à tragédia de McKinley, Petrosino trabalhou várias vezes em estreita colaboração com o Serviço Secreto, inclusive no caso do Crime do Barril. Com frequência, os criminosos italianos estavam envolvidos em falsificações, e às vezes as próprias gangues da Mão Negra tomavam parte no jogo. Durante vários anos, Petrosino passou a acreditar que os chefes da agência em Nova York sabiam os nomes de "quase todos os homens" envolvidos nas ações da Mão Negra. À primeira vista, essa afirmação parece absurda. Por que o Serviço Secreto teria os nomes dos membros da Sociedade e se recusaria a agir? Petrosino, porém, tinha uma fonte inquestionável para sua crença: a própria agência.

Em um dia quente de agosto de 1904, uma carta com entrega especial apareceu no escritório de Joel M. Marx, o promotor distrital assistente da cidade de Nova York. Marx era um promotor linha-dura que havia ido atrás de italianos que vendiam documentos falsos de cidadania; dezenas deles estavam então definhando na cadeia. A carta dizia: "Senhor Marx, eu esperei por você na porta ontem à noite. Eu vejo você, mas digo que dou mais uma chance: se você não parar esse negócio, nós vamos matar você [...] e os detetives italianos. Deixe as pobres pessoas irem [...]. Se você não parar, matamos você e seus filhos. Vingança!". A carta foi assinada com um coração atravessado por uma flecha, ladeado por duas cruzes, símbolos conhecidos da Mão Negra.

Vários agentes do Serviço Secreto estavam ligados ao escritório de Marx, e ele os colocou no caso de imediato. "Esta é a primeira vez que a Mão Negra está sob a jurisdição do Serviço Secreto", disse Marx ao

Tribune em uma matéria de primeira página. "Meus homens estão no rastro da gangue e esperam acabar com ela antes que terminemos."

No entanto, ele não estava sendo honesto quanto à questão da jurisdição. O Serviço Secreto não tinha poder, de acordo com seu estatuto, para investigar criminosos que ameaçassem funcionários do governo. Marx apenas havia colocado seus homens para investigar uma ameaça contra uma clientela importante: ele mesmo.

Petrosino deve ter se espantado com essa notícia. Ele e seus homens haviam recebido centenas de ameaças de morte da Mão Negra, e nem uma vez a agência se ofereceu para ir atrás dos culpados. Contudo, informações ainda mais intrigantes vieram a seguir: Marx passou a dizer que o Serviço Secreto mantinha arquivos completos sobre a Sociedade. "Temos a descrição", disse ele a repórteres, "de praticamente todos os membros da Mão Negra."

Isso foi quase uma bravata. Havia milhares de membros da Mão Negra em Nova York recrutando novos homens todos os dias, e teria sido impossível para o Serviço Secreto acompanhar todos eles. O único arquivo quase completo dos criminosos da Mão Negra se localizava na cabeça de Petrosino, e estava sempre sendo atualizado. Era claro, entretanto, que a agência acompanhava a atividade da Mão Negra, e era possível que estivesse a par dos principais atores. Essa informação teria sido inestimável para a equipe italiana.

* * *

ENTÃO, EM OUTUBRO DE 1905, DEPOIS DAS TENTATIVAS DE ASSASSINATO DOS irmãos Gimavalvo, Petrosino apelou publicamente ao Serviço Secreto, que uma vez o convocara quando precisou dele, para que se juntasse à luta. Ele havia arriscado a vida a fim de ajudar o Serviço Secreto e proteger o presidente, mas a questão era muito mais profunda: italianos estavam sendo importados para construir a infraestrutura dos Estados Unidos. Eles estavam contribuindo com milhões de dólares para a economia todos os anos. Eram, de forma geral, cidadãos decentes, dedicados e trabalhadores. E estavam sendo explorados por criminosos de extraordinária crueldade, mas o governo oferecia pouca ou nenhuma ajuda. Não seriam os ítalo-americanos merecedores da mesma proteção da lei que qualquer outro cidadão recebia? Petrosino achava que sim. No dia seguinte à sua entrevista ao *New York Times*, ele elevou as apostas, em outra entrevista a um jornal. "Vocês podem pensar que sou tolo", disse ele, "mas, a menos que as autoridades federais venham logo em nosso auxílio, Nova York vai acordar algum dia diante da maior catástrofe que já viu."

Depois que seu apelo foi publicado, Petrosino sentou-se e esperou uma resposta. Ela veio na edição de 21 de outubro do *Times*. Um funcionário não identificado do Departamento do Tesouro, que supervisionava o Serviço Secreto, respondeu de modo formal ao pedido de Petrosino. "Se o detetive Prosini", disse o funcionário, errando o nome do policial, "deseja obter a ajuda do escritório do Serviço Secreto em sua luta contra a Mão Negra ou a Máfia, pode fazê-lo pagando os nossos homens como se eles fossem membros de uma agência de detetives particulares." A Sociedade da Mão Negra havia "confinado suas operações a indivíduos" e, até que eles atacassem o próprio governo, a agência "não tinha liberdade para intervir".

Havia razões práticas para a resposta. O escritório do Serviço Secreto em Nova York tinha apenas vinte agentes, engajados em tempo integral na perseguição de falsários. Era um trabalho importante que consumia quantidades significativas de tempo e dinheiro. Assumir a Mão Negra teria colocado um enorme fardo adicional no escritório. E o Serviço Secreto não tinha permissão técnica para investigar crimes como os casos da Mão Negra, embora Roosevelt e seu governo tivessem tornado essa restrição sem sentido em 1905. Roosevelt havia expandido o papel da agência para muitos tipos de crimes – corrupção, fraude fundiária – que os agentes não estavam legalmente autorizados a investigar. E o Serviço Secreto já havia tomado medidas contra a Sociedade antes, no caso do procurador distrital assistente Marx. A realidade é que, se a agência quisesse socorrer Petrosino e seu povo, poderia tê-lo feito.

Mas não o fez. E a declaração do burocrata sem rosto não foi apenas uma rejeição. Foi um insulto. Se os ítalo-americanos quisessem proteção contra assassinato e extorsão, como a agência dizia a Petrosino, teriam que pagar por isso.

Por que um porta-voz de uma agência governamental escolheria humilhar publicamente, no *New York Times*, um policial que tentava impedir que cidadãos americanos fossem assassinados? Não temos evidências, a não ser a natureza cortante das palavras, do que se agitava por trás da resposta da agência; os arquivos da organização silenciaram sobre o assunto. Pode ter sido simples preconceito contra os italianos; poderia ter sido um melindre pelo fato de um *dago* estar fazendo exigências à agência de forma tão pública. No entanto, qualquer que fosse a motivação daquela declaração, sua mensagem era clara: os imigrantes italianos não receberiam ajuda em sua luta de vida ou morte com a Mão Negra. Cidadãos americanos ou não, estavam sendo jogados aos lobos.

7

Onda

ENQUANTO PETROSINO PERCORRIA LITTLE ITALY em uma típica manhã de verão, as ruas estavam repletas de vida. Vendedores ambulantes vendiam presunto, bananas frescas e retratos coloridos feitos à mão do rei e da rainha da Itália. Carroças de entrega percorriam as ruas estreitas, espantando os pedestres e sendo seguidas por crianças pequenas à espera de restos que caíssem da traseira dos veículos, que elas pegavam e levavam para suas mães. Ele passava por teatros com tradicionais espetáculos italianos de marionetes, cortiços onde janelas abertas permitiam que se ouvissem os guinchos e uivos de macacos como se fosse um zoológico, uma vez que andares inteiros eram ocupados pela criação desses animais para os tocadores de realejo que vagavam pela cidade. Passava pelos escritórios de corretores de casamento que prometiam virgens honestas do velho país e agentes funerários cujas placas informavam o custo de enviar um corpo de volta para ser enterrado em solo italiano. Nos becos por onde passava, jogos de dados aconteciam e procissões religiosas se formavam, em que se carregavam as estátuas de santos presas com notas de dólar, que constituíam oferendas em favor de parentes ou amigos moribundos. Enquanto o detetive, com seu chapéu-coco, se movia em meio à multidão, acima dele as saídas de incêndio estavam tomadas pelos zigue-zagues de varais, enquanto, nos telhados, lençóis eram estendidos, cobertos por tomates esmagados que eram secos ao sol antes de serem transformados em molho de tomate para o macarrão que a família comeria naquela noite. Chapéus de palha masculinos, roubados da cabeça de seus donos por garotinhos, balançavam com a brisa, presos com pregadores de roupas a varais que cruzavam a rua de um lado a outro.

Recém-chegados que haviam desembarcado apenas dias ou mesmo horas antes de algum navio a vapor vindo de Gênova passavam pelo detetive nas ruas. Os imigrantes italianos desembarcavam em Nova York e, muitas vezes, apressavam-se a seguir caminho rumo ao interior, a fim de ocupar vagas de empregos em Kentucky, Michigan ou na Pensilvânia, para carregar nas costas a revolução industrial que estava transformando o país. Petrosino poderia ter contado as histórias deles a partir de um breve olhar. Eles eram de Maida ou de Pádua ou Nápoles, e haviam visto um cartaz na praça de sua cidade que prometia *"Buoni Lavori!"* (Bons empregos!), altos salários e passagens baratas de navio a vapor. Havia até um pôster que mostrava uma fábrica têxtil com um banco do outro lado da rua e trabalhadores indo de um lado para o outro carregando sacos de dinheiro. Os homens tinham deixado suas casas e embarcado num navio, alguns deles levando consigo um novelo de lã, deixando uma prima ou uma namorada no píer segurando a outra ponta. Quando a buzina soava e o barco se afastava do cais, o novelo se desenrolava lentamente, o fio de lã fina ficava flutuando até a última volta, e então o fio pairava no ar, sustentado pela brisa da costa.

Assim que desembarcavam em Nova York e passavam pela ilha Ellis, os homens se espalhavam pelo país em busca de trabalho. Em Chicago, os italianos trabalhavam nas fundições e nas fábricas. Nos pátios ferroviários espalhados pelo Centro-Oeste, os italianos assentavam os trilhos. Na Virgínia Ocidental, extraíam carvão. Os homens que ficaram em Nova York dinamitavam e cavavam os túneis do metrô, enquanto as mulheres trabalhavam como costureiras em fábricas de roupas. No Brooklyn, eles soldavam navios. No norte do estado de Nova York, cavavam reservatórios e vedavam com concreto as margens dos aquíferos. Em Michigan, extraíam minério de ferro. Na Nova Inglaterra, extraíam pedra e granito. Em Kansas City, abatiam o gado nos currais. Em St. Louis, produziam tijolos nessa cidade que abrigava uma centena de olarias. Em Delaware, colhiam pêssegos. Na Flórida, algodão. Na Louisiana, arroz e açúcar. Em todos os lugares suavam sob o sol, construindo estradas e canais. Os italianos, que muitas vezes eram contratados para os trabalhos mais perigosos, sofriam 25% de todos os acidentes de trabalho no país, e um em cada cinco homens emigrados para os Estados Unidos acabava mutilado ou morto no trabalho. "Suas ferrovias, seus prédios públicos, seu carvão estão molhados com o suor e o sangue italianos", disse o escritor Enrico Sartorio.

E, às vezes, eram espancados e escravizados. Um calabrês em um campo de trabalho recordou sua tentativa de ajudar um colega italiano em fuga.

Minha atenção foi atraída para o outro lado do riacho, onde um italiano gritava por socorro – pedindo a nós, compatriotas, que o ajudássemos. Ele havia sido derrubado com um golpe de um pesado porrete, desferido por um dos guardas. Meu amigo Cervi e eu tentamos atravessar para ajudá-lo, mas fomos impedidos por nosso chefe, que nos fez voltar na mira de uma pistola; tudo o que eu ousei fazer foi gritar para que ele não resistisse, ou seria morto, e que voltasse; o homem que o golpeara levantou-o pelo casaco e empurrou-o para que andasse, e o acertava cada vez que tropeçava ou caía de exaustão.

"Estou pregado na cruz", escreveu um imigrante, de algum ponto não identificado do interior dos Estados Unidos. "Dos 100 *paesani* que vieram para cá, apenas 40 sobreviveram. Quem está aqui para nos proteger? Não temos padres nem *carabinieri* para cuidar da nossa segurança!" Mesmo na morte, os sicilianos e calabreses valiam menos do que seus semelhantes. Quando, em 1910, uma explosão arrebentou a mina de Lawson, em Black Diamond, na Califórnia, lançando fogo pela boca da mina e atirando pedaços de madeira de 2,5 metros a 800 metros de distância do poço, doze mineiros foram mortos, todos eles eram estrangeiros. Famílias de irlandeses e de homens de outras nacionalidades receberam 1.200 dólares por cada um de seus entes queridos, enquanto os italianos receberam 150 dólares.

Ainda assim, eles vinham, atraídos por tudo o que os Estados Unidos prometiam. E escondidos nas carroças e nos vagões vinham um ou dois homens que carregavam consigo o germe da Mão Negra. Em 1906, a Sociedade parecia estar por toda parte.

Bombas destruíram casas em St. Louis; corpos de italianos apareceram nas encostas das colinas da região carvoeira dos Apalaches com dezenas de facadas, crianças sumiram em Detroit e nunca mais se soube delas; famílias em Los Angeles abandonaram seus negócios e fugiram de volta para a Itália em navios a vapor. Em outubro de 1906, um integrante da Mão Negra entrou em uma casa em Connecticut, onde Giuseppe Vazanini estava jantando, encostou uma arma no peito dele e o matou a tiros. Na Pensilvânia, violentos confrontos armados entre simpatizantes da Sociedade e moradores italianos eclodiram na cidade mineira de Walston, deixando três mortos e uma dúzia de feridos graves; em outra cidade, um membro da Mão Negra lançou uma banana de dinamite em um barraco ocupado por mineiros que a Sociedade achava terem feito uma denúncia, destroçando três homens.

O governador Samuel W. Pennypacker, da Pensilvânia, ficou tão alarmado com o caos que convocou as forças da lei estaduais na terceira vez em que foi forçado a solicitar reforços em uma única semana. "O espírito assassino da Mão Negra", observou um jornal, "começa a se manifestar em todo o estado." Membros da Sociedade que foram presos em uma cidade "zombaram dos policiais" e "declararam que a sociedade era tão forte que seria impossível vencê-la, e que acabaria governando o país". No condado de Westchester, em Nova York, trabalhadores estavam sendo baleados, esfaqueados ou espancados até a morte. Em resposta, os policiais locais nomearam patrulhas armadas de civis que percorriam as áreas rurais com ordens para matar qualquer *desperado* [criminoso audacioso] que molestasse os trabalhadores. "ASSASSINATOS EM MASSA NA REGIÃO DAS NASCENTES", informou o *Times* em agosto. "TRENS LOTADOS DE ITALIANOS FUGINDO DA MÃO NEGRA."

Os americanos estavam assustados. Uma mulher de Chicago esfaqueou um detetive italiano que estava de tocaia, à espera de um encontro com a Mão Negra, pensando que era quem vinha recolher o dinheiro. Um homem da Pensilvânia atirou e feriu outro homem que passou correndo por ele no instante em que achava que um membro da Sociedade iria aparecer. No fim, soube que a vítima era um pedestre inocente que apenas estava correndo para pegar um bonde.

Na primavera de 1906, já estava bem claro que o alerta de Petrosino de que os não italianos logo seriam vítimas da Sociedade rapidamente se tornava uma realidade. Começaram a chegar cartas em cidades e vilas distantes, onde a Sociedade antes era só uma matéria no jornal local, algumas escritas em outras línguas que não o italiano ou o inglês. Havia notas em alemão, em grego (assinado "*Maupa Xepi*", que significa "Mão Negra"), notas em iídiche e hebraico e, mais adiante nessa era da Mão Negra, até mesmo uma missiva composta em latim. E não eram apenas os trabalhadores braçais que estavam recebendo tais ameaças. De um modo inevitável, à medida que prosseguia a expansão geográfica da Mão Negra, seus apetites aumentavam, e os ricos e poderosos entravam na mira. De fato, nos primeiros meses de 1906, parecia que o mal havia se espalhado até a Câmara dos Deputados.

O caso começou com cartões-postais enviados a vários membros do Legislativo. De um lado, havia um desenho de uma mão preta. Embaixo, estavam as palavras "Faltam apenas quatro dias!". A aparição dos cartões causou comoção no Congresso. "Os funcionários começaram a espremer o cérebro", relatou o *Cleveland Plain Dealer*, "num esforço de lembrar que ato teriam cometido para ganhar a inimizade da Mão Negra."

Dois dias depois, outro lote de cartões chegou. De novo, traziam um desenho da impressão preta deixada por uma palma da mão, junto às palavras "Você só tem mais dois dias!". A contagem regressiva causou "prostração nervosa" entre os parlamentares, e a segurança dentro e fora do local foi aumentada. O dia seguinte trouxe cartas adicionais, que diziam: "Você só tem mais um dia!".

Na manhã seguinte, enquanto o Capitólio esperava, paralisado de medo, o último lote de cartões chegou às caixas de correio do Congresso. O mistério foi revelado. "Chega de Mãos Negras!", diziam as cartas. "Use o sabão Blank." Tudo aquilo tinha sido uma campanha de marketing.

O pânico do Congresso atraiu as atenções, mas um caso muito mais revelador estava se desenrolando mais ao norte, na pacata cidade de Springfield, em Massachusetts. Naquele mesmo inverno, uma carta da Mão Negra chegou à casa de Daniel B. Wesson, o "Rei do Revólver", da companhia Smith & Wesson. As armas de Wesson haviam ajudado a virar a maré na Guerra Civil e a conquistar o Oeste; e, na idade avançada de 81 anos, ele estava desfrutando de seu dinheiro em alto estilo. O magnata das armas tinha uma fortuna de mais de 30 milhões de dólares e havia gastado uma boa fatia desse montante em sua gigantesca casa, um "magnífico monte de alvenaria" que muitos confundiam com um grande hotel.

As ameaças aterrorizaram o magnata idoso. Policiais e detetives particulares convergiram para a mansão e questionavam qualquer pessoa que se aproximasse da porta de entrada. "Cerca de seis dos homens mais experientes do departamento de polícia ficaram escondidos entre a vegetação", relatou o *Washington Post*. O patrulheiro Simon J. Connery desempenhou um papel particularmente dramático no caso. Certa noite, ele entrou na mansão usando uma barba falsa e um dos ternos de Wesson e passou alguns minutos tentando falar no "tom peremptório" do milionário. Quando a carruagem de Wesson foi chamada até a porta da frente, puxada por dois belos cavalos, Connery saiu da casa e exclamou "Para a esquina das ruas Library e Carew!" com um floreio dramático. Nem um chantagista nem um assassino apareceu, no entanto.

Contudo, o industrial, tomado pelo medo, recusava-se a sair de casa. Com o passar das semanas, "seu sistema nervoso aos poucos foi se deteriorando sob a tensão". Em 4 de agosto, Wesson morreu. O legista relatou que a insuficiência cardíaca "agravada por neurose" foi a causa da morte, mas muitos vizinhos acreditavam que a tensão da ameaça da Mão Negra havia contribuído. Wesson foi enterrado em Springfield, em uma cripta de aço, para evitar que a Sociedade violasse seus restos mortais.

Todavia, a característica mais interessante do caso Wesson foi a identidade do órgão chamado para protegê-lo: o Serviço Secreto dos Estados Unidos da América.

O caso é que, apesar da declaração feita pelo Serviço Secreto de que os crimes da Mão Negra não estavam sob sua jurisdição, seus agentes chegaram a Springfield logo depois que a carta foi deixada na caixa de correio dos Wesson. Por que isso, se eles haviam rejeitado a solicitação urgente de Petrosino quanto aos mesmos serviços? "O autor das cartas da Mão Negra", informou o *Boston Daily Globe*, "está sob jurisdição dos Estados Unidos da América em virtude de ter enviado as cartas ao senhor Wesson pelos correios." *Mas*, Petrosino poderia ter gritado, *isso é igual ao que fizeram todos os membros da Mão Negra que ameaçaram um italiano pobre!* O caso Wesson revelou o que Petrosino sabia bem em 1906: o Serviço Secreto *estava* disposto a proteger os americanos contra a Mão Negra, mas apenas se fossem ricos.

Quando Horace Marvin, de 4 anos, o filho loiro de olhos azuis de um proeminente médico em Delaware, desapareceu um dia, aparentemente levado quando estava no alto de um monte de feno, na vasta fazenda de 537 acres da família, perto da baía de Delaware, o próprio presidente Roosevelt escreveu ao pai do menino em solidariedade:

Meu caro dr. Marvin,
Recebi o seu telegrama do dia 22. Qualquer coisa que o governo possa fazer para ajudá-lo será, é claro, feita, pois, excetuando apenas o crime de agressão às mulheres, não há nenhum tão terrível quanto aquele que trouxe tão desoladora tristeza à sua casa. Comuniquei-me de imediato com o Departamento dos Correios solicitando que toda a ajuda que tivermos a nosso alcance lhe seja prestada nos moldes que você menciona, ou de qualquer outra maneira que possa se mostrar viável.

Atenciosamente,
Theo Roosevelt

Um grupo de agentes do Serviço Secreto, liderado por um superintendente geral, foi enviado para Delaware logo depois e começou a entrevistar testemunhas.

A reação ao caso do menino desaparecido de olhos azuis não poderia ter sido mais diferente daquela dada às dezenas de meninos e meninas de olhos escuros que haviam sido arrebatados de suas famílias pela Mão Negra. Roosevelt nunca enviou agentes para encontrar uma criança italiana, nunca escreveu uma nota de condolências aos pais, nunca se pronunciou a respeito, nunca agiu. Os dois grupos de crianças existiam em categorias separadas da vida americana.

Quão vazia deve ter soado a Petrosino a retórica de homem comum do presidente naqueles momentos.

✷   ✷   ✷

A INVESTIDA NÃO POUPOU NINGUÉM. GOVERNADORES, PREFEITOS, JUÍZES, até mesmo o herdeiro da fortuna da Coca-Cola, Asa G. Candler, despertaram a ira da Sociedade da Mão Negra (o perseguidor de Candler acabou se tornando um membro da igreja metodista que ele frequentava, para se infiltrar, e foi prontamente preso pelo Serviço Secreto). Um juiz de paz de Paterson, Nova Jersey, que ajudou a polícia a rastrear a Sociedade, recebeu "uma máquina infernal" pelo correio. Ao abrir o pacote, este explodiu e estraçalhou o homem. O flagelo chegou até mesmo a atravessar o Atlântico. O conde István Tisza, ex-primeiro-ministro da Áustria-Hungria, recebeu cartas da Mão Negra emitidas dos Estados Unidos ameaçando de morte seus parentes, a menos que ele pagasse 2 mil dólares. Jornais de todo o mundo ficaram atônitos com essa audácia. O Serviço Secreto rastreou as cartas até Lebanon, na Pensilvânia, onde a suspeita logo recaiu sobre Ignace Wenzler, um soldador de ferro que trabalhava em uma das siderúrgicas locais. Um agente do Serviço Secreto fez amizade com Wenzler e pediu-lhe que escrevesse uma carta em alemão para um amigo seu. Wenzler concordou. O agente pegou a carta, agradeceu ao operário, voltou correndo para a sede temporária da agência e colocou a nova carta ao lado de duas missivas da Mão Negra. A caligrafia coincidia. Wenzler foi preso.

Apesar dos batalhões de homens da Pinkerton, chefes de polícia, agentes dos correios e homens do Serviço Secreto dedicados a proteger os ricos, nenhum milionário jamais foi baleado, atacado a bomba, esfaqueado ou de alguma outra forma agredido fisicamente pela Mão Negra, muito embora vários deles tivessem ficado aterrorizados. Os algozes que perseguiam esses homens ricos, muitas vezes, se revelavam impostores da Mão Negra – ou seja, oportunistas não violentos (e não italianos) que enxergavam ali uma chance de ganhar um dinheiro rápido. Enquanto os ítalo-americanos morriam ou tinham suas casas incendiadas, e seus agressores escapavam livres, os ricos, com muito mais frequência, viam seus perseguidores serem pegos, condenados e presos.

No fim de 1906, a Mão Negra dominava cidades de costa a costa, e muitos cidadãos temiam que dias mais sombrios estivessem a caminho. "Tem existido um reinado de assassinato e terror que se agrava cada vez mais", proclamou o *New York Tribune*. Não se apresentaram soluções fáceis. Não havia nenhuma agência nacional de aplicação da lei disposta a ir atrás da Sociedade ou capaz de fazê-lo; o FBI seria criado somente dali a dois anos.

Como uma epidemia ou um desastre natural, a Sociedade chegou a criar uma nova classe de refugiados internos nos Estados Unidos: as vítimas da Mão Negra em fuga. "Desde o momento em que pisou nas terras americanas", observou o *Cincinnati Enquirer* sobre um desses refugiados, "ele tem sido perseguido de cidade em cidade, de casa em casa, por homens desesperados empenhados em infligir vingança. Ele se mudou de uma cidade para outra, mas em todos os lugares havia figuras novas, misteriosas e perigosas espreitando-o em cantos e becos escuros." Numa certa manhã, o refugiado ia embora da nova cidade onde havia acabado de chegar. A visão de um rosto percebido com muita frequência em diversos lugares o fazia fugir para a próxima parada.

Na pequena cidade de Hillsville, na Pensilvânia, cerca de duzentos italianos partiram para a Itália num período de seis meses. "Muitos mais" haviam fugido de Newcastle, cidade um pouco maior, não deixando explicações nem os novos endereços. Era fácil tropeçar nesse pesadelo; isso podia acontecer apenas por se ouvir uma conversa. Benjamin de Gilda imigrou para a Filadélfia e estabeleceu um negócio de confecção de sapatos à custa de trabalho árduo e uma poupança escrupulosa. Seu companheiro de quarto, um homem chamado Morelli, era um membro secreto da Mão Negra, e logo se convenceu de que De Gilda tinha ouvido uma conversa que implicava Morelli em um plano de assassinato. A Sociedade deu a De Gilda uma escolha: juntar-se a ela ou morrer. Ele recusou. "Persuasão e ameaças perigosas", segundo um jornal local, "não comoveram o sapateiro."

De Gilda mudou-se para outra cidade e tentou não chamar a atenção para si. Então, numa tarde, enquanto consertava o sapato de um cliente, ele ergueu os olhos de sua bancada de trabalho e viu Morelli olhando-o através da vitrine. Seu coração afundou no peito. No entanto, Morelli sorriu e fez um gesto para ele. O sapateiro abaixou as ferramentas e avançou em direção à janela. Num tom agradável, Morelli pediu que ele saísse para conversar; disse que não havia nada de errado, que ele não faria mal algum a De Gilda. Por fim, De Gilda abriu a porta da loja e os dois homens foram dar uma volta. Quando chegaram a um local isolado, Morelli sacou uma navalha e, num movimento rápido, desferiu um golpe contra a garganta de De Gilda. A vítima esquivou-se no último momento e a lâmina errou o alvo, produzindo um profundo golpe diagonal no rosto do sapateiro. Sangrando muito, De Gilda saiu correndo e salvou sua vida. Quando Morelli foi pego por um policial, confessou ser membro de uma gangue da Mão Negra, cujo líder, um homem chamado De Felix, lhe dera 75 dólares para silenciar o sapateiro para sempre.

A polícia disse a De Gilda que planejava prender e processar o líder da gangue, mas o jovem sapateiro, tendo sua localização exposta, agora com o rosto marcado e reconhecível de imediato, sabia que sua vida havia de fato acabado. Ele comprou uma arma. Um dia, fechou a loja e tomou um bonde para a Filadélfia. Chegando lá, começou a vasculhar as ruas, procurando por De Félix nos locais que este costumava frequentar. Quando avistou o chefe da Mão Negra caminhando com o pai, De Gilda sacou a pistola, mirou e atirou. De Felix caiu no chão, sangrando em consequência dos ferimentos. Uma névoa vermelha então turvou os pensamentos de De Gilda: ele havia atirado contra o pai de De Felix, mas a bala passou longe. Então, De Gilda apanhou uma faca e a enterrou no peito do idoso, matando-o. Depois, ele pegou a arma, encostou-a em sua própria têmpora e atirou. O sapateiro cambaleou algumas centenas de metros até um campo, onde caiu morto.

Várias vítimas cometiam suicídio em vez de fugir. Em 23 de junho de 1906, um morador da Pensilvânia levou uma arma à cabeça e puxou o gatilho depois de receber uma série de ameaças da Mão Negra. Ele deixou esposa e seis filhos para lidar com as consequências. Em West Mount Vernon, Nova York, Max Bonaventure, dono de um bar, fechou seu estabelecimento sete dias antes do Natal e pendurou um aviso na porta: "Esta loja está fechada por causa de uma morte na família". Então, ele foi até os fundos do salão, passou uma corda sobre uma viga e se enforcou. Homens da Sociedade da Mão Negra haviam exigido 500 dólares ou, conforme prometeram, ele morreria antes da manhã de Natal. Bonaventure não tinha dinheiro. O filho dele, que se deparou com o corpo pendendo das vigas, também encontrou um bilhete: "Minha querida Lena, adeus. Charlie, Lena, Anna e Frank, amei vocês a vida toda. Adeus!".

Muitos outros foram aterrorizados apenas para guardarem silêncio. Alguns meses depois, em Nova York, um dos casos da Mão Negra investigados por Petrosino se tornaria um caos quando uma senhora chamada Fiandini, cujo marido havia sido morto pela Sociedade, declarou diante de um tribunal de Manhattan que seu marido não havia sido vítima de assassinato. De fato, ela se recusou a admitir até mesmo que Fiandini – que naquele momento jazia em uma mesa no necrotério da cidade – estava morto. O tribunal ficou perplexo. Nenhum promotor, que houvesse lembrança, jamais havia precisado lidar com a testemunha principal de um caso de assassinato negando que seu ente querido tivesse deixado de existir. Os registros não dizem se o promotor cogitou levar o cadáver ao tribunal para o júri examinar, mas o caso acabou sendo arquivado. A senhora Fiandini sabia claramente o custo de afrontar a Sociedade, então, recusou-se a pagá-lo.

✳   ✳   ✳

Nos Estados Unidos, diferentemente da Itália, o mero tamanho do país podia facilitar o desaparecimento das vítimas da Mão Negra – ou assim parecia. John Benteregna era um barbeiro de Nova York que havia feito parte de uma gangue da Mão Negra, mas tentou sair da Sociedade, fosse por alguma rixa ou por repulsa a seus métodos. Quando um de seus companheiros tentou matá-lo na rua, ele fugiu para Chicago, "onde a Sociedade transformou a vida dele em um inferno". Ele fugiu para Saint Louis, depois para Omaha e depois para Denver, e então – desistindo por completo de se esconder nas cidades – resolveu ir para um rancho isolado bem a oeste, onde pretendia se manter escondido enquanto trabalhava como ajudante de uma fazenda. No entanto, em todos os lugares ele foi descoberto, e sua vida estava ameaçada. Por fim, chegou ao limite do continente: Los Angeles – que deve ter parecido, com seu sol e sua amplidão e a ausência de guetos italianos, uma espécie de oásis.

No entanto, logo após sua chegada à Califórnia, cartas com carimbo postal de Manhattan foram colocadas sob sua porta. "Saia daqui!", dizia um bilhete ilustrado com uma caveira e ossos cruzados. "Esta é a sua última chance." Benteregna rasgou a carta. Outra chegou a ele, que a entregou à polícia, que nada fez. Um dia, enquanto caminhava pela rua, alguém atirou contra ele. Benteregna se esquivou de cinco balas e depois se escondeu. Quase falido, ele pegou parte do dinheiro restante e alugou uma cadeira em uma barbearia, onde começou a trabalhar.

O *Los Angeles Times* relatou o que aconteceu em seguida. Um dia, um homem apareceu do lado de fora da barbearia onde Benteregna trabalhava. "O assassino bateu na vitrine para atrair a atenção dele. Quando Benteregna se virou, um tiro foi disparado pela janela, a bala penetrou em seu flanco esquerdo e perfurou seus intestinos." Durante seus últimos minutos conscientes, Benteregna se recusou a dizer quem atirara nele, embora tenha admitido que fora um dos membros da Mão Negra que o haviam perseguido de forma tão obstinada de cidade em cidade.

Houve casos em que os homens foram informados da hora e do minuto em que morreriam, e as sentenças foram executadas com absoluta precisão. E um caso em que um homem depôs em um tribunal contra a Sociedade, com quem esteve envolvido em vários crimes, e pediu que o juiz o condenasse a vinte anos de prisão, "porque isso significa vinte anos de vida". Depois de ser ameaçado de ter a garganta cortada, um padeiro de Newark vendeu seu negócio por uma ninharia e fugiu, como tantos outros antes dele, de volta para sua cidade natal na Itália, que ele havia deixado, quase sem dinheiro, anos antes. Três dias depois de chegar, seu corpo foi encontrado na estrada em frente à sua casa. Ele havia sido baleado e, para que o serviço ficasse bem-feito, sua garganta fora cortada com precisão de orelha a orelha.

Os americanos dos anos 1900, ao menos os moradores das cidades, não eram inocentes. Eles conviviam com governos corruptos, ruas imundas, notícias de terríveis acidentes industriais, epidemias globais, grandes e pequenos escândalos. Já haviam resistido a ondas de crime antes, incluindo a violência política da Molly Maguires* e as bordoadas aplicadas em massa a membros ensandecidos das gangues irlandesas por outros membros ainda mais alucinados dessas gangues. Mas a Mão Negra era diferente. Havia algo quase secreto sobre ela, um bafejo de alguma

---

* Molly Maguires foi uma organização secreta formada no século XIX por irlandeses na Pensilvânia e em outras partes dos Estados Unidos. Fazia uso de violência para defender direitos dos trabalhadores e vingar injustiças, e foi dissolvida em 1876, após a prisão e a condenação à morte de diversos membros. (N. da T.)

concepção de vida mais sombria, mais corrupta do que a imaginada pelos Pais Fundadores. Era uma doença antiga num país jovem.

As histórias de longas perseguições que terminavam em assassinato fascinavam e chocavam os americanos. "O poder de longo alcance e a vingança implacável da *Mano Nera* não têm igual na história do crime", declarou um artigo no *Washington Post*. "Através de desertos, rios e mares", escreveu outro jornalista, "o longo braço da Mão Negra alcança. Em todos os estados da União, o seu domínio esmagador pode ser sentido, e mesmo na Europa ela pode atacar e levar a morte a seus inimigos."

Como poderia uma jovem nação entender atos tão desconcertantes? Uma das formas pelas quais o país tentou foi por meio de sua crescente cultura popular. Em 1905, cada vez mais a Sociedade ganhava destaque em filmes, romances, revistas *pulp*, poesia e peças de teatro. Quando o melodrama *Kidnapped in New York* estreou no Bijou, em Manhattan, o público assistiu a Jack Dooley, um jornalista irlandês e detetive amador, rastrear uma garota sequestrada que havia sido levada (aparentemente) por sua governanta pura e inocente, chamada Mary. Depois de várias reviravoltas absurdas, Jack descobre uma conspiração da Mão Negra, resgata a garota e se casa com a governanta. O enredo de *A Midnight Escape*, uma peça que chegou pelo menos até Hartford, em Connecticut, seguiu a mesma linha, com o herói e sua noiva "amarrados na câmara escura da Sociedade da Mão Negra" percebendo que estavam diante de um esquadrão de execução de oito homens com rifles. "Houve duas plateias de bom tamanho presentes ontem", relatou o *Hartford Courant*, e em ambas as apresentações ouviram-se gritos de mulheres nervosas." As tramas eram precárias, mas em todas elas a Sociedade da Mão Negra era derrotada.

Bat Masterson, afamado homem da lei do Velho Oeste e amigo de Wyatt Earp,* foi uma celebridade nos Estados Unidos dos anos 1900.

---

* Wyatt Earp (1848-1929) foi um xerife, jogador de cartas e pistoleiro no Oeste dos Estados Unidos. Famoso no país, é um dos personagens reais que já inspirou muitos *westerns*. (N. da T.)

Alcançou tamanha fama que se tornou um personagem fictício na "Biblioteca Bat Masterson", série que foi publicada em jornais importantes a partir de março de 1905. O primeiro número, "Bat Masterson em Nova York, ou Na pista da Mão Negra", tem início com um xerife dos Estados Unidos gritando: "Seu cachorro. Você me esfaqueou!". O xerife estava sozinho em seu escritório quando foi abordado por Vito la Duca, "temido baluarte da Mão Negra", que informa ao homem da lei: "Você não me escapará desta vez!". La Duca enterra sua adaga no peito do homem da lei três vezes e está prestes a acabar com ele quando um estranho, com esporas tilintando – embora a cena se passe no centro de Manhattan –, aparece. "Para trás", ele grita, "ou Mary Jane, minha arma de confiança que nunca erra o alvo, vai auscultar seus sinais vitais." O estranho e o bandido da Sociedade lutam, e o estranho executa alguns movimentos de *jiu-jitsu* antes de jogar o vilão sobre os ombros. "Quem é você?", pergunta o xerife ao homem. "Bat Masterson, o vingador ensanguentado de Butte", grita este último – pois é ele – arrancando os bigodes de seu belo semblante. Na ausência de uma solução real para o problema, os roteiristas do seriado recorreram, para derrotar a Sociedade, a uma lenda em decadência.

✳   ✳   ✳

À MEDIDA QUE A ONDA DE TERROR AVANÇAVA, OS AMERICANOS COMEÇARAM a se preocupar com a possibilidade de que a Sociedade não parasse nos indivíduos, mas procurasse se infiltrar e controlar os governos. E se o objetivo final da Sociedade não fosse dinheiro, mas poder? Talvez, teorizou um articulista da revista *Collier's*, os grupos individuais não estivessem apenas em contato uns com os outros e coordenando seus ataques, mas quem sabe também aguardassem "o toque eletrizante do poder executivo da alta Máfia, e então virá – o inferno". Este era um medo constante. Até o comissário de polícia acreditava que seria uma possibilidade. Se alguém com "mão de mestre" reunisse as gangues, disse ele, "que monstro teríamos de enfrentar! Combatê-lo com sucesso seria impossível".

Na verdade, a Sociedade já havia assumido governos dentro dos Estados Unidos. Se alguém tivesse visitado Hillsville, na Pensilvânia, em 1906, teria encontrado uma cidade que era operada pela Mão Negra, em seu próprio benefício. Os imigrantes chegaram a Hillsville para trabalhar nas enormes pedreiras de propriedade da Carbone Limestone Company, que se dizia ser a maior pedreira do mundo na época. A cidadezinha exibia todas as instituições normais: um prefeito, uma força policial (emprestada pelo vizinho Condado de Clinton), leis e estatutos, como qualquer outra vila ou cidade nos Estados Unidos. Mas Hillsville – apelidada de "Helltown" ["cidade do inferno"] por seus habitantes – era na verdade controlada por um tal Joe Bagnato, o líder da Mão Negra local. A cada dia de pagamento, Bagnato esperava a poucos metros da janela onde os mineiros vinham receber os envelopes com seus salários. Cada trabalhador abria seu envelope e pagava seu tributo a Bagnato. "O dinheiro arrecadado", relatou o *New York Times*, era "entendido como o preço da vida e da liberdade até o próximo dia de pagamento." Os trabalhadores que conseguiam fazer alguma poupança nos bancos locais desapareciam com regularidade; dias depois do desaparecimento, eram feitos saques bancários do valor total de suas cadernetas de poupança, até o último centavo.

Quando as crianças de Helltown saíam para colher framboesa nas encostas perto das minas, elas sabiam evitar os montes de terra que pontilhavam as encostas. Estes marcavam os túmulos daqueles que haviam deixado de pagar à Sociedade. "Tem gente enterrada aqui em cima, mas ninguém sabe onde", disse um mineiro. "A Mão Negra mandava em tudo." A polícia estava sobrecarregada e em desvantagem numérica. Se encontravam a vítima de um "assassinato de *dago*", colocavam o corpo à beira da estrada para que a família ou os amigos o levassem. Muitas vezes, nenhuma investigação era feita. Centenas de imigrantes foram expulsos da cidade pelo terror e voltaram fugidos para a Itália. "Eu vivia com medo", disse um morador. "Estávamos todos apavorados."

Alguns dos bandidos de Helltown teriam se formado, dizia-se, em uma escola da Mão Negra, descoberta certa noite durante uma batida na Pensilvânia rural por cerca de cinquenta detetives de "todo o país". Dentro de uma casa afastada, os policiais atônitos encontraram um grupo de 17 italianos sentados diante de um professor e de um manequim de borracha. Os homens estavam "muito interessados em uma aula que explicava o ponto exato do corpo humano no qual um estilete deveria ser enterrado para garantir a morte instantânea". O local funcionava sob o pretexto de ser uma escola de "esgrima" e era administrado por um homem chamado John Jotti, um criminoso de longa data da cidade de Santo Stefano d'Aspromonte, nascido na região de Petrosino, na Campânia. Além do manequim de borracha, onde estavam assinalados os pontos onde uma lâmina faria um trabalho mais eficaz, havia um baú que continha modelos de cartas da Mão Negra, bem como adagas e revólveres. Uma das cartas continha ameaças contra detetives de Baltimore. "Não usem cassetetes contra esses policiais", dizia, "mas matem." O local era, com efeito, uma escola vocacional para membros da Sociedade.

As autoridades da Pensilvânia sabiam que Helltown era apenas o mais notório de vários vilarejos semelhantes controlados pela Sociedade. Em maio de 1907, o governo estadual entrevistou italianos de todo o estado que haviam "reunido coragem suficiente" para falar sobre suas vidas. Foi descoberto que havia agentes da Sociedade nos campos de carvão de quase todas as cidades mineiras. Helltown era a capital da Mão Negra da Pensilvânia, mas não era de modo algum a única.

Se a Sociedade era capaz de dominar um lugar como Hillsville, como receavam as autoridades americanas e as forças da lei, poderia acabar assumindo o controle de cidades como Scranton, Cincinnati ou

Nova York. A polícia já via ligações entre a Sociedade e anarquistas italianos que eram bastante explícitos em seu desejo de derrubar o governo. Às vezes, as duas denominações, "membro da Mão Negra" e "anarquista", eram usadas de forma equivalente. Enquanto investigavam o assassinato de um italiano de proeminência local, supostamente cometido pela Mão Negra, as autoridades da Pensilvânia tropeçaram em um grupo de anarquistas que se reuniam com regularidade em um casebre perto da cidade de Baird. Nesse casebre havia cartas de colegas radicais pedindo aos 31 membros que assassinassem os governadores Pennypacker, da Pensilvânia, e John M. Pattison, de Ohio. Ao serem presos, constatou-se que os homens estavam usando distintivos com a foto de Gaetano Bresci, o homem que matou o rei Humberto I.

Cada vez mais, editores de jornais, chefes de polícia e políticos passaram a acreditar que o terror praticado pela Sociedade da Mão Negra era um prelúdio para algo mais profundo e permanente. A histeria em torno da figura do imigrante italiano aumentou. Na mente de alguns americanos, a onda de crimes fez com que a Sociedade passasse de uma gangue diabólica de assassinos para nada menos do que uma ameaça ao futuro da república.

8

O General

E M Nova York, Petrosino marcou o segundo ano da campanha do Esquadrão Italiano reforçando suas fileiras. Em 1906, a unidade subiu para quarenta homens e ganhou uma filial no Brooklyn, chefiada pelo sargento Anthony Vachris, que se tornaria um dos amigos mais próximos do detetive. Enquanto as atrocidades da Mão Negra ganhavam as manchetes, espalhando a mensagem da Sociedade e intimidando o público, o recém-expandido Esquadrão Italiano reagia conquistando grandes vitórias públicas. Até o caso de Willie Labarbera, o menino sequestrado na rua enquanto brincava com os amigos, teve final feliz.

Numa segunda-feira, semanas depois do desaparecimento do menino, Petrosino estava trabalhando até tarde da noite. Ele lia boletins policiais provenientes de toda a cidade, procurando qualquer pista sobre o paradeiro de Willie, quando se deparou com um relatório entre centenas, este vindo do Brooklyn: um menino havia sido encontrado vagando pelas ruas, chorando e balbuciando algo sobre "Barbara". A criança havia sido levada para uma delegacia próxima e, em seguida, para uma filial local que cuidava da Prevenção da Crueldade contra Crianças.

Petrosino releu a descrição do garoto e, então, correu para o Brooklyn. Pediu às pessoas responsáveis para ver a criança, que não havia conseguido dizer seu nome, e trouxeram-lhe um garoto sonolento. Era Willie. Eram então três horas da manhã. Petrosino trouxe comida para o menino e, depois, o levou para a sede da polícia, na rua Mulberry 300, em Little Italy. No bonde, o menino adormeceu no ombro de Petrosino. Depois de deixar o menino na delegacia, o detetive se dirigiu à casa da família Labarbera.

Quando a porta da casa se abriu, um objeto apareceu. Um revólver.

"*Metti via la pistola*", disse Petrosino. "Guarde a arma." A Mão Negra havia assustado a população a tal ponto que os italianos agora podiam ser presos apenas por terem uma pistola. "Sou o detetive Petrosino", continuou em italiano.

William Labarbera abriu a porta, olhando para o vulto iluminado pela pálida luz do luar.

"Você está com meu menino?", ele perguntou.

"Estou com ele."

William baixou a arma e falou algo para alguém no interior da casa, em um italiano rápido. Segundos depois, a figura de Caterina Labarbera apareceu na porta. Ela caiu de joelhos na soleira e se abaixou para beijar os pés de Petrosino; então, gesticulou para o alto, como se estivesse se dirigindo aos santos pessoais aos quais apelara para que encontrassem seu menino.

Petrosino acalmou o casal, pediu que se trocassem e, em seguida, levou-os para a rua Mulberry, 300. Quando Caterina entrou, agarrou o filho e abraçou-o. "Achei que ia comer o pequeno Willie", disse Petrosino mais tarde, achando graça. Willie decepcionou a mãe dizendo que só queria ver sua irmã Rosie.

A maioria das crianças sequestradas pela Mão Negra nunca esqueceu esse calvário. Algumas voltaram para casa sem conseguir falar sobre o assunto, tendo sido alertadas pelos membros da Sociedade que, se revelassem algum detalhe, suas famílias seriam mortas. Algumas foram assassinadas. Outras exibiam as cicatrizes das faixas ou cordas com que seus pulsos haviam sido amarrados; ao menos uma tinha marcas de queimaduras no corpo. Um garoto de Chicago foi descrito assim: "Seus olhos têm o olhar assombrado de uma criança aterrorizada, e seu corpinho está emaciado".

Na noite de 9 de outubro, porém, o menino Labarbera estava seguro em sua cama, e Petrosino, um católico devoto, sentia-se grato. Daquela vez, ao menos, ele e seus homens haviam vencido.

Até Enrico Caruso, o grande tenor italiano, recorreu aos serviços do esquadrão. Quando Caruso, então no auge da fama, foi a Nova York apresentar-se, a Mão Negra ameaçou matá-lo se ele não pagasse 2 mil dólares em dinheiro para sua proteção. Ele pagou. Quase imediatamente, chegaram novas cartas, até que o astro da ópera reuniu uma pilha com "30 centímetros de altura". Caruso foi ao NYPD para pedir socorro. Policiais e repórteres se aglomeraram em torno da mesa onde um agente escrevia um relatório e ouvia o astro contar sua história: as ameaças; os três guarda-costas italianos que ele havia contratado para ir a todos os lugares com ele; a espada afiada que se ocultava dentro da bengala preta com que ele caminhava, pronta para ser puxada; a pistola que ele trazia enfiada dentro do casaco. Mesmo em uma deprimente delegacia no meio de Manhattan, o extravagante Caruso não resistiu a ser dramático. "Não darei nada a esses chantagistas, exceto aço frio ou balas!", disse à multidão. "Eles que venham. Estou preparado. São um bando de covardes." Os policiais americanos, mesmo os irlandeses, sorriam para o cantor de estatura mediana. Ali estava um italiano que não só retrucava à Mão Negra como também devolvia bala com bala. "Seu rosto exibia o sorriso alegre de uma criança", escreveu um jornalista, "que sente ter feito algo digno de aplausos, e todos os americanos no escritório estavam sorrindo para ele." No entanto, entre os espectadores, um homem – um italiano, como se viu depois, um policial educado que ajudava a polícia a reprimir o crime – fechou a cara para o famoso tenor. "O tolo!", exclamou ao repórter. "Ele dá mau nome aos italianos. Ele deveria manter sua p#$% de boca fechada!"

Entretanto as ameaças da Sociedade continuaram, e a coragem de Caruso evaporou. O cantor tinha cada vez mais medo de aparecer em público. Nessa época, ele foi apresentado a Petrosino, e os dois se tornaram amigos. Caruso acabou confidenciando ao detetive que uma nova exigência, de 5 mil dólares, havia sido feita, e que ele decidira pagar. Caruso não apenas sabia como ganhar uma fortuna fabulosa – ele recebeu mais de 2 milhões de dólares apenas com o contrato com a gravadora Victor – como era também um investidor astuto. Quando a Primeira Guerra Mundial eclodiu, seu imposto de renda anual totalizava 154 mil dólares. O valor exigido era uma ninharia para ele.

No entanto, Petrosino ficou horrorizado. Caruso, seu herói, a fina flor da ópera italiana, o homem com um timbre tão puro que podia apresentar-se em grandes estádios sem microfone, ia se curvar àqueles animais? Na própria cidade de Petrosino? O detetive sabia que as demandas só aumentariam, até terem consumido toda a fortuna de Caruso. "É um poço sem fundo", ele disse ao cantor. Ele implorou a Caruso que reconsiderasse e apresentou um plano alternativo. O tenor, depois de cuidadosa ponderação, concordou.

Caruso mandou um recado aos chantagistas. Ele concordava em pagar os 5 mil, mas só entregaria o dinheiro em um encontro em Manhattan. Petrosino se passaria pelo tenor na entrega. A Sociedade concordou com seus termos. No dia marcado, Petrosino vestiu capa e terno parecidos com o do próprio cantor e correu para o local marcado. Ele se encontrou com os bandidos, dominou-os e os prendeu, e então levou o dinheiro de volta para Caruso, que ficou aliviado. A história da jogada de Petrosino circulou pelas ruas de Little Italy durante anos.

Foi um triunfo encorajador para o detetive, mas a onda de terror continuou a assombrar as ruas da parte baixa de Manhattan, e o clamor nos jornais de Nova York passou a constituir uma pressão constante. A Tammany Hall, com as antenas ligadas em qualquer coisa que pudesse perturbar o bom andamento de seu reinado, percebeu que a questão do crime precisava de atenção. O prefeito George McClellan Jr., filho do general George B. McClellan, que lutou na Guerra Civil, começou a procurar um novo comissário para substituir William McAdoo. Ele encontrou seu homem em um militar irreverente, pitoresco e totalmente americano chamado Theodore A. Bingham, apelidado de "o General".

Bingham era um ianque imponente, um homem do exército mesmo. Era alto e magro, tinha um biotipo que lembrava a um repórter do *Los Angeles Times* "uma pantera faminta", em constante movimento. "Ele é um soldado em cada detalhe", observou o repórter, "um retrato vivo de vigor, graça rústica e ousadia." A linhagem do General se dividia entre o divino e os guerreiros; incluía vários soldados da Guerra da Independência dos Estados Unidos e clérigos de Connecticut. Ele foi o melhor aluno da turma na Yale University antes de seguir os passos de seus ancestrais e ir para West Point, após o que ele foi comissionado como segundo-tenente. No entanto Bingham estava destinado a nunca ir à guerra. Sua área de atuação era a engenharia, e ele foi para Washington, D.C., em 1897, onde assumiu o posto de coronel para supervisionar os edifícios públicos da capital. Depois de uma gestão bem-sucedida, ele foi para a Casa Branca, onde, nas palavras de um jornal, serviu ao presidente McKinley como um "mordomo, major da banda, secretário social ou algo parecido". É difícil imaginar esse homem brusco e irascível como o árbitro social da Casa Branca, mas ele tinha habilidade para a organização, e os McKinley estavam bem satisfeitos com seu trabalho.

Quando Teddy Roosevelt se tornou presidente, contudo, as coisas não correram tão bem. Houve "fricção e fogo" entre os homens. "A Casa Branca não era grande o bastante para dois Theodores", escreveu um jornalista, e uma misteriosa altercação durante um jantar na Casa Branca – cujos detalhes nunca foram revelados – selou a desavença. Bingham foi promovido ao posto de general de brigada e enviado para um projeto de engenharia no norte do estado de Nova York, onde, no curso de suas funções, um guindaste de 300 quilos caiu sobre sua perna. Os médicos amputaram o membro e, a partir de então, o General foi obrigado a usar uma rija bengala, que muitas vezes ele brandia como uma maça de guerra. Sua carreira militar havia terminado. A nomeação como comissário do NYPD veio em um ponto baixo de sua vida.

Com seu bigode eriçado de pontas curvas e olhos azuis brilhantes, Bingham era um dínamo que se alimentava de reservas ilimitadas de energia. Quanto à sua personalidade, ele parecia esperar pela chegada de um Evelyn Waugh* para lhe fazer justiça total. Era direto, extravagante, ingênuo no âmbito político e dono de um dos vocabulários mais originais da cena americana. Tudo o que dizia se expressava com força. "Diz-se", escreveu um repórter, "que, quando ele se prepara para expressar uma opinião enfática ou proferir uma resolução firme, suas mandíbulas estalam alto o suficiente para despertar o gato do escritório." Para dar ênfase a suas palavras, Bingham batia sua bengala no púlpito ou em qualquer superfície próxima. Era conhecido por praguejar como um fuzileiro naval, por dizer "vocês todos" (um hábito que adquiriu durante uma missão na região das Grandes Planícies) e por sua intolerância furiosa com tolos.

---

* Evelyn Waugh (1903-1966) foi um escritor britânico considerado um dos grandes estilistas de prosa de língua inglesa no século XX, por seus trabalhos literários repletos de humor satírico e vívidas descrições da sociedade inglesa da época. (N. da T.)

Bingham ficou surpreso ao conseguir o cargo de comissário do NYPD, mas aceitou-o com entusiasmo. A forma como se apresentou a seus homens e à imprensa da cidade foi memorável. Os jornalistas lamentaram publicamente o fato de não poderem reproduzir para os leitores seu discurso de abertura, por conter tantas palavras "que o tornam impróprio para reprodução em qualquer grande jornal religioso", mas um jornalista anotou um trecho sem palavrões:

Homens, fico feliz em conhecê-los. Vocês parecem formar um grupo viril de policiais. Adoro um homem. Eu mesmo tento ser homem. Fui mandado aqui para fazer um determinado trabalho, e vou fazê-lo se puder e se tiver força [...]. Nós somos estranhos agora, e estou aqui sem nada contra vocês, e sem suspeitas [...]. Mas, pelos nove deuses da guerra, vocês têm de lidar comigo no mesmo nível [...]. Essa é uma dica direta. Asseguram-se de fazer seu trabalho, e não se voltem contra a mão que estendi para vocês.

Os policiais adoraram. A imprensa adorou ainda mais. O discurso, segundo um jornalista, "foi disparado, pof, bang, bing – Bingham". Quando questionado sobre qual era sua posição política, o novo comissário rebateu: "Vocês sabem que um homem do exército é apenas um cidadão americano, maldição!" – isso pegou muito bem em uma cidade com uma divisão tão amarga entre republicanos e democratas. Os jornais inventaram um novo verbo, "Binghamizar", que significava "falar como se estivesse sendo sincero."

Para muita gente, Bingham lembrava Teddy Roosevelt, mas sem a mesma astúcia política. Ele com certeza trabalhava tanto quanto T.R. (inclusive, para desgosto dos policiais, aos sábados) e tinha ideias firmes; exigiu que seus homens o cumprimentassem com uma saudação militar vigorosa, implantou um moderno sistema de arquivamento de cartões no departamento e reforçou os métodos de recrutamento da polícia. Mantinha um registro individual de cada policial em um envelope separado e prometia reprimir qualquer prevaricação. "Vai ser o trabalho", disse, de forma um tanto insondável, "ou a tortura." Qualquer policial que negligenciasse seus deveres ou recebesse subornos seria multado pelas duas primeiras infrações, "e depois vou pegar o machado".

Ele admitiu abertamente não confiar em ninguém, nem em si mesmo. O cargo de comissário era um prato cheio para corruptos, como ele reconheceu, e tudo o que podia prometer era tentar resistir às seduções da cidade. "Vou me vigiar", disse ele ao *Los Angeles Times*. "Até hoje, tenho sido satisfatório. Não posso dizer nada, no entanto, sobre o amanhã. Nenhum homem decente pode. Meu único perigo é o dinheiro. Posso ser pego, entenda-se, pelo frenesi universal. 'Ganhe um milhão', diz o diabo. Depois disso, pode facilmente vir a desgraça, com cavalos, automóveis, vacas Jersey e uma casa no campo – o manicômio ou a penitenciária." Na verdade, seria a ambição implacável – e não a corrupção – que assombraria a administração de Bingham e sua relação com Petrosino. Mas, ao menos no início, ele parecia determinado a controlar a si mesmo e a suas falhas.

Bingham foi um sucesso de público desde o primeiro dia. Os nova-iorquinos queriam alguém que fosse duro com o crime, e Bingham atendia aos requisitos. O discurso ríspido e as metáforas marciais do General indicavam que ele estava pronto para entrar em guerra com a Sociedade da Mão Negra. "O povo de Nova York", escreveu um observador, "espera que a Mão Negra seja Binghamizada de um modo duro antes que sua administração termine."

Petrosino ficou encantado com seu novo comissário. McAdoo havia sido um político hábil e tinha autorizado a formação do Esquadrão Italiano, mas parecia que seu coração nunca estava na batalha. Bingham estava ansioso por brigar. Ele ordenou que supostos líderes das maiores gangues da Mão Negra fossem colocados sob vigilância contínua e ofereceu uma promoção a detetive de primeira classe a qualquer policial que conseguisse encontrar provas para condenar os homens. "Enfim", anunciou Petrosino, "encontramos um comissário que nos entende". O "nós" pode ter se referido aos policiais, ao esquadrão, aos italianos ou aos três.

Para atuar em sua nova administração, Bingham contratou Arthur Woods como vice-comissário de polícia. Woods era outro ianque, alto, simpático e erudito. Crescera em Boston, no seio de uma família proeminente e rica, estudou na Latin School e entrou em Harvard. Recém-formado, passou a lecionar na escola Groton, onde um de seus alunos era Franklin Delano Roosevelt, mas o *campus* idílico da escola preparatória mostrou-se tranquilo demais para Woods. Inspirado pelo crescente movimento progressista, ele partiu para Nova York e se tornou repórter do *Evening Sun*, ganhando míseros 15 dólares por semana. Ele alugou acomodações no Harvard Club e tornou-se membro do Racquet Club para se manter em forma.

Antes de aceitar o cargo de vice-comissário, Woods pediu algum tempo para ir à Europa e estudar os métodos da polícia de lá, pagando tudo de seu bolso. Ele analisou os procedimentos dos homens na Scotland Yard e, então, retornou a Nova York. Woods demonstrou ser um pensador inovador, sendo muito melhor em mostrar o toque humano do que seu chefe. Quando um repórter o entrevistou, achou que Woods "passava uma forte impressão de disposição, bondade, um vivo senso de humor, alegria com seu trabalho, amor pela justiça e um grande afeto pelas pessoas". Uma das atribuições de Woods em seu novo cargo era supervisionar o esquadrão italiano.

Se alguma nuvem turvou os primeiros dias do General, veio da direção da Tammany Hall. A máquina política, liderada por Big Tim Sullivan e seu primo, o discreto e franzino Little Tim Sullivan, encarou com frieza a nomeação desse militar e declarado reformista. Big Tim Sullivan era o governante incontestável de Manhattan abaixo da rua 14. Ele era atraente, alto, sociável e afiado como uma faca nova, "o maior chefão da política de Nova York que já se viu". Desnecessário dizer que era corrupto, mas era um político muito eficaz, que cuidava de seus eleitores. Quando uma gangue irlandesa começou a atormentar vários judeus ortodoxos em um distrito da Tammany, a notícia logo chegou a Big Tim, que na hora ordenou que o NYPD invadisse o clube do grupo e expulsasse os vândalos de seu ninho. Quando o bando foi embora, e as instalações foram liberadas, Sullivan assinou um contrato de locação para o lugar, conseguiu uma Torá, converteu o clube em uma sinagoga, convidou os judeus ortodoxos de volta e cumprimentou-os na porta com um aperto de mão. Tais gestos transformaram Sullivan em uma lenda, e a boa vida que levava só aumentou seu brilho: em sua suíte no fabuloso Occidental Hotel, ele manteve um jogo de pôquer que durou cinco anos seguidos sem pausa. Seus interesses em teatro de revista, jogos de azar e corrupção absoluta o tornaram milionário, mas para os irlandeses ele era um semideus, o símbolo vivo do que era possível para seu povo nos Estados Unidos.

O primo dele, Little Tim, era a sombra ante a grande luz de Big Tim. Era franzino, nervoso e irascível. Assim como Petrosino, havia subido na vida do modo mais difícil, engraxando sapatos na rua Broome, antes de se tornar um mensageiro para jornalistas em Park Row e de se formar em direito por um ato especial do legislativo estadual. Sua disposição para abrir caminho com cotoveladas e seu pensamento conspiratório o tornaram um oponente formidável. Mas ele acreditava com sinceridade no jeito irlandês de fazer as coisas. "O homem da Tammany", disse certa vez Little Tim ao *New York Times*, "deve alimentar os famintos, vestir os nus, enterrar os indigentes e ser bom amigo de todos."

Esse estranho par parecia nunca ter um desentendimento político sério. "O afeto que tinham um pelo outro era mais do que fraterno", observou o *Albany Evening Journal*. "Era quase feminino em sua ternura." Eles não toleravam traidores, no entanto; dizia-se que Big Tim perfumava as cédulas no dia da eleição para ter certeza de que seus eleitores haviam realmente votado, farejando o cheiro nas mãos deles. Ao longo dos anos, a dupla lutou contra várias ondas de reformistas de olhos brilhantes, enfrentando-os sempre que pisavam no território dos Sullivan, na baixa Manhattan, e mandando-os ganindo de volta para suas mansões na Quinta Avenida, lamentando-se sobre os "irlandeses de cara redonda" e a morte da democracia. Para os Sullivan, o comissário Bingham encaixava-se em um tipo familiar: um protestante de sangue azul, ansioso por recuperar o que os irlandeses ganharam com trabalho árduo e corrupção honesta. Eles não iriam deixar isso acontecer.

Os primos exerciam poder financeiro sobre a cidade por intermédio da câmara de vereadores, que financiava uma ampla gama de órgãos públicos de Nova York, incluindo o NYPD. Assim que Bingham colocou os pés na Mulberry 300, os Sullivan e seus aliados vereadores começaram a atacá-lo na imprensa como se ele fosse um forasteiro atrapalhado em um cargo muito além de sua capacidade. "Ele não sabe o suficiente sobre a cidade para descrever três ruas quaisquer", disse Big Tim. "A meu ver, o Conselho não deveria dar nenhuma atenção a um homem tão incompetente e arrogante como o general Bingham."

O primeiro confronto entre os dois veio com o orçamento proposto por Bingham para o NYPD. Foi revelador. O General solicitou 2 mil novos policiais para patrulhar as ruas, cem novos detetives e melhorias nas delegacias que custariam, com os novos pedidos de mão de obra, 1,6 milhão de dólares. Com os policiais extras, o departamento poderia enfrentar a Mão Negra, uma das principais prioridades de Bingham, com muito mais eficácia. No entanto o jogo dos Sullivan e outros interesses ilegais ao sul da rua 14 teriam sido impactados de forma negativa, para dizer o mínimo, por um departamento de polícia mais robusto. Os primos responderam vetando os policiais adicionais e, por garantia, cortando o orçamento do

General. Segundo Bingham, eles também instalaram homens dentro da Mulberry 300 com o único propósito de espionar. "Meu quartel-general", disse o General a repórteres, "estava [...] cheio de espiões."

Apesar dos desafios enfrentados pelo comissário, um novo e vigoroso líder estava a cargo do NYPD, dando a Petrosino motivos para sentir-se esperançoso. Ele estava trabalhando praticamente sem descanso. Recrutou novos homens para o Esquadrão Italiano, pois alguns haviam ido para outros órgãos ou simplesmente tinham desistido, exaustos com o ritmo que ele estabeleceu. Talvez com esse general cospe-fogo apoiando-o, e com o recente medo quanto à propagação da Mão Negra, a cidade enfim enfrentasse a Sociedade com o tipo de força que merecia.

* * *

Muitas noites, depois que o dia terminava, Petrosino – que aparentemente nunca aprendeu a cozinhar – ia para Little Italy, a um pequeno restaurante chamado Saulino's. Era um lugar despretensioso, onde os garçons falavam em dialeto e o proprietário, um veterano de guerra italiano chamado Vincenzo Saulino, sentava-se com os clientes e conversava enquanto as taças de vinho tilintavam e a música folclórica italiana soava. Saulino havia emigrado de uma pequena cidade chamada Agnone, 160 quilômetros a leste de Roma, local de uma famosa fundição de sinos. Agnone era rodeada de colinas salpicadas de mosteiros e ermidas; centenas de anos antes, durante o Reino das Duas Sicílias, tinha sido uma "cidade real" e um importante local de comércio e artesanato. No entanto, quando Saulino era criança, o lugar ficara estagnado, os impostos eram altos e os camponeses famintos estavam sendo jogados na cadeia por roubar o trigo da nobreza, os galantuomini (literalmente, os "homens galantes") que governavam a cidade. Com poucas opções,

Saulino juntou-se à Legião Italiana e lutou durante a Guerra da Crimeia no cerco de Sebastopol, no qual os 2 mil membros da Legião combateram contra os russos. Àquela altura, Saulino já tinha visto muito sangue e muita tristeza em sua breve vida.

Quando a Guerra da Crimeia terminou, o soldado retornou à Itália e lutou na Guerra da Unificação Italiana. Quando as hostilidades cessaram, em 1871, Saulino deve ter descoberto que mesmo a Itália unificada tinha pouco a lhe oferecer. Ele partiu para os Estados Unidos com sua esposa francesa e montou um restaurante em Little Italy onde ela cozinhava e ele atendia os clientes.

No restaurante de Saulino, Petrosino encontrou comida decente e companhia cordial. Saulino especializou-se em pratos mediterrâneos do sul da Itália, a comida que o detetive adorava. Quase sempre ele ligava antes de chegar, pois sabia que, quanto mais tempo passasse em um lugar tão público, mais perigo sua vida corria (além disso, ele não tinha tempo para esperar que as refeições fossem preparadas). Ele sempre escolhia uma mesa onde pudesse ficar de costas para a parede, de modo que nenhum assassino conseguisse pegá-lo de surpresa por trás. Nas ocasiões em que não estava com pressa, Petrosino jogava cartas com Saulino, e costumava ficar tão furioso quando perdia que pegava as cartas com suas mãos grossas e fortes e as rasgava em pedaços. Saulino divertia-se tanto com isso que perguntava ao detetive se ele mesmo poderia rasgar as cartas. Era uma honra, para um certo tipo de italiano, que Petrosino comesse em seu restaurante e se sentasse à sua mesa.

Mas havia outro motivo, que no início só Petrosino sabia, pelo qual havia escolhido aquele restaurante para fazer suas refeições noturnas. O proprietário tinha uma filha, Adelina, que muitas vezes servia Petrosino. Ela era onze anos mais nova que o famoso detetive, mais atraente do que bonita, com nariz e queixo fortes e olhos inclinados para baixo nos cantos. Nas fotos, ela usa o cabelo castanho preso em cachos no alto da cabeça. Seu inglês era rudimentar, então, ela e Petrosino falavam em italiano enquanto ela arrumava os talheres na frente dele e servia uma tigela de minestrone ou um prato de *farfalle* com frutos do mar. "Ela era uma pessoa extrovertida", diz a neta. "Gostava de ler as colunas sociais e adorava cantar. Também adorava aventuras – ela pegava o barco para Boston, ida e volta, sozinha, o que na década de 1900 era muito incomum para uma mulher."

Sem que ninguém além de si soubesse, Petrosino se apaixonou perdidamente por Adelina. "Ele estava caidinho por ela", diz a neta. Adelina havia sido casada com um homem em Massachusetts, mas voltara para casa e para o restaurante depois da morte do marido. No início, segundo a neta, "ela morava sozinha em Boston, mas o pai disse 'Não parece certo uma mulher morar sozinha. Venha para Nova York!'. E ela o fez!". Durante muitas noites, ao som de conversas e música folclórica, a garçonete e o detetive foram ficando cada vez mais próximos.

Por fim, Petrosino declarou seus sentimentos a Adelina e, depois, falou com o pai dela. Seria um bom arranjo: o detetive tinha um emprego estável, era conhecido por ser honesto e trabalhador e era um herói para muitos na colônia. Uma viúva italiana na casa dos 30 anos não tinha uma ampla gama de opções românticas nos Estados Unidos no início dos anos 1900. Mas Petrosino teria um choque: Saulino recusou a oferta de casamento. O motivo? O detetive "estava em constante perigo de ser assassinado" e, tendo visto sua filha sofrer com a perda de um marido, Saulino queria poupá-la da dor de perder outro. Talvez ele também temesse que as bombas que a Mão Negra plantava, um dia, chegassem à casa do detetive e matassem todos lá dentro, inclusive Adelina.

Petrosino recusou-se a desistir. Estava apaixonado, e esperaria Adelina o tempo que fosse necessário. Talvez achasse que Saulino fosse ceder, depois de mais alguns jantares e algumas conversas. Assim, Petrosino entrava no restaurante quando anoitecia, pendurava seu chapéu em um gancho e se sentava a uma mesa com toalha vermelha e branca. Adelina vinha servi-lo. Pelo que se sabe, os dois nunca tinham se visto fora do restaurante. Os rituais de namoro da rua Mott podiam ser tão rigorosos e inflexíveis quanto na cidade mais conservadora da Calábria.

Ano após ano, Petrosino voltou, mas Saulino recusava firmemente suas súplicas para que pensasse sobre o casamento.

Assim, Petrosino acenava para Adelina com a cabeça, sentava-se para comer sua massa e beber seu Chianti. "Esperar o deixava extremamente nervoso", disse um biógrafo sobre o tempo que Petrosino passava no restaurante. Seus amigos supunham que a causa seria o perigo de ser exposto em um lugar público, mas talvez o detetive também achasse doloroso estar perto da garçonete de olhos castanhos que ele ansiava chamar de sua. Se a raiva que o dominava quando perdia para Vincenzo nas cartas era tingida por outro tipo de fúria, Petrosino guardou isso para si. Não havia ele mesmo dito, anos antes, que existia morte demais em sua atividade, e que "um homem não tem o direito de trazer uma mulher para essa vida"? Agora, ele estava sendo obrigado a seguir tal regra.

Se Joe e Adelina alguma vez falaram em fazer algo precipitado, fugir juntos, como os americanos faziam, casar-se e montar um lar, foi uma conversa privada que nunca entrou em domínio público ou sequer sobreviveu como rumor na história da família Petrosino. Pelo que se dizia, o detetive nunca pensou em deixar Nova York; era onde residia a obra de sua vida, e essa obra estava inacabada. E ele era, em muitos aspectos, um homem italiano tradicional, com seus respectivos valores. Fugir com Adelina teria sido um ato de impensável desrespeito ao pai dela. Assim, ele guardou silêncio.

Por toda a Nova York, famílias italianas sofriam o sequestro de seus filhos, o lento desaparecimento de seus sonhos, a falência, a morte violenta e a perda de fé nos Estados Unidos. No entanto, Petrosino pode ter sido o único inimigo da Sociedade da Mão Negra cujo castigo foi ser impedido de se casar com a mulher que amava.

9

"O Terror das Pessoas Nocivas"

U M ANO DEPOIS DA REALIZAÇÃO DE SUA MAIS PROFUNDA AMBIÇÃO, aquilo que o tornaria um "Venerável Supremo" da comunidade italiana nos Estados Unidos e ergueria seu povo acima do desprezo palpável ao qual os italianos estavam fadados nos Estados Unidos, o doutor Vincenzo Sellaro estava apavorado. Uma tremenda bomba havia explodido no belo prédio de tijolos vermelhos na rua Grand 203, no coração de Little Italy, onde Sellaro tinha seu apartamento e seu escritório. Ele estava dormindo no andar de cima quando a explosão sacudiu o prédio e o acordou. Os vizinhos já estavam nos corredores, descendo as escadas com suas roupas de noite e indo para as ruas, cobertas de pó de tijolo por toda parte. "Homens, mulheres e crianças apareciam nas saídas de incêndio", dizia um relato do atentado, "gritando que havia fogo e implorando ajuda." Janelas num raio de 100 metros foram estilhaçadas em todas as direções.

Sellaro sabia que a bomba era um aviso. Para ele.

Cartas assinadas como "OS PALADINOS DA MÃO NEGRA" chegavam a seu apartamento havia meses, exigindo 5 mil dólares. A Sociedade o advertiu que deveria enviar o dinheiro em um envelope lacrado, ou sua casa na rua Grand seria feita em pedaços. Havia mais uma instrução: ele deveria enviar o dinheiro "em perfeito silêncio [...] sem nenhum conhecimento de Petrosino [...] ele o colocará em grande perigo". Tais advertências não eram incomuns. Muitas vezes, os criminosos instruíam suas vítimas a não entrar em contato com o detetive e até planejavam esquemas para evitá-lo. "Tornou-se", de acordo com o *Baltimore Sun*, "uma das características das tramas encontrar uma forma de despistar Petrosino."

Sellaro havia se recusado a pagar o resgate. Como logo ele poderia se curvar a esses assassinos que arrastavam o nome italiano na lama e na sujeira? Pois, um ano antes, Sellaro dera um passo que, conforme ele esperava, iria redimir seu povo da mancha de degradação simbolizada pela Mão Negra e alterar para sempre o curso da história ítalo-americana.

Em um dia ensolarado de junho, no verão de 1905, o médico esperava convidados em seu apartamento muito bem decorado. Para Sellaro, a ocasião era a culminação de muitos anos de sonhos e planejamento, e ele estava vestido, como era seu costume, com um terno escuro de boa qualidade que ressaltava o brilho de seus olhos castanhos. Não era um homem atraente em termos convencionais; a linha de seus cabelos escuros encimava uma testa ampla, e seus olhos melancólicos tinham as pálpebras caídas. Havia algo de bassê na aparência do bom médico, mas a suavidade de sua expressão escondia uma vontade de granito.

Sellaro era um siciliano nascido em Palermo que havia recebido seu diploma de medicina da Universitá di Napoli. Em 1897, ele embarcou num navio para os Estados Unidos e matriculou-se na Cornell Medical School. Em 1904, havia economizado dinheiro suficiente para abrir seu consultório na rua Grand 203, na esquina com a Mott. Ele prosperou nessa atividade. Muitos de seus pacientes o procuravam depois de quase perderem a vida em hospitais de Nova York, onde os médicos e enfermeiros não falavam italiano e raramente um intérprete era encontrado.

Como uma mulher que sofresse de tuberculose ou tivesse uma embolia pulmonar poderia explicar seus sintomas na língua de sinais? Mais tarde, Sellaro estaria entre os fundadores do Hospital Italiano Colombo, onde os médicos deviam falar italiano e inglês.

Em 1905, Sellaro havia se tornado próspero e respeitado, mas suas ambições iam além: ele desejava "libertar os italianos de todos os preconceitos" (mais tarde, ele entraria para a Maçonaria, não porque tivesse um desejo particular, mas apenas para provar que um siciliano seria capaz de fazê-lo). Assim, naquele dia de verão, ele chamou a seu belo apartamento na rua Grand alguns dos cidadãos de destaque da colônia em Nova York para fundarem uma ordem que daria início à ascensão do ítalo-americano aos mais altos níveis da vida americana.

Os homens foram chegando aos poucos: o farmacêutico Ludovico Ferrari era do Piemonte. O advogado Antonio Marzullo era da Campânia, onde se localiza a mal-afamada cidade de Nápoles. O conhecido escultor Giuseppe Carlino viera da região central do Lácio. E os dois barbeiros sem nome – talvez fossem homens de grande importância nas colônias – tinham vindo da Sicília, como Sellaro. Embora o tema do encontro fosse orgulho e união, os homens reunidos naquela noite eram principalmente do Sul, das regiões castigadas pelo sol e, quase sempre, desprezadas, que haviam fornecido 90% da imigração em massa para os Estados Unidos. Aqueles homens conheciam, de um modo doloroso, a reputação de seus *compatrioti*. E estavam ali para redimi-la.

Sellaro cumprimentou os homens e podemos imaginar que deve ter colocado taças de vinho em suas mãos. Era um dia quente, e aquela era não apenas uma reunião, mas uma celebração. Sellaro ergueu-se e dirigiu-se aos amigos. "O Todo-Poderoso nos uniu por um propósito", ele afirmou. O objetivo do encontro, segundo ele, era fundar uma nova sociedade, a Figli d'Italia – os Filhos da Itália. Sellaro admitiu para seus compatriotas naquela noite que os italianos eram os mais pobres e os menos instruídos dos europeus; em suas vidas pregressas, tinham sido trabalhadores comuns, fazendeiros arrendatários, trabalhadores do campo, pastores, jardineiros e pescadores. Quatrocentos anos depois de Colombo ter zarpado do porto espanhol de Palos, os italianos, por fim, o seguiram, foram "os últimos a virem para os Estados Unidos". Mas eles tinham vindo por livre e espontânea vontade, para trabalhar e prosperar, para se libertar da corrupção de Roma. "É por causa disso que hoje tenho um sonho", disse Sellaro aos cinco homens presentes, "e espero que um dia, mesmo que demore mais cem anos até que sejamos plenamente aceitos, nossos filhos e os filhos de nossos filhos [...] sejam orgulhosos e capazes de dar continuidade a nossas tradições, a nossa cultura e nossa língua [...]. Quero acreditar que um dia nos tornaremos uma parte muito importante da história americana." Os homens levantaram os copos e brindaram a Sellaro e a esse novo começo.

Depois daquele dia de verão, a Ordem dos Filhos da Itália havia prosperado: estava a caminho de se tornar a maior e mais poderosa das sociedades fraternas italianas nos Estados Unidos. Já tinha oito lojas na cidade, e havia um projeto de abrir muitas outras por todo o país. Sellaro, que fora nomeado "Supremo Venerável" da sociedade italiana, planejava abrir escolas de inglês para imigrantes de Nápoles, Palermo e Milão, bem como centros onde eles aprenderiam a se tornar cidadãos americanos. Haveria orfanatos e lares para idosos. Ele sonhava com outras coisas, como fundos mortuários para aquelas almas infelizes que morreram nas escavações de túneis do metrô (poucos anos antes, nove trabalhadores, a maioria italianos, foram vitimados por uma explosão de dinamite sob a rua 195 e morreram, seus nomes e suas famílias eram desconhecidos, então a prefeitura da cidade de Nova York ordenou que fossem carregados no "barco da morte" e enterrados em sepulturas não identificadas na Ilha Hart). Cooperativas de crédito, sociedades assistenciais, fundos para bolsas, tudo estava sendo planejado.

Mas agora a Mão Negra ameaçava assassinar Sellaro. Como ele poderia elevar seu povo quando esses assassinos zombavam de tudo o que ele sonhava construir?

Sellaro e seu amigo Joseph Petrosino estavam na vanguarda de um grupo que tentava reparar a reputação dos italianos. Havia outros idealistas em Nova York também, companheiros de luta. Um jovem advogado chamado Gino Speranza havia fundado a Sociedade para a Proteção dos Imigrantes Italianos em 1901 com a finalidade de ajudar os recém-chegados, mas também para combater a reação contra sua chegada, reação essa que ele viu por toda parte. "Ouvimos muito falar, hoje em dia, do 'problema da integração'", escreveu Speranza. "Oradores e estadistas, jornais e revistas nunca perdem a oportunidade de falar do 'perigo estrangeiro', do perigo de um afluxo de imigrantes que não se integram facilmente aos elementos e às instituições da República."

Speranza e seus voluntários iam ao encontro de recém-chegados na ilha Ellis e os afastavam dos "agenciadores" que estavam lá para guiá-los para moradias superfaturadas e empregos abusivos; ele se aventurava a ir até os campos de trabalho da Virgínia Ocidental, onde trabalhadores italianos contavam aos sussurros suas histórias de surras e chicotadas (ele sempre usava um terno elegante nessas viagens, tanto para ganhar o respeito dos trabalhadores quanto para impedir agressões dos capatazes.) "Estive em alguns campos de trabalhos forçados no Sul onde meus compatriotas eram forçados a trabalhar sob a vigilância de guardas armados", escreveu. "Falei com alguns deles, que tinham sido amarrados a uma mula e chicoteados como escravos para que voltassem ao trabalho. Conheci outros que exibiam marcas da violência brutal cometida por capatazes cruéis com o consentimento de seus superiores." No entanto, esses homens foram acusados de não demonstrar gratidão pela liberdade que encontraram na nova terra. "Que concepção podem esses estrangeiros ter da liberdade americana?", escreveu Speranza.

Enfim, no Brooklyn, um jovem e impetuoso promotor chamado Francis Corrao estava abrindo seu caminho na máquina democrata do distrito. Mais jovem advogado italiano com atuação no distrito até então, o exuberante e combativo Corrao foi um pioneiro que almejava aceitação e poder para seu povo e para si. Mas antes, ele sabia, a Mão Negra deveria ser derrotada. O irmão de Corrao, "Charly", era um membro do Esquadrão Italiano conhecido pela genialidade de seus disfarces.

O advogado pressionou a promotoria distrital do Brooklyn publicamente para que contratasse um promotor italiano. Quem melhor do que um homem que falava a língua e conhecia a cultura para processar os criminosos da Mão Negra? Por fim, em 2 de abril de 1907, o próprio Corrao foi agraciado com o cargo e um belo salário de 5 mil dólares por ano. Foi mais um fato inédito para os italianos, e Francis imaginou a si mesmo e a seu irmão, junto ao restante do esquadrão, colocando a escória da Sicília na prisão por longos períodos e libertando seu povo dessa maldição. Petrosino e seus homens prenderiam os infratores; Corrao iria processá-los.

Petrosino era o mais visível e, sem dúvida, o mais influente desses homens; todos eles viviam em Nova York e frequentavam os mesmos círculos. No entanto o detetive sabia que até mesmo seu poder estava bastante limitado. Ele estava prendendo hordas de integrantes da Mão Negra, mas não conseguia fazer com que as autoridades de Manhattan ou Washington se envolvessem totalmente em sua guerra, e não conseguia fazer os italianos testemunharem em número suficiente. Como poderia o povo ítalo-americano se erguer quando até mesmo um homem como Vincenzo Sellaro era mantido refém por seus opressores? O detetive se fez essa pergunta repetidas vezes.

Como seria possível despertar a resistência?

∗ ∗ ∗

EM MARÇO DE 1907, O NAVIO A VAPOR *CALIFORNIA* PERCORRIA SUA ROTA pelo Atlântico, rumo ao oeste. O navio havia deixado o porto de Le Havre, na França, semanas antes e tinha como destino Nova York. Havia centenas de imigrantes a bordo, suas malas baratas estavam amarradas com cordas de capim e empilhadas na terceira classe.

Um navio a vapor dependia do carvão para obter energia. Dia e noite, nas profundezas do navio, os foguistas jogavam antracito nas quatro fornalhas. Cobertos de fuligem, apenas com o branco dos olhos e dos dentes brilhando à luz do fogo, os homens trabalhavam em turnos de quatro horas em temperaturas extremas que, às vezes, chegavam a 70 graus. Entre uma pá cheia de carvão e outra, o foguista corria para um tubo de metal que subia até a superfície do navio e respirava o ar frio do Atlântico que fluía pelo tubo. Foi o trabalho dos foguistas que permitiu que milhões de italianos e outros imigrantes chegassem à ilha Ellis transportados por golfadas de vapor fervente.

Se os passageiros do *California* prestassem atenção à tripulação, perceberiam algo peculiar. Havia um foguista que parecia nunca se sujar com pó de carvão e que, na verdade, parecia não trabalhar em momento algum. Era um homem franzino, com pele cor de azeitona, olhos "penetrantes" e uma grande cicatriz que descia da orelha esquerda até o canto da boca. Ele era calado e determinado, e exibia aquela qualidade que os italianos chamavam de *pazienza*. Esse foguista era "um homem que meditava muito e falava pouco até que se exaltasse, e então suas frases jorravam em uma torrente, provando que suas ideias haviam sido organizadas de modo cuidadoso – um homem pouco dado ao impulso". Se lhe perguntavam, ele dizia que seu nome era Giuseppe Balstieri.

Se algum dos passageiros fosse de Nápoles e tivesse cruzado o caminho do homem antes, provavelmente o teria evitado durante toda a viagem. Pois ele não era um foguista nem um clandestino, e seu nome não era Giuseppe Balstieri. Seu nome verdadeiro era Enrico (também conhecido como Erricone) Alfano, e ele era o rei da Camorra napolitana.

Alfano era uma figura de reputação aterrorizante na Itália, tinha uma série de acusações de assassinato no passado, um pré-requisito para qualquer mafioso. "O povo considerava Alfano como um semideus", disse o *New York Tribune* sobre as pessoas que ele havia deixado para trás. "Era tido como invulnerável a balas e capaz a todo momento de escapar de seus perseguidores." Supunha-se que Alfano fosse poderoso o suficiente para eleger homens para o parlamento da Itália; ele chegou a cobrar uma taxa mensal da empresa de energia de Nápoles para não roubar a fiação elétrica.

Seria um erro acreditar que figuras como Alfano e os outros grandes mafiosos não gerassem nada além de medo em seus conterrâneos. O siciliano médio veria uma figura como ele com um olhar mais profundo, mais rico, muito mais complexo. Ele era um *uomo di rispetto*, um homem de respeito, que havia desafiado o destino traçado para ele quando menino, a vida de *miseria,* de trabalho físico interminável e sofrimento, quando se tornou um bandido. E, ainda assim, ele era mais do que um bandido. "O italiano do norte de qualquer classe [...] está o tempo todo ocupado acumulando riqueza", escreveu o historiador Henner Hess. "O italiano do sul [...] quer, acima de tudo, ser obedecido, admirado, respeitado, temido e invejado."

Sobre a porta da igreja de uma aldeia siciliana está gravado um tributo a um dos mais famosos *uomini di rispetto* da região, um homem que superou suas origens humildes para se tornar um poderoso mafioso. A inscrição diz que,

> Com a habilidade de um gênio, ele construiu a fortuna da nobre família. Lúcido, dinâmico, incansável, ele ofereceu prosperidade aos trabalhadores agrícolas e aos mineradores de enxofre, trabalhou sem cessar para o bem e fez seu nome ser altamente respeitado, na Itália e além. Grande em suas empreitadas, muito maior ainda no infortúnio, ele continuava sempre a sorrir, e hoje, na paz de Cristo, reunido com a majestade da morte, recebe de todos os seus amigos, e até de seus inimigos, o melhor de todos os testemunhos: ele era um *galuntuomo*.

Ou seja, era um cavalheiro. Alfano também se via como um *galantuomo*, um homem que havia superado seu início de vida, suas origens. Um homem completo, segundo os padrões sicilianos.

Alfano havia comprado passagem para o *California* porque tornou-se necessário, como ocorreu com muitos homens na mesma posição que a dele, fugir para os Estados Unidos. Ele fora acusado de planejar dois assassinatos sensacionais que tiveram origem na Piazza San Ferdinando, na região aristocrática de Nápoles. Era um bairro repleto de palácios, "ainda ocupado por famílias que haviam sido eminentes sob o governo dos vice-reis da Espanha" nos séculos XVI e XVII. Mas nem todos os moradores de San Ferdinando tinham antepassados tão ilustres. Alguns, na verdade, tinham um passado muito mais sombrio. Mas eles eram capazes de pagar o aluguel.

Às sete horas da manhã do dia 6 de junho de 1906, uma jovem empregada tocou a campainha de um apartamento no quinto andar do número 95 da Via Nardones, onde morava um casal. Como ninguém atendeu, a moça alertou o dono do prédio, que – conhecendo as duas pessoas que ocupavam o apartamento – correu até o outro lado da rua, onde ficava a delegacia do distrito de San Ferdinando. Lá, ele explicou a situação a um agente chamado Simonetti, que concordou em voltar com ele e investigar a ocorrência. Simonetti solicitou uma chave mestra para entrar no apartamento, que lhe foi entregue, e então os dois homens atravessaram a rua e subiram as escadas até o quinto andar. Assim que a porta foi destrancada e aberta, Simonetti se viu dentro de um apartamento decorado com móveis caros e cortinas luxuosas, silencioso e tranquilo à luz da manhã, onde aparentemente não havia ninguém. Entraram na sala de jantar e viram que a refeição da noite anterior, que incluía algumas tortas compradas em uma confeitaria próxima e que já tinham sido meio comidas, ainda não tinha sido retirada. Da sala de jantar, Simonetti foi para o primeiro quarto, um espaço elegante com móveis novos de nogueira com estofamentos de tecido vermelho que, no momento, estavam cobertos de roupas e caixas de joias abertas. As persianas estavam fechadas, barrando a entrada do forte sol italiano, e a lâmpada noturna ainda estava acesa. Com essa iluminação, Simonetti conseguiu distinguir um vulto sobre a cama. Era uma mulher; seus cabelos escuros estavam espalhados sobre a camisola de seda branca. Ao erguer a camisola, Simonetti viu que o tronco da mulher havia sido perfurado por 13 punhaladas que chegavam até o pescoço dela. "Havia sangue", lembrou-se mais tarde, "por todo lado."

O nome da mulher era Maria Cutinelli. Em vida, havia sido uma notória beldade "que levava uma vida muito aventureira entre os elementos mais inteligentes e aristocráticos da *mala vita*" – ou seja, o submundo napolitano. Aos 39 anos, ela havia se casado com Gennaro Cuocola, filho de um respeitável comerciante de couro que se envolvera com "más companhias" no bairro Vicolo di Santa Lucia, em Nápoles, conhecido por ser um antro do crime e pela vida boêmia. Cuocola era membro da Camorra, especificamente *um basista*, um estrategista do crime. Sua mulher tinha sido uma *adescatrice*, uma informante da polícia.

Eram duas ocupações perigosas, mas a de Maria, na Nápoles corrupta e repleta de rumores, era um pouco mais arriscada.

Simonetti relatou a seus superiores o que havia encontrado, e um deles escreveu um relatório identificando a morte de Maria como um clássico "uxoricídio", o assassinato da esposa pelo marido. Esse oficial estava prestes a assinar o relatório e ordenar a prisão de Gennaro Cuocola quando um policial entrou apressado na sala trazendo novidades: um carroceiro que percorria a Cupa Calastro, à beira da baía de Nápoles, um belo trecho conhecido como um local onde os namorados se encontravam e passeavam nas noites de verão, havia se deparado com outro cadáver. Os ferimentos no corpo encontrado eram ainda mais profundos do que os ferimentos do corpo de Maria; ele tinha 47 ferimentos de faca, cuja forma triangular era semelhante à dos cortes observados no corpo da vítima encontrada na Via Nardones 95. O homem foi identificado como Gennaro Cuocola. O oficial colocou de lado seu relatório de um modo discreto.

Os assassinatos da bela Maria e de seu mal-afamado marido tornaram-se uma sensação nos jornais italianos. Vítor Emanuel III, o rei da Itália, que procurava uma oportunidade para limpar o esgoto que era Nápoles, ordenou ao ministro da Guerra que investigasse o crime, usando os *carabinieri reali*, a polícia militar conhecida por sua disciplina e eficiência, para assumir o caso, temendo que a polícia local fosse corrupta demais para executar o trabalho. Os *carabinieri* vasculharam os redutos da Camorra e interrogaram seus informantes em busca de pistas; descobriram que Enrico Alfano, o *supercapo* da Camorra, havia suspeitado que o casal estava passando informações à polícia sobre as atividades de seu grupo. Ele foi preso na mesma hora.

Os inúmeros amigos e benfeitores de Alfano começaram a se movimentar para libertá-lo (a quantidade de trabalho necessária é discutível, porém; a estrela de Alfano estava no alto do firmamento italiano). Seu padrinho, que era um padre influente, no fim, conseguiu que o suspeito fosse libertado da prisão, mas as acusações foram mantidas. Alfano viu a tempestade que se aproximava e fugiu de Nápoles, indo "de aldeia em aldeia, sob vários disfarces, num esforço para escapar da captura". A polícia da cidade de San Leucio soube que o suspeito estava hospedado em uma casa local e de imediato a cercou, mas Alfano conseguiu escapar e pegou um trem para Roma. Lá, ele concluiu que os Estados Unidos eram a sua única esperança. Ele tinha um passaporte falso feito por um de seus associados, então, reservou passagem a bordo do *California*. Nova York, a tábua de salvação para tantos criminosos do sul italiano, lhe acenava. Aquilo que Petrosino vinha denunciando durante anos, o fácil trânsito de assassinos da Itália para os Estados Unidos, tinha agora seu exemplo mais famoso. O poderoso e universalmente temido Enrico Alfano, chefe da "organização criminosa mais monstruosa que o mundo já viu", estava indo para Manhattan, talvez como o fugitivo número um do mundo.

PETROSINO SOUBE DA CHEGADA DE ALFANO QUASE NO MESMO instante em que ele desembarcou. Os informantes do detetive lhe disseram que Alfano havia passado pela imigração em 21 de março, que viajava sob o nome de Giuseppe Balstieri e que estaria carregando 70 mil francos em moeda francesa. Também havia boatos de que os membros da Camorra napolitana que haviam se estabelecido em Manhattan, alguns dos quais envolvidos com a Sociedade da Mão Negra, pretendiam esconder seu *capo dei capi* para impedir a extradição dele. No entanto, os informantes de Petrosino não poderiam lhe dizer mais nada, pois, assim que desceu do cais, Alfano desapareceu.

Petrosino fez correr uma ordem entre suas fontes e seus *nfami*: encontrem Alfano. Rápido.

Por quase um mês, nada. Alfano estava escondido em algum lugar nas colônias italianas, provavelmente na área ao redor da rua Mulberry, mas ninguém o tinha visto. Então, em 17 de abril, dois integrantes do Esquadrão Italiano, os detetives Carhipolo e Bonanno, se encontraram em um restaurante italiano que ficava no porão de uma casa no número 108 da rua Mott, perto da esquina com a Hester. Como estavam nesse local específico, nessa hora em particular, permanece um mistério. Teriam recebido alguma pista de que algo inusitado estava acontecendo? Teriam seguido algum suspeito pelos degraus até a taverna escura? Ou estariam almoçando quando houve a tal ocorrência? Qualquer que fosse o caso, eles foram testemunhas de uma reunião incomum: a uns 4 metros de onde estavam os dois detetives, seis homens participavam de um animado banquete em homenagem a um homem que se assemelhava – era tudo o que se podia dizer – a Enrico Alfano.

Mas *será que era* ele mesmo? Os dois detetives não tinham certeza; não havia fotografias nas quais se basear. E por que o chefe da Camorra exibiria sua presença em um lugar tão público de Little Italy?? A dupla deu uma última olhada no homem, depois saiu do restaurante e foi procurar o chefe. Um repórter do *Evening World* revelou o que aconteceu em seguida.

Segundo o repórter, ele encontrou Petrosino na rua Mulberry naquela tarde. Caminhavam pela rua movimentada quando Petrosino parou em frente a um restaurante: Mott 108. "Vou almoçar aqui, venha", disse o detetive, e os dois desceram as escadas de um dos restaurantes de porão que eram tão comuns no bairro. Petrosino sentou-se a uma mesa perto da porta e analisou o cardápio de forma despreocupada enquanto lançava olhares de esguelha para seis "homens de aparência vilanesca" que estavam reunidos ao redor de uma mesa no meio do bar que havia no restaurante. Alguns estavam em pé, outros, sentados, mas todos voltavam sua "atenção, que beirava a adoração, a um italiano esguio de olhos ousados" com uma cicatriz profunda que ia da orelha esquerda até o canto da boca. Os homens falavam italiano, adulando seu convidado de honra, e ele se deliciava com os elogios.

O repórter estava alheio ao que acontecia. Sentia fome e lia o cardápio enquanto conversava amenidades com Petrosino. Depois de avaliar as opções, Petrosino colocou, bem de leve, um braço sobre o repórter, como faria com um amigo que estivesse entretido com o programa do teatro quando as cortinas subissem. O repórter ergueu o olhar. O detetive agora estava em pé, olhando para a mesa onde os homens conversavam. De repente, ele gritou "Alfano!" com uma voz estrondosa, "como alguém chamaria um cão assustado". O local ficou em silêncio.

O *capo dei capi*, que não estava acostumado a ser abordado em tom tão desrespeitoso, levantou-se da mesa e se virou para encarar Petrosino. Os outros camorristas, que devem ter reconhecido Petrosino de imediato, ficaram onde estavam.

Diante do repórter atônito, Petrosino cruzou o pequeno salão em direção a Alfano e "lhe aplicou um forte tapa" na cara. Alfano cambaleou para trás, bateu em uma parede e caiu, ficando ali apoiado nela como uma marionete, com as costas contra os tijolos. Num movimento rápido, Petrosino passou pelos homens da Camorra, aproximou-se de Alfano, debruçou-se sobre ele e deu-lhe outro tapa no rosto. Em seguida, estendeu a mão por trás do assassino, agarrou-o pelo colarinho e, enquanto o repórter assistia a tudo num silêncio atordoado, Petrosino arrastou o *capo* pelo piso do restaurante "com o dorso dos pés deslizando sobre o chão". Quando um dos camorristas deu um passo em sua direção, Petrosino disse "Saia do meu caminho, ou levo você para a cadeia com este cachorro covarde" – isso apesar de, o repórter soube mais tarde, todos os homens estarem armados (Alfano tinha uma faca escondida na cintura), e "cada um deles ser um assassino, de fato ou em potencial".

A notícia da prisão saiu em jornais de Salt Lake City a Los Angeles e chegou à pequena cidade de Paducah, no Kentucky ("Estranha histó-ria do chefe dos bandidos que veio para os Estados Unidos como fo-guista"). Dias depois, Petrosino colocou seu cativo em um navio de volta a Le Havre, onde foi preso e levado para Nápoles. O processo re-sultante dessa prisão, apesar de ter demorado cinco anos para ter início, expandiu-se para abranger toda a liderança da Camorra: 47 réus, in-cluindo 27 chefes da Camorra, foram levados diante de um juiz sob acu-sações de homicídio, corrupção, agressão e outros crimes graves. A Itália estava hipnotizada. "Desde o caso Dreyfus",* relatou um jornalista, "não há um julgamento criminal que tenha agitado tanto uma nação." Depois de dezessete meses de depoimentos, que foram reunidos em 63 volumes de transcrições, os réus foram condenados e sentenciados a 354 anos de prisão. A prisão de Alfano acabou com a Camorra em Nápoles. O julga-mento foi um marco importante entre os processos da Máfia, foi o ante-cessor dos "maxijulgamentos" que surgiram na Itália durante a década de 1980. E tudo começou com um tapa na cara desferido por Petrosino.

Ainda assim, a *performance* do detetive – pois foi uma *performance*, calculada e coreografada com tanta precisão quanto qualquer parte de sua amada *Traviata* – continua sendo curiosa. Por que se arriscar a ser baleado para prender Alfano quando ele poderia ter levado uma dúzia de policiais armados para capturá-lo? Petrosino nem se dera ao trabalho de sacar sua arma. Por que se tornar, como o *Times* o chamou, "o terror das pessoas nocivas" em um local público?

---

* O caso Dreyfus, ocorrido na França em fins do século XIX, foi um caso de fraude jurídica em que, por razões antissemitas, o capitão Alfred Dreyfus foi acusado de espionagem e condenado a prisão perpétua e deportação. Seguiu-se um escândalo político de enorme repercussão, e por fim foi provada a inocência de Dreyfus. O caso se tornou emblemático da luta pela justiça e por direitos humanos. (N. da T.)

Por quê? Pela mesma razão pela qual a Mão Negra, às vezes, optava por mutilar suas vítimas, como, por exemplo, na vez em que marcou um encontro com uma vítima em um cemitério em frente a uma cova recém--aberta; era uma excelente propaganda. Petrosino queria mostrar aos íta-lo-americanos que eles não deveriam temer ninguém, nem mesmo o cabeça da temida Camorra. Ele queria endurecer a espinha dorsal da colônia ao mesmo tempo que esvaziava o mito do todo-poderoso criminoso italiano. O detetive também sabia que a propaganda era uma multiplicadora de forças. Ele e seus homens estavam numa desvantagem numérica de mil para um; a prisão de um *capo* como Alfano fazia com que o esquadrão italiano parecesse mais poderoso do que de fato era.

✳ ✳ ✳

O caso Alfano não foi um incidente isolado. Na ausência de testemunhas dispostas e de bons processos – na verdade, de um sistema de justiça funcional –, esse tipo de tratamento se tornou uma política não oficial do Esquadrão Italiano. Petrosino ia atrás dos homens da Mão Negra da maneira que pudesse. "Se os tribunais mandarem esses criminosos de volta às ruas", disse ele a um repórter, "vamos tornar a vida tão difícil para eles que terão de ir embora do jeito que conseguirem."

Petrosino havia declarado sua própria guerra privada e semilegal à Sociedade. E ela seria uma guerra suja.

Os detetives do Esquadrão Italiano começaram a "enquadrar" os suspeitos mais conhecidos: abordando-os na rua, jogando-os contra uma parede, ameaçando-os de prisão ou de coisa pior se não saíssem da cidade. Vigiavam os apartamentos deles. Apresentaram a eles o que ficou conhecido como "a cura do cassetete". Prestavam atenção nos associados deles e também os enquadravam. Petrosino chegava a se disfarçar de criminoso comum e mandava seus colegas policiais levá-lo algemado para os Tombs, onde era trancado em uma cela com suspeitos da Sociedade. Lá, ficava sentado, parecendo desanimado e apático, mas na verdade estava ouvindo com atenção seus colegas de cela planejarem seus crimes e projetarem as organizações. Assim que Petrosino era "libertado", o Esquadrão Italiano começava a mirar os integrantes da Mão Negra.

Os oficiais do Esquadrão Italiano eram rudes com suas presas. Eles surravam os homens; quebravam narizes, mandíbulas, clavículas. "Os bandidos que interagiam com ele carregavam as marcas do 'interrogatório' por meses", observou um jornalista. Sabendo que a maioria dos criminosos, mesmo os culpados, receberiam penas leves ou seriam libertados sem acusações, Petrosino, às vezes, os espancava durante os interrogatórios, ou os desafiava a batalhas mano a mano nas ruas. Se pudessem ganhar dele, sairiam livres. Muitas vezes, ele terminava as sessões com as palavras "Assim, você vai se lembrar de quem era Petrosino!".

A prática se estendia aos criminosos italianos que não necessariamente pertenciam à Mão Negra. Em um esquema particularmente abominável, criminosos vasculhavam pequenas cidades italianas à procura de mulheres desesperadas para ir embora ou se casar; com tantos rapazes indo para os Estados Unidos, era difícil, para as moças, encontrar marido. Os homens falavam a essas jovens sobre um solteiro solitário nos Estados Unidos que estava procurando uma esposa de bons costumes, que pudesse cuidar da casa, amar e se casar. Se uma mulher concordasse, os homens compravam uma passagem de navio a vapor e a enviavam para Nova York. Em Nova York, quem as esperava não era, claro, um noivo, mas um dono de bordel e seus associados, que forçavam a mulher a entrar em uma vida de degradação e horror inimaginável.

Quando Petrosino desmantelou uma dessas redes de prostituição, ele condenou toda a gangue, incluindo o líder, e os mandou para a prisão, exceto um: um jovem de 27 anos chamado Paolo Palazzotto, de Palermo. Palazzotto escapou da acusação por razões desconhecidas, mas descobriu-se que ele era um criminoso condenado na Itália e que estava previsto que fosse deportado. Antes que o suspeito partisse, Petrosino decidiu se vingar pelas mulheres cujas vidas o sujeito havia arruinado e dar ao escravagista branco um lembrete de que nunca mais deveria voltar a Manhattan. Ele entrou na sala onde Palazzotto estava preso, segurando com firmeza um molho de chaves no punho direito. Quando Petrosino deixou a sala, Palazzotto havia perdido um número significativo de dentes.

A reputação do esquadrão se espalhou. A violência policial, se é que se pode chamá-la assim – o conceito sequer havia entrado na consciência pública em 1907 –, era tão comum no NYPD que nem era comentada, e desfrutava de uma boa dose de apoio público. "Armas lampejaram, cassetetes golpearam e homens caíram" é uma descrição de um encontro típico entre criminosos e policiais de Manhattan. Clubber Williams, antigo mentor de Petrosino, disse certa vez que "há mais lei na ponta do cassetete de um policial do que em uma decisão da Suprema Corte", e muitos nova-iorquinos teriam concordado com esse sentimento. Até Teddy Roosevelt gostava de um policial durão. Durante seu reinado como comissário de polícia, um lendário policial se deparou com uma gangue que instalava escutas e de imediato "pulou sobre eles, derrubou-os e chutou-os literalmente para fora da delegacia, pela calçada, até a rua". A resposta de Roosevelt foi um caloroso "Aí, garoto!".

Petrosino era implacável. O detetive, reclamou um vereador do Brooklyn, "arrancou mais dentes do que um dentista profissional". Essas não eram, porém, batalhas de mão única, ou nem sempre eram. Um jornalista contou que, depois de anos de enfrentamentos de rua com membros da Sociedade da Mão Negra, Petrosino "tinha cicatrizes por todo o corpo". Mas havia uma diferença entre o que ele fazia e as ações de um policial comum: Petrosino visava apenas aos suspeitos que ele estava certo de serem culpados e que provavelmente escapariam de punição. Era algo inconstitucional, claro, e é possível que Petrosino, mesmo com suas excelentes fontes, tenha agredido mais de um inocente. No entanto, o detetive estava desesperado para conter a ascensão da Sociedade e salvar o maior número possível de italianos.

A estratégia resultou em alguns momentos mais leves. Um homem chamado Giamio, suspeito de sequestro, foi levado à sede para ser interrogado. Os detetives levaram Giamio à sala do fotógrafo para sua foto de identificação e o colocaram em uma cadeira de madeira. Uma luz brilhante zumbia acima da cabeça do italiano e chamou a atenção do homem nervoso. Talvez tenha sido o burburinho ou talvez tenha sido a expressão sombria de Petrosino, mas ocorreu a Giamio, que sem dúvida ouvira histórias dos imensos poderes do Esquadrão Italiano, a ideia de que Petrosino havia dispensado o julgamento e o colocara na famigerada "cadeira elétrica". Na mente de Giamio, as brincadeiras que ouvia à sua volta eram o prelúdio de sua própria execução. Sem conseguir se conter, o suspeito levantou-se de um salto, gritando que não queria morrer e pedindo ajuda aos santos; depois, "desabou no chão" como um peixe desengonçado.

Petrosino e os outros viram tudo acontecer morrendo de rir com aquele *grignono*, aquele novato, bancando o idiota. Em seguida, ergueram Giamio do chão e explicaram a ele que, pelo menos naquele caso, a cadeira era apenas uma cadeira.

No entanto, muitos desaparecimentos de gângsteres e supostos assassinos poderiam ser atribuídos a uma visita do detetive. Ignazio "o Lobo" Lupo, o gênio criminoso elegante e de voz aguda que se uniu a Giuseppe Morello para fraudar e aterrorizar dezenas de comerciantes honestos em Little Italy, por volta de outubro de 1908, era um rico chefe do crime, papel que mantinha oculto por trás de sua posição como comerciante. A magnífica loja principal de Lupo na rua Mott, 210-214, era um prédio de sete andares repleto de presuntos de Parma, longos cilindros de mozarela e especiarias exóticas. Era "o estabelecimento mercantil mais ostentador daquela parte da cidade", segundo o *New York Times*, "com um estoque de mercadorias com o qual o bairro se maravilhava".

O criminoso de expressão suave, no entanto, nos últimos tempos, se via às voltas com Petrosino, que estava atrapalhando seus negócios. O detetive não só o perseguia de modo incansável por atuar como a rede de inteligência da Mão Negra em Nova York como também não perdia a oportunidade de alertar os italianos para que não fizessem negócios com o siciliano e seu amigo Morello, "atacando o crédito deles onde pudesse". Isso enfureceu tanto Lupo e seus associados que ele enviou um advogado ao escritório do detetive, o qual disse a Petrosino que, se não parasse de macular o nome de seus clientes, entraria com um processo criminal contra ele por difamação.

Petrosino, confiante em suas fontes, não desistiu. Ele queria expulsar Lupo e sua gangue de Nova York. Por fim, o *bon vivant* reagiu. Disse a amigos e associados que, se Petrosino não parasse com aquela perseguição, ele, Lupo, iria atacá-lo. A ameaça logo ganhou as ruas.

Certa tarde, o Lobo estava em sua loja supervisionando os negócios, trabalhando, como de costume, trajado com um de seus ternos sob medida, quando a porta se abriu e Joseph Petrosino entrou no reluzente térreo da loja. Ele examinou as pilhas de presunto de Parma e queijo Asiago e, então, chamou Lupo para que viesse até ele. O Lobo aproximou-se. Petrosino inclinou-se e disse algumas palavras em voz baixa. Antes que Lupo pudesse responder, o punho direito de Petrosino projetou-se e derrubou o Lobo no chão. Enquanto os funcionários e clientes da loja observavam, Petrosino passou a desferir uma severa surra no homem caído no piso do belo estabelecimento.

Dali a um mês, a carruagem de Lupo já não era mais vista na rua Mott, com o dono chicoteando seu cavalo branco imaculado. Petrosino expulsara o Lobo da cidade. Um ano depois, o comerciante pediu falência.

Poucos homens que encontraram o chefe do Esquadrão Italiano se esqueceram da experiência. Um político importante de Palermo, Raffaele Palizzolo, anunciou que estava indo a Nova York para ajudar seus compatriotas a lutar contra a Mão Negra. Vinte mil sicilianos, muitos deles usando bótons com o rosto de Palizzolo, foram receber seu navio no cais e o aplaudiram com entusiasmo enquanto ele descia pela prancha. No entanto, Petrosino descobriu que Palizzolo tinha uma reputação ruim na Sicília, onde era conhecido como "o Rei da Máfia", e soube que já havia sido condenado à prisão por assassinato. Sua oposição à Mão Negra era uma farsa. O detetive seguiu Palizzolo de evento em evento, interrompendo suas palestras à força e anunciando a verdadeira história do homem para multidões atônitas de imigrantes; ele chegou a bater na porta do quarto de hotel do político uma noite e "incutiu um pouco de medo" nele.

Depois de semanas desses confrontos, o político interrompeu sua visita e embarcou em um navio para a Europa. No cais, dirigiu-se para o lado da embarcação e olhou com tristeza para os parentes e amigos que acenavam para os passageiros que partiam. Enquanto seus olhos percorriam o horizonte e, em seguida, a multidão, Palizzolo ficou chocado ao ver uma figura familiar em meio às pessoas que se acotovelavam lá embaixo: Joseph Petrosino, em pé entre a multidão como se o político fosse seu sobrinho favorito partindo em uma viagem de volta ao Velho Mundo. Palizzolo olhou para o detetive sentindo um ódio crescente. Antes que o navio deslizasse para as correntes oceânicas, ele ergueu o punho e o sacudiu na direção de Petrosino, gritando para a figura que se distanciava abaixo: "Se você vier a Palermo, que Deus o ajude!".

10

Só Se Nasce Uma Vez, Só Se Morre Uma Vez

EM ENTREVISTAS, NAS BATALHAS DE RUA E NOS CONFRONTOS com a Sociedade, Petrosino definiu o tom para lidar com a Mão Negra, e foi um tom de desafio. Ele insistiu para que seus compatriotas enfrentassem os assassinos, custasse o que custasse. Ele via com um desdém quase violento aqueles que pagavam resgates à Sociedade. Houve momentos, disse um jornalista italiano, em que o detetive ficou "mais furioso com as vítimas do que com os criminosos". Não que faltasse compaixão a Petrosino; ele entendia muito bem o terror que entrava na vida de uma pessoa no momento em que ela abria uma carta da Mão Negra. Ele mesmo já havia passado por isso. Contudo, dando sua própria morte como quase certa, e de fato já muito atrasada, ele não entendia as pessoas que tentavam se salvar enquanto se comportavam, segundo seu ponto de vista, de forma atroz. Talvez porque não tivesse filhos. Porém isso o deixava de fato perplexo.

Nem todo mundo se rendia. Inspirados pelo detetive ou apenas agindo com base no próprio senso de indignação moral, vários italianos em Manhattan e em todo o país seguiram o exemplo de Petrosino e disseram não à Sociedade. Um desses homens foi John Bozzuffi. Sua história é uma entre centenas de histórias.

Bozzuffi era um homem que venceu na vida por esforço próprio, um destacado banqueiro na pequena colônia italiana no Upper East Side. Um dia, três homens foram vê-lo. O primeiro, o senhor Christina, era um sapateiro que tinha uma loja próspera que lhe rendia o suficiente nos Estados Unidos para contratar três assistentes. Ele havia recebido uma carta escrita com tinta vermelha que dizia que a Mão Negra tomaria seu sangue se ele não entregasse certa quantia em dinheiro. O segundo, o senhor Campisi, dono de uma mercearia que se localizava perto da sapataria do senhor Christina, havia sido informado de que seria cortado em pequenos pedaços e colocado em um barril se não deixasse a cidade. Não muito longe de sua loja ficava a barbearia do senhor Fascietta, na Primeira Avenida, que tivera uma parte destruída por uma bomba pouco tempo antes. Todos eram amigos de Bozzuffi e tinham ido ao banco dele, na Sétima Avenida, pedir ajuda. Os três pensavam em pagar ou fugir da cidade. Nenhuma outra opção parecia possível. "Virgem Maria", exclamou o senhor Campisi. "Vou sair antes que me matem ou sequestrem um dos meus filhos!"

Bozzuffi entendia o medo deles. Ele também tinha um negócio que atendia clientes italianos. Ele também tinha sete filhos – o mais velho chamava-se Antonio, em homenagem a seu avô, que trouxera a família para os Estados Unidos "e que se escravizou como trabalhador nas valas das ruas de Nova York em 1872 para dar a seu próprio filho mais velho a chance de uma educação na escola pública". John Bozzuffi havia começado como cobrador de passagens no metrô elevado e deu duro para subir na vida enquanto ganhava um dinheiro extra fazendo bico como tabelião. Comprou uma pequena mercearia e, depois, passou a trabalhar com seguros e transações bancárias. Todo o caminho foi difícil, mas Bozzuffi era respeitado e honesto. Ele estava orgulhoso da ascensão da família e era um patriota italiano, bem como um entusiasta dos Estados Unidos. "Não tenho vergonha de meu povo, de minha família ou de minha nação", ele disse certa vez. "Mas sou um americano pelo suor da testa de meu pai."

Bozzuffi também havia recebido cartas da Sociedade. No entanto, ceder a eles era, a seu ver, impensável. Se ele capitulasse, os Bozzuffi, com certeza, seriam empurrados de volta pela escada econômica abaixo, para os cortiços fedorentos, tão cheios de doenças que um jornalista da época escreveu que "poderiam muito bem render a Nova York o título de 'A Cidade da Morte em Vida'". Seus filhos teriam de reencenar o destino do avô. Todavia, era mais do que isso: seria um insulto à sua raça. "Pelo bem dos cidadãos italianos decentes, honestos e trabalhadores", disse o banqueiro, "sacrificarei tudo o que tenho." E assim, quando os três homens foram vê-lo, Bozzuffi tinha uma mensagem simples para eles: resistam. "Aguentem firme!", ele disse. "Não por seu próprio bem, mas pelo bem dos italianos decentes que estão trilhando seu caminho no mundo, e que serão vítimas fáceis dos *banditi* se vocês ou eu pagarmos tributo a esse rebanho."

Ele conseguiu acalmar os homens e os mandou retomar seus negócios. No entanto, mais cartas chegaram às lojas do trio, e eles voltaram para ver Bozzuffi de novo semanas depois. "Não pague chantagem", insistiu. "Morram primeiro." Uma rachadura na armadura dos três amigos significaria que a Mão Negra nunca lhes daria trégua.

Todos os dias da semana, o senhor Fascietta abria as persianas de sua loja. Os clientes entravam, ele cortava o cabelo e fazia a barba deles. Ele sabia que seus algozes poderiam estar entre aquelas pessoas, mas se mantinha firme. Enquanto isso, o sapateiro, senhor Christina, tinha um método para fortalecer seus nervos. Toda vez que a Mão Negra era mencionada, toda vez que recebia uma carta, ele sussurrava uma palavra para si mesmo: "*Petrosino!*". O nome do detetive era, para ele, uma espécie de talismã.

Essa situação durou meses. Até que, um dia, o filho mais velho de Bozzuffi, Antonio, estava saindo da farmácia de Dilmer, perto de sua casa, quando ocorreu um incidente. Antonio tinha 14 anos e era um bom aluno; o banqueiro "esperava vê-lo distinguir-se em Harvard ou Yale algum dia". Naquela tarde, um homem que Antonio não conhecia caminhou até o adolescente. "Olá, Tony", ele disse. "Pode me fazer um favor? Temos em casa umas cartas que vieram da Itália e queremos que você as traduza."

Antonio concordou. A dupla caminhou pela Segunda Avenida até a rua 59. Então, eles pararam e o homem apontou para uma porta que dava acesso a um apartamento no segundo andar, e Antonio, sem suspeitar de nada, abriu-a e subiu as escadas. Quando entrou no apartamento, deparou-se com três homens usando máscaras pretas. O homem que havia levado Antonio para o apartamento fechou a porta atrás dele. Antonio ouviu a tranca da porta sendo fechada.

Um dos homens sacou um revólver e apontou para o rosto do adolescente. "Tony", disse ele, "se você não gritar e fizer o que lhe dissermos, não lhe faremos mal. Mas, se gritar e não fizer o que mandarmos, nós o mataremos." Outro homem empunhou um machado, que antes pendia de sua mão, brilhante, recém-comprado.

Puseram Antonio sentado à mesa e pediram-lhe para escrever uma carta. Um dos homens recitou as palavras: Bozzuffi, o banqueiro, deveria pagar 20 mil dólares, ou Antonio seria devolvido a ele como cadáver. Quando ouviu isso, Antonio entrou em pânico – o valor era uma grande fortuna. Ele tremia tanto que não conseguia escrever.

Os homens começaram a gritar com ele e a maldizer sua família. Antonio não conseguia recuperar a compostura. Então, ele sentiu algo frio contra sua têmpora – o cano de um revólver.

Aos poucos, o adolescente se recompôs. Sua mão parou de tremer e ele terminou a carta. Se a polícia ou o próprio Petrosino fossem contatados, os homens o instruíram a escrever, ele seria morto.

Os sequestradores amarraram os braços e as pernas de Antonio com cordas e enfiaram um lenço em sua boca. Ele ficou aterrorizado. Tentou raciocinar, encontrar pistas. Pelos ruídos que vinham através dos finos vidros das janelas, Antonio suspeitava que estivesse em cima de um bar. Enquanto isso, na rua 62, Bozzuffi recebeu sua primeira carta com um pedido de resgate. Desde o início, ele manteve pouca esperança. "Ele dava seu filho como morto", relatou o *New York Times*. "O rapaz havia sido sequestrado pela mesma classe de sicilianos que prometera beber o sangue do sapateiro e transformar em picadinho o merceeiro, e que destruíra o belo poste de barbeiro de Fascietta."

Bozzuffi ignorou as instruções da carta e entrou em contato com Petrosino. O detetive chegou à casa de Bozzuffi e começou a seguir as pistas, com o pai "em seus calcanhares". Primeiro, Petrosino ligou para todos os hospitais da região para se certificar de que Antonio não havia sido ferido e levado para ser tratado. Nada. Em seguida, começou a fazer indagações no bairro.

O conteúdo da carta logo se tornou conhecido na muito unida colônia italiana. Bozzuffi era o banqueiro predileto entre os pequenos empresários do East Side, e os boatos começaram a se espalhar de modo natural: *Bozzuffi vai pegar o dinheiro de seus correntistas e pagar a Mão Negra. Você não faria o mesmo?* Os correntistas lotaram o banco dele, segurando seus livros com os modestos saldos escritos a tinta. Muitos retiraram tudo. Bozzuffi assistiu a tudo de seu escritório e viu quando a corrida a seu banco teve início.

Na terça-feira, 7 mil dólares já haviam sido retirados de seu cofre, e o pânico ainda não havia acabado. Outra carta chegou: a Mão Negra agora definia os detalhes da entrega do dinheiro. Se ele estivesse pronto para resolver tudo em 7 de março, deveria pendurar uma placa na vitrine do banco dizendo "PROCURAM-SE SETE HOMENS". Se escolhesse 8 de março,

"PROCURAM-SE OITO HOMENS". No dia especificado, os sequestradores ou seus associados chegariam para buscar o dinheiro.

Bozzuffi contemplou a situação e, então, olhou ao redor da sala até encontrar um pedaço de papelão. Mergulhou a caneta-tinteiro na tinta e escreveu uma mensagem em italiano. Fez dois buracos nos cantos superiores do papelão, amarrou neles um pedaço de barbante e levou a placa até a janela que dava para a Primeira Avenida, onde os pedestres italianos subiam e desciam a calçada o dia inteiro. Enfiou uma tachinha na moldura de madeira da janela e pendurou nela a placa, voltada para fora. A placa dizia: "O DINHEIRO DESTE BANCO PERTENCE AOS CORRENTISTAS E SERÁ PAGO A ELES MESMO QUE EU NUNCA MAIS VEJA MEU FILHO".

A família e os amigos de Bozzuffi imploraram que ele reconsiderasse, mas o banqueiro – tendo encorajado o sapateiro e o merceeiro a se manterem firmes – não poderia fazê-lo. "Tenho outros seis filhos", disse-lhes. "Eles podem levá-los um a um, mas eles não receberão nem um centavo de mim como tributo." Pagar seria tornar-se parte de um crime que estava maculando o nome de seus descendentes ainda não nascidos.

No terceiro dia do impasse, Antonio escapou. Quando um de seus sequestradores foi deixado sozinho para vigiá-lo, o garoto conseguiu tirar as amarras, saiu correndo pela porta e disparou pela Primeira Avenida. Algumas pessoas na cidade acreditavam que havia sido um erro honesto; outras especulavam se os sequestradores, percebendo que Bozzuffi não cederia, haviam escolhido a saída menos humilhante para a situação. De qualquer forma, Bozzuffi abraçou o filho e telefonou feliz para Petrosino, a fim de lhe dar a notícia.

A história do italiano que desafiou a Mão Negra ganhou as manchetes de Los Angeles a Saint Louis, de Wilmington a Minneapolis e Walla Walla, em Washington. Bozzuffi havia quebrado uma regra fundamental da cultura italiana: ele havia arriscado a vida de seu filho – a vida de seu filho primogênito, na verdade, o que era uma distinção importante – por um princípio. Os americanos ficaram muito admirados. "Acredito que tenho tanto instinto paternal quanto qualquer outro humano", disse Bozzuffi aos repórteres que se reuniram em seu banco, "mas tenho algo além disso. Nunca deixei de amar minha pátria e suas pessoas [...]. Darei tudo o que tenho – dinheiro e filhos, casa e riqueza, a própria vida – antes de ser um meio de atrapalhar o desenvolvimento honesto do meu povo para que se tornem americanos." Poderiam ter sido palavras de Petrosino.

Ainda assim, a ameaça não havia acabado. Bozzuffi levou seus filhos ao estúdio de um fotógrafo local e tirou fotos de cada um deles para o caso de serem sequestrados e panfletos com suas imagens terem de ser distribuídos na colônia. No entanto, sua história teve um final feliz. Além de Antonio ser devolvido, a corrida a seu banco para fazerem saques cessou, e sua firmeza até lhe conduziu à conquista de novos clientes. "Hoje", relatou o *Times*, "o banqueiro é tido em mais alta conta do que nunca pelas pessoas da colônia."

Era por italianos como esses que Petrosino arriscava a vida.

Nem todas as histórias, no entanto, tinham um final tão doce. No Brooklyn, um jovem de 24 anos chamado Francesco Abate chegou ao bairro de East New York, onde havia uma próspera comunidade italiana. Ninguém no leste de Nova York havia sofrido ameaças da Mão Negra antes; era território virgem, e Abate estava determinado a reivindicá-lo. Ele alugou um apartamento no número 136 da rua Sackman, recolheu-se a seu quarto e deu início a um período de pesquisa intensiva. Comprou livros e panfletos sobre como fazer uma bomba, alguns em italiano e outros em francês. Ele encontrou (nunca se soube onde, mas foi ali no bairro) um volume que descrevia como gangues de extorsão haviam atuado na República Argentina. Coletou amostras de cartas da Mão

Negra e "centenas de recortes" sobre o funcionamento dos grupos da Sociedade em Nova York e Chicago. Achou um tratado sobre dinamite e estudou listas de ingredientes e procedimentos para fabricar uma bomba. "A polícia desta cidade", escreveu um jornalista depois que o esconderijo de Abate foi invadido, "nunca encontrou uma biblioteca tão completa do que poderia ser qualificado como literatura da Mão Negra".

Tendo esgotado o campo acadêmico, por assim dizer, Abate colocou seu conhecimento em ação. Começaram a aparecer cartas no comércio local exigindo o pagamento de tributos. Os comerciantes, que tinham ouvido histórias terríveis de situações ocorridas nas colônias na parte baixa de Manhattan e no Harlem, não tinham ideia de quem era o chantagista. Temendo por suas famílias, e impressionados com a ferocidade das notas de Abate, pagavam o que era exigido.

Foi a autoinvenção americana no seu mais puro estado. Ao se declarar membro da Mão Negra, Abate tornou-se membro da Mão Negra.

Logo o estilo de vida do jovem apresentou uma melhora acentuada. Ele "passou a usar vistosas roupas finas", apareceu na avenida Pensilvânia, no Brooklyn, com belos ternos e, em pouco tempo, tornou-se um conhecido conquistador. As beldades locais não se importavam com o fato de que Abate demonstrasse não ter um emprego, pois ele sempre carregava muito dinheiro e não tinha pudor de gastá-lo. Abate possuía um talento especial para o trabalho que fazia. "Ele se cercou", disse um jornalista, "de um ar de mistério que o tornava interessante em dobro." Ele conseguiu isso não apenas extorquindo dinheiro dos comerciantes do leste de Nova York como também fazendo visitas sociais a esses mesmos comerciantes à noite. "O jovem arrivista", relatou o *Evening World*, "tinha a audácia indescritível de entrar nas casas deles e flertar com suas esposas e filhas, enchendo-as de presentes." O dinheiro para os presentes, claro, vinha dos pais das garotas que ele cortejava.

Abate logo descobriu que cortejar as mulheres do leste de Nova York na escala que almejava custava caro, então, assim, ele aumentou suas demandas. Os empresários convocaram uma reunião e enviaram um recado a Abate: eles concordavam com os novos preços. Os homens combinaram de se encontrar com Abate nos portões do cemitério Acacia, em Ozone Park, para entregar sua primeira parcela sob o novo regime. Naquela noite, Abate chegou à entrada do cemitério sob uma lua brilhante. Até onde o Esquadrão Italiano pôde mais tarde concluir, os mercadores o cumprimentaram e, então, sacaram um arsenal de facas, machados e até uma picareta como as usadas para cavar os túneis do metrô de Manhattan e caíram sobre o chantagista muito bem-vestido. Os homens cortaram Abate em pedaços e deixaram seus restos mortais no portão do cemitério. O experimento da Sociedade no leste de Nova York havia terminado.

Quando membros locais da Sociedade da Mão Negra eram conhecidos, reagir contra eles era mais fácil. Um certo imigrante, "conhecido por toda a comunidade italiana como um homem robusto, forte e destemido", comprou uma arma assim que recebeu a primeira carta. Em seguida, ele visitou alguns conhecidos que sabia ter conexões com a Mão Negra e lhes disse que, caso algum mal fosse causado a si ou a sua família, ele os mataria. Nunca recebeu uma segunda carta. Outro homem, famoso no bairro por seus feitos de força – ele erguia as pessoas na rua e as arrastava por quarteirões com os braços bem estendidos, só para se divertir – descobriu que os negócios de seu irmão haviam se tornado alvo da Sociedade. O homem juntou todas as armas que tinha, escondeu-as em suas roupas e caminhou até o estabelecimento do irmão para montar guarda. Por três dias, permaneceu o tempo todo junto à vitrine, observando os rostos dos pedestres. Em 72 horas, não viu nada fora do comum. Então, no terceiro dia, ele reconheceu um membro da Sociedade que passava por ali. Ele agarrou o homem pelo colarinho, levantou-o no ar e começou a sacudi-lo com violência. Enquanto o criminoso olhava para baixo apavorado, o homem perguntou-lhe por que a gangue não viera jogar uma bomba na loja de seu irmão, pois ele estava ali esperando, e isso lhe custara três noites de sono. Ele colocou o sujeito de volta na calçada e disse-lhe que, se algo acontecesse com o irmão ou seu local de negócios, ele iria atrás de cada membro da gangue e os eliminaria. Mais uma vez, não chegaram mais cartas.

Giovanni Barberri, um padeiro rico de Mount Vernon, região suburbana do condado de Westchester, estava sendo importunado com cartas de extorsão que exigiam 500 dólares, sob pena de morte. Como ele se recusou a atender aos pedidos, um homem chamado Antonio Fotti pegou um trem na cidade e desceu na estação Mount Vernon. Ele entrou na loja de Barberri, sacou dois revólveres de dentro do casaco e os apontou para o padeiro. Barberri correu para a rua, seguido pelo atirador. Duas vizinhas que passavam pelo local e viram Fotti emergir da padaria agarraram seus braços. Ele gritou e disparou dois tiros a esmo. O padeiro, ao detectar sua chance, correu de volta para a loja e surgiu com uma espingarda carregada com chumbinho. Com calma, ele pediu às mulheres que soltassem Fotti. Quando elas o soltaram, ele mirou o cano duplo no criminoso e atirou. A polícia seguiu o rastro de sangue até um hospital em Yonkers e prendeu Fotti.

Dois dias depois, nos arredores de Mamaroneck, outro subúrbio de Westchester, o hoteleiro Pietro Caputo vivia sob a ameaça da Sociedade quando três homens entraram no bar de seu hotel, liderados por um criminoso conhecido como Big Pietro. Os desconhecidos pediram bebidas e, quando Caputo foi servi-las, Big Pietro estendeu o braço por cima do balcão e, com sua faca reluzindo à luz do gás, esfaqueou a cabeça do hoteleiro; depois, puxou a lâmina para a frente e cortou-lhe a garganta de um modo violento. Caputo cambaleou para trás e desabou no chão. Ferido de um modo fatal, com as mãos alcançando a espingarda que mantinha atrás do bar, Caputo levantou-se. Uma cortina de sangue jorrava dos ferimentos em sua cabeça e obscurecia sua visão, mas ele conseguia entrever o vulto de Big Pietro. Ele apontou a espingarda e puxou os dois gatilhos. O chumbo grosso arrancou o couro cabeludo de Big Pietro do crânio e estourou a metade superior da cabeça dele, espirrando matéria cerebral nos dois cúmplices. Caputo disparou mais duas vezes antes de desmaiar e sangrar até a morte. Os italianos locais se reuniram e foram à caça dos parceiros de Big Pietro nas florestas que rodeavam a cidade.

A Mão Negra era tão temida que havia pouca gente que a organização se abstinha de atacar, incluindo mafiosos. Em um momento da história da Sociedade, um grupo de Chicago decidiu atacar Big Jim Colosimo, um gângster de alto escalão que controlava o jogo e a prostituição no Near South Side. A gangue de Colosimo, conhecida como Chicago Outfit, controlava o crime na Cidade dos Ventos, e Big Jim, com seus impecáveis ternos brancos e joias repletas de diamantes, desfrutava dos lucros em alto estilo. As conexões de Colosimo com os políticos corruptos de Chicago, começando por Michael "Hinky Dink" Kenna, eram inigualáveis, e ele era considerado tão intocável quanto qualquer um em Illinois. Ele ganhava 600 mil dólares por ano com sua rede de bordéis (havia se casado com uma famosa madame, Victoria Moresco, para dar início a esse ramo de atividade), e ao final havia expandido seu negócio para duzentas casas.

No entanto, Colosimo começou a receber cartas ilustradas com punhais e mãos de ébano e levou-as a sério o bastante para pagar à Sociedade um total de 5 mil dólares antes de perceber, como muitos comerciantes e vítimas inocentes antes dele, que logo iria à falência. Colosimo achava que ninguém em sua gangue estava à altura do desafio de deter a Mão Negra, então, foi procurar ajuda mais longe, no Brooklyn. Lá, encontrou John "o Imune" Terrio.

Terrio havia imigrado para Nova York ainda menino e trabalhou como segurança antes de adquirir proficiência em várias atividades de gângsteres. Inteligente e duro, ele chamou a atenção do mafioso nova-iorquino Paul Kelly, que transformou a aparência de Terrio (escolhendo ternos conservadores), reformulou seus modos e lhe ofereceu conselhos de negócios. Logo Terrio estava administrando uma lucrativa atividade de loterias. Quando foi alvo da Mão Negra, ele encontrou uma solução simples: matou toda e qualquer pessoa ligada às exigências de extorsão, assim que as encontrava.

Quando recebeu o telefonema de Big Jim, Terrio sabia que ele enfrentava o mesmo desafio em uma escala maior. Colosimo era uma figura muito mais pública, e muito mais rica, do que Terrio. Terrio tomou o trem para Chicago e marcou encontros com as várias gangues que estavam sugando dinheiro de Colosimo. Cada vez que os cobradores apareciam no encontro, Terrio e seus homens abriam fogo sobre eles com suas metralhadoras e largavam os corpos nas ruas como uma mensagem para outras gangues da Mão Negra. O número de ameaças declinou vertiginosamente. Terrio teve tanto êxito que Colosimo o tornou seu braço direito. Terrio acabou importando outro gângster em ascensão para atuar como seu guarda-costas, um ex-segurança feio, inteligente e extremamente violento chamado Al Capone. A luta clandestina contra a Mão Negra acabou transportando o notório mafioso de Chicago para o local de seu futuro império.

$$* \quad * \quad *$$

ESSES ATOS DE RESISTÊNCIA PROVAVAM QUE A CORAGEM NATURAL do ítalo-americano ainda estava intacta. Mas foram incidentes isolados, espalhados por todo o país ao longo de um período de muitos meses. Eles não apresentaram, de fato, um desafio à Mão Negra; o caso é que não havia muitas vítimas da sociedade que se sentissem confortáveis em matar outras pessoas, mesmo que fosse para salvar a própria vida.

Petrosino teve outra ideia: resistência organizada. Ele vinha pedindo a criação de grupos de proteção, nos quais os italianos pudessem se unir e lutar contra a Sociedade, fazia pelo menos dois anos. "Se formassem uma Liga de Vigilância", dissera ele ao *Times* em 22 de setembro de 1905, "que levasse os malfeitores italianos para as mãos da polícia, eles estariam tão seguros quanto qualquer outra pessoa, e então os cidadãos não teriam como castigo por sua dedicação e prosperidade o pagamento de grandes somas a vagabundos e imprestáveis." Assim, ele foi até os líderes da comunidade italiana e implorou para que se unissem. No entanto, o medo da Sociedade estava por toda parte, e os homens deram as costas a Petrosino.

No início de 1907, estava claro que o Esquadrão Italiano, mesmo com quarenta homens, não poderia derrotar sozinho a Mão Negra. O Serviço Secreto havia recusado seu apelo. A única esperança, na visão de Petrosino, era que os ítalo-americanos se levantassem contra seus opressores.

Entretanto, o tempo para que isso acontecesse estava se esgotando. O medo da Sociedade já havia começado a se infiltrar na política e na cultura popular americana. Logo esse medo se transformaria em pânico total.

11

"Guerra sem Quartel"

O TRABALHO DO ESQUADRÃO FOI FICANDO CADA VEZ MAIS PERIGOSO. Em 28 de dezembro de 1907, Rocco Cavone subiu lentamente as escadas de um prédio de apartamentos em Kingsland, no estado de Nova Jersey, em direção ao quarto onde, ele tinha motivos para acreditar, um jovem chamado Nicolò Bananno estava escondido. Bananno era o principal suspeito do assassinato de um jovem barbeiro italiano em Manhattan no dia de Natal; a vítima havia aberto a porta da frente, pois estava esperando um convidado para as festividades, mas foi atingida no peito por um tiro de pistola. Cavone vigiara o prédio em Kingsland durante dois dias. Agora, estava prestes a capturar o foragido.

Cavone havia sido promovido a tenente logo depois de entrar para o esquadrão. Tinha se casado havia pouco tempo com uma jovem e instalado a esposa e seu bebê em um apartamento na rua Thompson 77, na parte baixa de Manhattan. Pegar Bananno seria o mais recente feito de um detetive em ascensão.

Acima de Cavone, uma claraboia permitia que alguns raios de sol meio opacos iluminassem a escadaria. A luz lançava sombras em seu caminho enquanto ele voltava os olhos para cima. O corredor cheirava a comida: cebola, presunto, pimenta, alho fresco.

Cavone fez uma pausa, ficou escutando. Ele colocou o pé no degrau seguinte e estava erguendo o corpo quando, de repente, dois tiros soaram. Sem que Cavone soubesse, Bananno estava agachado com seu revólver no alto da escada, esperando o detetive se aproximar o suficiente para poder matá-lo. Cavone lançou a cabeça para trás e gritou. Fora baleado no rosto.

Ao ouvir o tiro, outros membros do esquadrão subiram as escadas correndo, a partir das posições que ocupavam mais abaixo. Os sons de suas passadas pesadas misturavam-se com os passos que ecoavam mais em cima: Bananno estava correndo pelas escadas, em direção à claraboia. Quando a alcançou, o atirador empurrou as vidraças para abri-las, içou-se através da abertura, correu pelo telhado até a escada de incêndio e desceu a estrutura instável até a rua abaixo.

Os policiais foram até onde estava Cavone e o encontraram sangrando no rosto e na mão esquerda. Uma das balas de Bananno havia acertado sua testa em um ângulo oblíquo, abrindo um sulco pelo rosto abaixo antes de ricochetear e atravessar a palma de sua mão. "Não se preocupem comigo", disse Cavone aos companheiros de esquadrão, "mas peguem o sujeito que me acertou."

Os detetives partiram em perseguição ao criminoso. Cavone desceu lentamente as escadas do cortiço e saiu do prédio. Chegou à estação de trem e foi levado de volta para Nova York. Petrosino estava à sua espera na estação terminal e o levou às pressas para o Saint Vincent Hospital, ali perto. Quais seriam os sentimentos de Petrosino naquele momento? O horror de ter que contar aos pais e à jovem esposa de Cavone que o homem que ele recrutara tinha sido morto… só pode ser imaginado. No entanto, Cavone teve sorte. Alguns nervos da mão esquerda haviam sido lesionados, e os médicos disseram que talvez ele não recuperasse a função total dos dedos. O ferimento na cabeça, porém, tinha sido apenas superficial.

Bananno, sozinho em uma área florestal, com a polícia se aproximando, colocou a arma na bochecha e puxou o gatilho. Ele não conseguiu se matar, no entanto, e o Esquadrão Italiano logo o levou preso.

A prisão de homens como Bannano dava brilho à reputação do Esquadrão, mas Petrosino sabia que isso não era suficiente. O detetive e seus homens haviam ampliado seus objetivos em 1907. Eles não estavam apenas prendendo líderes da Mão Negra e desarticulando suas gangues; agora, eles pretendiam decifrar a própria Sociedade, revelar a natureza de sua missão nos Estados Unidos.

Depois de três anos, Petrosino descobriu que a Sociedade agia mais como uma franquia do terror, em que diferentes ramos seguiam suas próprias regras sobre filiação e iniciação, sobre a forma de abordar uma vítima; sabiam quando deveriam infligir violência e como proteger o nome da Sociedade. Todos os ramos, por menores ou obscuros que fossem, aproveitavam-se da reputação da Mão Negra. Um jornalista fez uma citação perspicaz de Robert Louis Stevenson, que se referira às gangues parisienses do século XVI – "malfeitores independentes, socialmente íntimos e que ocasionalmente juntam-se para alguma operação séria, assim como os operadores da bolsa dos dias de hoje formam um sindicato para um empréstimo importante". Era uma descrição tão boa quanto qualquer uma.

O Esquadrão Italiano encontrou indícios de cooperação entre as franquias. "Especialistas" eram com frequência importados de outras cidades para matar uma vítima, de modo que o atirador não fosse reconhecido e a gangue responsável não pudesse ser identificada. Quando a própria Sociedade era caluniada, um ramo local poderia entrar em ação para proteger seu bom – isto é, seu mau – nome. Donato Zarillo, que vivia em West New Rochelle, Nova York, "falou em tom de zombaria" da

Mão Negra em um bar local certa noite, chamando seus membros de um bando de covardes e prometendo que, se algum dia ousassem ameaçá--lo, ele acabaria com a vida deles. A notícia correu pelo bairro e, logo depois, Zarillo foi baleado em uma rua de Nova Rochelle e abandonado para morrer, junto ao seu irmão gravemente ferido.

A Mão Negra era uma sociedade secreta clássica: seus membros juravam nunca revelar seus valores mais íntimos a pessoas de fora. Na verdade, bem poucos o fizeram. Eles faziam seu juramento em uma cerimônia chamada *Picciotto*. Um homem que passou pelo ritual descreveu-o: os homens reuniram-se em um local secreto; primeiro, colocaram todas as armas em um só lugar, que era vigiado por um de seus membros. Eles formaram um círculo, de braços dados. O novo recruta foi informado de que o centro do círculo representava um abismo "no qual tudo o que era dito seria para sempre enterrado". O líder começou a falar em uma língua estranha, proferindo uma espécie de cântico ou invocação, após o que os homens se beijaram no rosto. Quando o recém-chegado estava sendo aceito como um *cameristo*, ou membro pleno, cinco facas foram colocadas no meio do círculo com as lâminas apontadas para fora. Um lenço foi depositado sobre as adagas, com as pontas ainda visíveis. Os homens fizeram um sorteio, e aquele que tirou a vareta mais curta arregaçou a manga e apresentou o braço nu. Enquanto "encantamentos cabalísticos" eram entoados, o braço do homem foi cortado, e o novo membro teve que beber o sangue que jorrava.

Petrosino aprendeu a identificar as características das gangues pela forma como matavam. Uma delas deixava uma fita azul no corpo da vítima; outra esfaqueava a vítima treze vezes; um terceiro grupo, 21 vezes; outras deixavam uma fileira de feridas pelo tronco em um certo padrão que nunca variava. Raptar um parente da vítima tornou-se uma tática familiar que o Esquadrão Italiano sabia ser necessário levar a sério; era chamado de *sequestrazione*, ou "sequestro", termo jurídico que significava o confisco de bens até que uma dívida fosse paga. Outro método comum era a "vigília da morte", a vigilância daqueles que a Sociedade havia selecionado para eliminação. Cada passo ao longo do caminho indicava em que ponto do processo o caso estava, às vezes, permitindo que o esquadrão previsse o próximo movimento da Sociedade.

Havia, ainda, marcas que podiam ser lidas, como hieróglifos urbanos. O *freggio*, o corte através do rosto, identificava um informante. Um corpo encontrado sem orelhas era uma mensagem de que a pessoa tinha ouvido algo que não deveria. Se uma vítima fosse encontrada com a língua cortada, era sinal de que ela havia falado com a polícia. Faltava o nariz? Petrosino descobriu que este era um caso de algo chamado *troppa bircca*, ou seja, um homem que havia se metido em assuntos que não eram de sua conta (*troppa quer dizer* "demais", mas o significado de "*bircca*" não foi possível identificar – talvez fosse alguma gíria siciliana). Uma gangue de Manhattan cortou o rosto de uma vítima da boca até a orelha com um gancho de fardo, uma ferramenta curva afiada usada para coletar feno. Quando um detetive do Esquadrão Italiano pegou o criminoso responsável e pediu que a vítima assinasse uma denúncia, o homem apontou para a cicatriz em forma de lua crescente em seu rosto. "Desta vez, me cortaram aqui", disse ao detetive. "Se eu fizer o que você me pede, eles vão me cortar aqui." O homem passou o dedo pela garganta. Ele não assinou a denúncia.

Havia também toques modernos. Uma gangue da Sociedade tinha acesso ao forno de um padeiro no Brooklyn. Sabendo que as condenações por homicídio exigiam um corpo, eles assassinavam as vítimas e depois as queimavam no forno até que sobrassem só cinzas e ossos. "Muitas vezes", disse um membro do Esquadrão Italiano, "o pão da manhã do Brooklyn era assado em uma pira funerária." Sempre que essa gangue em particular atacava, o Esquadrão Italiano do Brooklyn sabia que tinha que encontrar os corpos antes que os homens se livrassem deles.

O Esquadrão também havia decifrado o significado das cartas, que quase sempre seguiam um padrão definido. Na primeira carta, a Sociedade instruía as vítimas a entregar um resgate em um local específico; membros da quadrilha observavam o homem, mas não compareciam ao encontro. Ao dizer-lhe, em uma segunda carta, exatamente para onde tinha ido e o que havia feito, a Sociedade dava à vítima a impressão de que estava sendo vigiada o tempo todo, alimentando ainda mais seu medo. Na segunda carta, a Sociedade dizia a suas presas que procurassem ajuda de um "amigo", que poderia negociar em seu lugar. Petrosino descobriu que, em quase todos os casos, o amigo era, na realidade, um associado da Mão Negra agindo como um intermediário para a quadrilha, protegendo-a de ser acusada. O detetive informava às autoridades policiais de todo o país os tais métodos, e elas usavam as informações para ajustar suas táticas em sua luta constante.

As descobertas de Petrosino sobre a Sociedade se espalharam de costa a costa por intermédio de sua ampla rede de contatos policiais e artigos de jornal. Ele era tão requisitado que os jornalistas, às vezes, inventavam entrevistas sem nenhuma base na realidade e as publicavam. Certa vez, Petrosino se deparou com um longo artigo cujo autor nem se dera ao trabalho de contatá-lo. O detetive não tinha tempo de explicar os segredos internos da Mão Negra a cada jornalista ruim dos Estados Unidos.

✳ ✳ ✳

Apesar da fama de Petrosino, o brilho de suas primeiras vitórias começou a desaparecer no início de 1907. Mesmo ampliado, o Esquadrão Italiano não conseguia lidar com o grande número de imigrantes que chegavam à cidade e os criminosos que vinham com eles. Nova York estava sendo enxarcada de sangue de um modo escancarado naquela estação. "Houve um assassinato na Primeira Avenida esta noite", relatou o *Washington Post* em 26 de janeiro de 1907, "que teria deixado orgulhosa uma cidade da fronteira." Uma vítima da Mão Negra e seu algoz usaram armas de fogo e navalhas para balearem e cortarem um ao outro. Na esquina da rua 48 com a Segunda Avenida, a vítima avistou sua presa e efetuou um disparo a 60 metros; a bala atingiu o homem da Mão Negra no quadril e fez com que ele rodopiasse e caísse na calçada. Os transeuntes olhavam atônitos enquanto os dois homens que sangravam profusamente corriam na direção norte, ao longo da Primeira Avenida. Na esquina seguinte, o homem perseguido olhou para trás por cima do ombro, o que deu tempo ao atirador para derrubá-lo com uma bala na cabeça. Tais cenas não eram incomuns.

Em agosto, os detetives do escritório central foram orientados a usar máscaras quando enfileiravam os suspeitos para identificação, a fim de que estes não pudessem, por sua vez, identificá-los. Em outubro, um integrante da Mão Negra com uma bomba de dinamite sob o casaco, poderosa o suficiente para destruir um quarteirão da cidade, foi encontrado morto a facadas no Brooklyn. Em dezembro, a Mão Negra incendiou um cortiço na rua Rivington 5, e as dezesseis famílias que estavam lá dentro mal conseguiram escapar com vida. Em Chicago, um grupo de cidadãos preocupados com a onda de violência enviou um telegrama ao chefe do departamento de polícia. "Nova York está experimentando surtos sem paralelo de crime", dizia o texto, "muitos dos quais são assassinatos efetuados por membros de sociedades secretas estrangeiras, casos de chantagem e agressões criminosas contra mulheres e meninas, principalmente por estrangeiros [...]. Pode explicar o que acha quanto à melhor forma de lidar com a situação, que reconhecidamente está fora do controle da polícia?"

O próprio Esquadrão Italiano precisou mudar de sede várias vezes quando homens italianos suspeitos eram vistos reunindo-se perto da base de operações, claramente vigiando o quartel-general de Petrosino. A vida dele estava sob constante ameaça. Ele recebia cartas quase todo dia dizendo que morreria por causa de seu trabalho; um jornalista da época estimou que o detetive recebeu milhares de notas com ameaças de morte ao longo de sua carreira e foi alvo de centenas de planos de assassinato. "Eles não têm imaginação", disse Petrosino a um amigo ao ler uma carta. "Todos me mandam o mesmo tipo de mensagem." Ele nunca guardava as cartas, jogava todas fora depois de dar uma olhada por cima em seu conteúdo.

Havia encontros suspeitos. Petrosino se lembrava que, mais de uma vez, algum desconhecido trombara nele nas ruas de Manhattan; quando o transeunte o olhava de relance e seguia seu caminho, o detetive era invadido pela estranha sensação de que o homem deveria ser um assassino que havia perdido a coragem no último instante. Quando andava pelas ruas, ele mantinha no bolso o revólver Smith e Wesson .38, com o dedo indicador no gatilho, pronto para sacar a arma a qualquer momento.

Um repórter foi ao prédio de apartamentos onde Petrosino morava, na rua Charles, em busca de detalhes para uma matéria em que estava trabalhando. Era tarde da noite, e o jornalista ficou no corredor sombrio do primeiro andar à espera de que o detetive chegasse em casa. Depois de alguns minutos, o repórter olhou para o saguão e reconheceu a silhueta volumosa de Petrosino quando este cruzou a porta da frente e entrou no vestíbulo iluminado. O repórter estava na sombra, apoiado à parede. Quando Petrosino entrou no corredor e seguiu em direção à escada, o homem chamou-o pelo nome, "sem pensar na cautela que devia cercar este homem, que havia anos acumulava contra si toda a vingança de que a natureza criminosa italiana é capaz". Petrosino deu um salto, lembrou-se o repórter, não para trás, mas *em sua direção*, movendo-se tão rápido que o repórter não teve tempo nem de falar. O detetive o imobilizou contra a parede com uma força incrível, bloqueando-lhe a respiração. Logo depois, o jornalista recuperou o fôlego e conseguiu dizer seu nome e se apresentar. De imediato, o detetive o soltou.

"Petrosino não riu", lembrou-se o repórter. Ele apenas acenou com a cabeça e disse ao homem: "Pensei que, enfim, tinha chegado minha hora. Um dia, eles vão me pegar!".

✳ ✳ ✳

A PRESSÃO SOBRE PETROSINO E O COMISSÁRIO BINGHAM CRESCEU durante aquele ano turbulento. O *Tribune* pedia a "rápida deportação dos italianos", argumentando que, tendo falhado todas as outras medidas, esta era agora "a única esperança para o futuro". O Esquadrão Italiano ainda estava capturando e prendendo membros da Mão Negra por toda a cidade e expulsando outros por meio de intimidação, mas parecia que, para cada um deles que o esquadrão capturava, três novos se juntavam à Sociedade.

Em 20 de agosto, depois de mais um surto de violência por parte da Sociedade, o general Bingham entrou em ação. Ele chocou Nova York ao rebaixar dois detetives do Esquadrão Italiano – Frank Bonanno e Felix de Martini – para um posto mais baixo e reduzir o salário deles de 2.000 para 1.400 dólares por ano. "Quero que a polícia faça direito a investigação desses casos da Mão Negra", disse o General à imprensa, "e, quando eu descobrir que as investigações foram conduzidas de forma negligente, as cabeças dos policiais vão rolar." Bonanno e De Martini foram designados para trabalhar à paisana no Bronx. Eles eram dois dos melhores homens de Petrosino.

Bingham fez questão de reiterar publicamente seu apoio ao aliado. "Agora, não pensem que estou criticando meus homens", disse a repórteres em uma ocasião. "O tenente Petrosino e sua equipe italiana têm feito um excelente trabalho." No entanto, ele reconheceu que o sucesso do esquadrão havia criado problemas. Seus integrantes tinham ficado tão conhecidos nas colônias italianas que estavam sendo reconhecidos no trabalho, e isso prejudicava as investigações. E os bairros onde a Mão Negra florescia continuavam "desconhecidos e impenetráveis" para policiais não italianos, o que fez com que essas áreas fossem proibidas para o NYPD.

O flagelo chegou a invadir o sagrado reino do beisebol americano. Em 18 de agosto de 1907, Frank Chance, o treinador e capitão do Chicago Cubs, chegou a Polo Grounds, na parte alta de Manhattan, para enfrentar o New York Giants. Ele encontrou à sua espera uma carta com uma mão de esqueleto e "dedos em forma de garra" desenhada na parte inferior. "Caro senhor", lia-se. "Seu clube não deve tirar de novo a flâmula neste ano de 1907 do New York [...]. Se vocês não deixarem os Giants ganharem o primeiro lugar este ano, a Gangue da Mão Negra vai ver vocês depois [...]. Vamos usar bombas em seus jogadores em desastres de trem [...]. Somos loucos por Giants. Atenciosamente, Mão Negra." A polícia supôs que a gramática ruim fosse uma indicação de que um torcedor do Giants estava tentando se passar por um italiano pouco alfabetizado. A carta, infelizmente para os torcedores da outra equipe, falhou de forma ignominiosa: os Giants terminaram em quarto lugar na Liga Nacional, 25 jogos e meio atrás dos Cubs. Meses depois, George Napoleon "Nap" Rucker, arremessador que era um astro do Brooklyn Superbas (depois, nomeado Brooklyn Dodgers), recebeu uma carta acusando-o de ter perdido de propósito para times da Liga Nacional e avisando-o de que logo mais ele seria assassinado. "A acusação é absurda", disse o empresário dele. "Além disso, não vai fazer nenhum bem ao arremessador."

E não fez. No primeiro jogo em que Rucker fez um arremesso depois de receber a carta, em 17 de agosto, contra o Cincinnati Reds, ele foi detonado por cinco corridas em doze rebatidas. O Brooklyn perdeu por 5 a 0.

✳   ✳   ✳

A ROTINA DO HORROR DEPRIMIU OS ITALIANOS. OS IMIGRANTES, relatou um padre em Detroit, estavam "fartos de sentir que os americanos os desprezam". As divisões entre imigrantes do sul e do norte da Itália, que sempre existiram, se acentuaram. "O siciliano é um homem sanguinário", dizia uma petição enviada a um legista de Manhattan, assinada por duzentas mulheres do norte da Itália, "traiçoeiro; ladrão; arrogante; vingativo; mentiroso; falsificador. Ele pertence à Mão Negra. Ele faz chantagem. É um dinamitador e, pelo sangue, um covarde. Portanto, se o Governo quer paz, se o Governo quer tranquilidade nos Estados Unidos, temos de eliminar a imigração da Sicília!"

Se havia um sinal de esperança, vinha de uma direção que Petrosino havia muito procurava. Fazia muito tempo que ele incentivava os ítalo-americanos a reunir sua coragem e se unir para lutar contra a Sociedade da Mão Negra. Agora, isso começava a acontecer – em Chicago. Eminentes ítalo-americanos daquela cidade convocaram uma reunião em 17 de novembro no Roti Hall. Mais de mil pessoas compareceram e se aglomeraram no prédio para testemunhar a fundação da Sociedade da Mão Branca.

Na hora marcada, um homem de Chicago chamado Stephen Malato subiu ao púlpito em meio ao murmúrio de vozes masculinas lá embaixo. Enquanto corria o olhar pela plateia de milaneses, sicilianos, calabreses e campanienses, cada grupo falando em seu dialeto nativo, por meio de gestos, Malato pediu à multidão que fizesse silêncio. "Vamos eliminar a Mão Negra dentro de um mês!", começou ele. "Vamos dar ao público provas suficientes para condenar esses chantagistas e, então, isso vai parar." Malato leu a declaração da missão da Sociedade da Mão Branca, que falava dos medos e das esperanças da comunidade italiana. Os homens que estavam no local se comprometeram a "remover da atmosfera o fardo do mistério e do terror" criado pela Mão Negra e "livrar a opinião pública dos Estados Unidos de suas noções preconcebidas e seus preconceitos". A Mão Branca seria não apenas uma organização de combate ao crime, mas também uma liga de defesa que restauraria o bom nome dos italianos. "Guerra sem trégua!" foi o chamado que os membros ouviram naquela noite. "Guerra sem quartel!"

Advogados, comerciantes, médicos e banqueiros italianos fizeram fila para assinar a lista de membros da sociedade. Grandes planos foram criados: um fundo de guerra de 50 mil dólares foi proposto, dos quais 10 mil foram prometidos ali mesmo. A Mão Branca recrutaria, treinaria e pagaria nada menos do que mil detetives para caçar os malfeitores em Chicago; em poucos dias, a liga recebeu quinhentas inscrições para esses cargos, que receberam o título de "agente secreto". O comitê executivo elaborou uma lista de onze líderes conhecidos da Mão Negra para dar aos detetives um bom ponto de partida assim que os candidatos fossem selecionados. Até que pudesse ser feito o indiciamento desses homens, a Mão Branca prometeu manter vigilância ininterrupta dos locais onde moravam.

Vinte homens foram empossados como delegados, o que aumentou a lista bem desconcertante dos diversos agentes que perseguiriam os membros da Sociedade. Não formavam o típico combatente contra o crime – entre eles havia um vendedor ambulante, um balconista e um trabalhador braçal –, mas estavam dispostos e ansiosos para começar. O chefe do Departamento de Polícia de Chicago deu um entusiástico aval ao esforço, dizendo que a Mão Branca seria capaz de rastrear os chantagistas melhor do que seus próprios homens. Os jornais de Chicago publicaram editoriais radiantes, que foram reimpressos em todo o país. O resultado, escreveu um autor, foi que a comunidade italiana não sentia mais que estava sendo tratada como "um bando de criminosos, covardes e avessos à justiça, indignos de serem acolhidos por um país civilizado".

Quase de imediato, imitadores começaram a surgir em todo o país, em cidades e vilas grandes e pequenas. Em 22 de janeiro de 1908, os italianos em New Castle, na Pensilvânia, se uniram e fundaram a Sociedade Protetora Católica. Organizações foram propostas e abertas em Carbondale e Reading, na Pensilvânia, em Clarksville, na Virgínia Ocidental, em

Brockton, no estado de Massachusetts, em Nova Orleans, em Baltimore e em muitos outros lugares.

Assim que a Mão Branca de Pittsburgh foi fundada, seus membros pegaram em armas contra o inimigo. Os dois lados se encontraram em um pátio ferroviário entre curvas dos trilhos de aço, esquivando-se de vagões de carga e locomotivas que soltavam fumaça preta. Um tiroteio eclodiu. Os integrantes da Mão Negra e os integrantes da Mão Branca protegeram-se atrás de vagões, mostrando a cabeça para ver os inimigos antes de atirar. A batalha se estendeu por uma área equivalente a três quarteirões, com centenas de tiros disparados. Um membro da Mão Branca foi atingido e morreu; outros dois perseguiram o atirador, escorregando e tropeçando nas pedras que margeavam os leitos dos trilhos. Por fim, eles alcançaram o criminoso da Mão Negra, identificado como Phillip Rea, e o mataram a tiros.

Seguiram-se outras vitórias. Em "Helltown", onde a Mão Negra havia efetivamente assumido o governo da próspera vila mineira, a polícia local admitiu que não poderia deter a Sociedade; então, Frank Dimaio, da Agência de Detetives Pinkerton, foi chamado. Ele se reuniu com agentes da U.S. Steel Corporation – o calcário de Hillsville era um ingrediente-chave nos fornos da empresa – e decidiu seguir o caminho aberto pela infiltração de Petrosino nas sociedades anarquistas de Paterson, em Nova Jersey. Dimaio e vários outros detetives se disfarçaram de imigrantes italianos, embarcaram em um navio nos arredores do porto de Nova York e, então, deram entrada na ilha Ellis. Depois de passar pelos corredores da imigração, os homens se dirigiram para Hillsville, onde Dimaio logo se deparou com a Mão Negra. Destemido e ousado, ele ingressou na Sociedade e ascendeu a uma posição de liderança. Depois de meses infiltrado, a armadilha foi montada. Numa tarde, enquanto os mineiros se dirigiam ao pequeno prédio onde seus envelopes de pagamento eram distribuídos, encontraram um estranho parado ao lado da janela do caixa. Quando um dos suspeitos da Mão Negra entrava, o homem dizia que havia um problema com seu salário e pedia que ele entrasse em uma sala dos fundos. Lá, os agentes avançavam sobre o suspeito e o algemavam.

Esse plano funcionou com perfeição até que uma mulher, cúmplice da Sociedade da Mão Negra, percebeu que os homens estavam entrando na sala, mas não saíam. Ela correu até a sede da quadrilha para avisar. Quando a mulher entrou na casa, um vagão se aproximou por um desvio próximo; a porta desse vagão se abriu e os policiais começaram a sair. Os policiais cercaram a casa e tiraram de lá nove suspeitos, um a um.

O audacioso ataque havia eliminado toda uma quadrilha da Mão Negra em uma única manhã. Isso trouxe a esperança de que uma aliança de agentes particulares, polícia, promotores e testemunhas italianas pudesse derrotar até mesmo uma gangue da Sociedade profundamente entrincheirada. Hillsville não era Manhattan, claro, mas a fórmula havia funcionado.

Naquele mesmo ano, o governo federal, enfim, entregou as ferramentas necessárias para combater a Sociedade. Na Lei de Imigração de 1907 havia uma cláusula que permitia a prisão e a deportação de qualquer imigrante que tivesse sido condenado por um crime em seu país de origem até três anos após sua chegada aos Estados Unidos.

Por fim, no novo ano de 1908, os italianos de Nova York se juntaram à causa. O anúncio foi feito em uma "grande e acalorada" reunião realizada no Bolletino Hall de Manhattan, no número 178 da Park Row. O encontro, realizado diante de uma multidão imensa, marcou a fundação da Associação Protetora de Vigilância Italiana. Os oradores subiram ao palco durante toda uma noite ruidosa e chamaram os homens reunidos à luta armada com "discursos calorosos, vociferando e gesticulando como só os membros da raça latina são capazes". A Mão Negra foi condenada e as glórias do povo italiano foram proclamadas. Engraxates, sapateiros e comerciantes ficaram ombro a ombro enquanto os oradores disparavam sua retórica, competindo entre si nos gritos de "*Viva!*" e "*Bene!*". Trezentos homens assinaram a lista de membros da liga naquela noite.

Parecia que a comunidade italiana, enfim, iria "voltar suas energias contra a bandidagem", como postou o *Tribune*. Em 11 de março daquele ano, o número de membros havia aumentado para vários milhares. Pela primeira vez, os ítalo-americanos decentes da cidade haviam reunido um exército significativo para enfrentar a Mão Negra. Os italianos comuns de Nova York haviam, por fim, atendido ao chamado de Petrosino.

12

Reação

ANTES QUE 1907 CHEGASSE AO FIM, HOUVE UMA ÚLTIMA notícia – triste e, a seu modo, maravilhosa – que mudaria a vida do detetive. Vincenzo Saulino, amigo de Petrosino e pai de Adelina, sua amada, faleceu pouco antes do Ano-Novo. A moça nunca revelou seus sentimentos sobre a morte do dono do restaurante, mas era uma filha leal e amorosa e deve ter sofrido uma angústia profunda. O falecimento de Saulino, no entanto, trazia consigo uma perspectiva esperançosa. Isso significava que Adelina estava, enfim, livre para se casar com o homem que amava.

Não ficou claro quando Petrosino fez o pedido de casamento pela primeira vez. Algumas pessoas disseram que foi em novembro de 1906, quando ele se tornou o primeiro tenente italiano em um departamento de polícia americano e foi ao restaurante Saulino's para comemorar. Outras dizem que foi muito antes; um jornal noticiou que o namoro durou uma década. Mas todas as fontes concordam com a forma que a proposta tomou. "Você também deve se sentir muito solitária", disse Petrosino a Adelina. "Podíamos nos dar bem juntos." Palavras notavelmente prosaicas, mas Petrosino tinha 47 anos; ele estava falando a verdade. Ele e Adelina eram estrangeiros solitários na cidade.

Com a morte do pai, Adelina abandonou os elaborados planos que vinha fazendo de modo reservado para o dia de seu casamento. Em vez disso, ela e Petrosino planejaram uma cerimônia simples e discreta na antiga Catedral de São Patrício, na rua Mott. A propensão do detetive para o sigilo dominou o dia; ele não contou a quase ninguém o que estava acontecendo, mas boatos sobre o matrimônio começaram a vazar. A colônia italiana estava ansiosa. "RUA MULBERRY TODA AGITADA", relatou o *Evening Sun*. "Houve rumores entre os amigos do senhor e da senhora Petrosino durante várias semanas", observou o jornal, "mas nem ela nem Joe admitiram que fossem verdade." Então, na segunda-feira, 6 de janeiro de 1908, Petrosino saiu discretamente da sede da polícia e fez a curta caminhada até a Catedral de São Patrício. Estavam à sua espera a noiva, o irmão e a cunhada dela, além de diversos parentes e amigos. O monsenhor Michael J. Lavelle, que tinha idade suficiente para se lembrar de quando as ruas ao redor de Mott eram território dos irlandeses, conduziu a missa de casamento. O comissário Bingham estava lá, com sua careca e um largo sorriso sob o bigode de pontas curvas, assim como todos os membros do Esquadrão Italiano. O detetive de mão de ferro havia revelado o lado terno de seu caráter, e ninguém ficou mais surpreso e encantado do que seus colegas policiais.

Durante muitos anos, pareceu que Petrosino não tinha vida romântica e, no entanto, sob seus narizes, ele vinha mantendo um longo namoro, contra todas as probabilidades. A notícia circulou depressa na Mulberry 300 e, na manhã de terça-feira, detetives e policiais esperaram com impaciência a chegada do homem do momento. Quando um Petrosino de rosto solene entrou, os homens ficaram em pé e explodiram em uma ovação ruidosa. "Choveram felicitações a Joe", relatou o *Sun*. O vice-comissário Woods, inspetores e até novatos vieram bater-lhe nas costas. "[Ele] ficou todo confuso e enrubesceu como um garotinho."

Petrosino estava feliz. Seus amigos ficaram felizes por ele.

O casal foi morar na rua Lafayette, 233, a pouco mais de um quilômetro e meio do escritório dele. Adelina passou a cuidar do apartamento deles, e o irmão e a cunhada se mudaram para o andar de cima. Foi um arranjo reconfortante. Aos poucos, Adelina aprendeu o que significava ser casada com "o policial mais famoso, mas também mais odiado" de Nova York. Com delicadeza, Petrosino aconselhou-a a manter as cortinas fechadas o tempo todo, para evitar que assassinos vissem sua silhueta na janela. Ao abrir a correspondência que chegava todo dia, ela encontrava, junto com as contas e os convites, ameaças de morte ilustradas com punhais e caixões. Petrosino deve ter lhe contado que ele as recebia havia anos e que, no entanto, nada acontecera. Quaisquer que fossem as preocupações que pudesse ter, Adelina sempre tinha o jantar esperando por Petrosino quando ele voltava para casa depois de um dia exaustivo.

Havia demorado, mas Petrosino, enfim, tinha a vida doméstica com que sonhara.

✳ ✳ ✳

SE OS ASSUNTOS PESSOAIS DO DETETIVE ESTAVAM INDO BEM, sua guerra contra a Sociedade não estava. O quinto ano oficial da luta se transformaria em um *annus horribilis*, em que a Sociedade superaria até mesmo os piores absurdos dos meses anteriores. E, se 1905 tinha sido notório por sequestros, 1908 tornou-se o ano da bomba.

Manhattan agora ecoava com o som de explosões toda semana, muitas vezes, todos os dias da semana. Houve tantas explosões no bairro italiano limitado pela rua 11 a sul e pela rua 14 a norte, entre a Segunda Avenida e o East River, que o Esquadrão Italiano lhe deu um nome:

"Zona das Bombas". Entretanto, nenhum local do bairro ítalo-americano estava seguro de fato. Depois de uma explosão em uma mercearia do Brooklyn, um repórter que se aventurou na área descobriu que "a maioria dos italianos estava tão assustada que mal conseguia falar".

Muitos edifícios ao redor da sede do NYPD na rua Mulberry 300 foram destruídos, e os policiais que trabalhavam dentro do elegante prédio sentiam com frequência as paredes e o chão tremerem em consequência da explosão mais recente. Bingham mantinha uma "árvore oficial na cobertura" no alto da Mulberry 300. Em 2 de março, a onda causada pelo choque de uma bomba que explodiu na vizinha rua Elizabeth quase arrancou a árvore do chão.

O balanço aumentava mês a mês:

5 de fevereiro: Um poderoso explosivo instalado no número 254 da rua Elizabeth lança um lustre dois andares acima, através de pisos espessos.

20 de fevereiro: Uma bomba em Fairview, Nova Jersey, lança uma casa inteira pelos ares e a joga no quintal do lado. Um novo morador que estava no último andar tem o alto da cabeça decepado e morre no local.

1ª de março: Uma enorme bomba explode os escritórios de um importador de queijos em Little Italy, arrancando a frente da loja "da soleira ao teto".

23 de maio: Um "dispositivo infernal" explode em uma lata de cinzas na rua Mott, matando um garoto e ferindo gravemente outras cinco crianças.

9 de dezembro: Um integrante da Mão Negra sobe ao telhado de um cortiço de quatro andares na rua 63 Leste 320, abre a claraboia, acende o pavio de uma bomba e a lança no poço de ventilação. O dispositivo explode no meio do caminho, derrubando paredes e ferindo gravemente nove pessoas. O alvo era um banqueiro, Giovanni Cozussi, cujo filho havia sido sequestrado três anos antes. Cozussi havia passado por um calvário desde então: crianças foram levadas dos cortiços de sua propriedade e homens eram assassinados nas casas dele. Seus prédios foram incendiados, e "os bombeiros relataram que os corredores estavam encharcados com querosene".

Para conter a onda de explosões, Petrosino criou o Esquadrão Antibombas do NYPD, o primeiro do país, que durante toda a sua longa história continuaria a combater anarquistas, sabotadores alemães e terroristas palestinos. Ele ensinou seus homens a reconhecer explosivos escondidos dentro de latas de azeite repletas de pólvora negra, que eram acesas com pavios de linho. Rastreou bananas de dinamite (conhecidas como "salsichas italianas") em canteiros de obras, onde os trabalhadores as desviavam e vendiam para gangues da Mão Negra por centavos de dólar. Ele descobriu os novos temporizadores com relógio despertador, que permitiam que os criminosos fugissem muito antes de uma bomba explodir uma confeitaria ou um cortiço. Desenterrou um caderno, uma verdadeira bíblia de caos químico, que detalhava o modo como diferentes bombas eram feitas e de que maneira poderiam ser desativadas com segurança. O departamento de polícia chegou a contratar um "inspetor de combustíveis" oficial e lhe deu um escritório na rua 67 Leste, onde o perito analisava os vários dispositivos que o esquadrão lhe trazia.

Petrosino também foi atrás dos fabricantes de bombas. Ele localizou um criminoso com o sugestivo nome de Pellegrino Mula, "um siciliano grande e macilento" que foi acusado de ter provocado uma explosão que feriu vinte crianças. Quando o vice-comissário Woods entrou em contato com a Itália para verificar se o seu suspeito era procurado pela lei, soube que o Mula havia sido condenado à prisão perpétua por decapitar um informante e pregar sua cabeça em um poste perto da vila de Calta-bellotta, como uma advertência a qualquer um que interferisse no caso. Quando chegou a época do julgamento, ele havia fugido para Nova York.

Ao revistar a casa do Mula, Petrosino encontrou um bloco de papel. A primeira folha estava em branco, mas, quando ele a inclinou sob a luz, descobriu uma impressão de escrita à mão. Os técnicos colocaram a nota sob um microscópio e puderam ler as palavras: "Caro amigo, esta será a nossa última resposta, então, tenha cuidado [...]. Seu porco da Madonna, você sabe que desta vez [...]". Era a impressão de um bilhete de extorsão da Mão Negra que havia sido escrito na página acima dessa e depois arrancado. A letra manuscrita se assemelhava à letra encontrada em uma série de cartas enviadas a empresários de Manhattan. O vice-comissário Woods comemorou o avanço. "Esta é a prisão mais importante da Mão Negra desde que as recentes atrocidades na colônia italiana começaram", anunciou. O Mula foi deportado e sua gangue foi desmantelada.

Em julho, Petrosino começou a perseguir um alvo ainda maior, o homem que ele acreditava ser o principal fabricante de bombas da Mão Negra de Manhattan, um indivíduo chamado Pronzola Bonaventura. Durante muitos dias, o detetive o acompanhou por Little Italy tentando pegá-lo no ato de construir ou plantar uma de suas "máquinas infernais". Enfim, ele viu Boaventura entrando na casa de um proprietário cujos cortiços haviam sido alvo da Mão Negra. Petrosino e seus detetives correram até o prédio e encontraram Boaventura acendendo o estopim de uma bomba de dinamite. Os detetives apagaram as chamas e, depois de uma luta brutal e sangrenta, arrastaram o fabricante de bombas para a cadeia.

Em momentos como este, seria possível dizer que Petrosino estava lutando não apenas contra a Mão Negra, mas contra as consequências não intencionais do próprio progresso. Foi a Revolução Industrial que trouxe milhões de italianos para Manhattan, e foi a construção de modernos sistemas de transporte e de edifícios cada vez maiores e mais altos nas cidades americanas que forneceu a dinamite aos criminosos. Os jornais impressos em prensas modernas e rápidas não só ajudaram a criar a Mão Negra como também lhe deram resmas de publicidade gratuita. Muitas vezes, a Sociedade era vista como um retrocesso à violência do passado, uma coisa da Idade das Trevas, mas, na realidade, era uma invenção bem moderna, cujos proprietários e operadores eram empreendedores criminosos. E ela floresceu na cidade moderna, alimentando-se da solidão do imigrante que, muitas vezes, chegava sem amigos nem familiares, que ali se sentia como uma pequena fagulha cálida em meio a milhões de pessoas frias e apressadas. Tudo isso fez da Sociedade um produto de seu tempo, portanto, muito difícil de deter.

EM TODO O PAÍS, OS RELATOS DAS ATROCIDADES DA SOCIEDADE TORNARAM-SE mais sombrios. Metade da cidade de Export, na Pensilvânia, foi destruída por bombas em 5 de fevereiro, inclusive uma casa, uma loja, uma pensão e a sacristia da Igreja de Santa Maria. No condado de Rockland, em Nova York, uma carta foi enviada a um tal Arthur Seaman, de Piermont, uma pitoresca vila às margens do rio Hudson conhecida por sua ponte levadiça que se erguia manualmente. Por acaso, a filha dele, de 8 anos, Grace, abriu o envelope e leu a mensagem ali contida. "As ameaças a deixaram aterrorizada", escreveu o *Tribune*, "a ponto de ela não conseguir se acalmar." Durante dias, a menina se recusou a comer e não conseguiu mais dormir. Os pais, preocupados, mudaram-se para a cidade vizinha, Sparkhill, na esperança de restaurar a saúde de Grace, mas ela continuou a definhar. Oito dias depois de ler a carta, Grace faleceu.

Em Greensburg, na Pensilvânia, dois integrantes da Mão Negra bateram à porta de um morador e exigiram dinheiro. Como ele disse que não tinha nada a oferecer, eles aceitaram a resposta e o presentearam com um pequeno pacote, dizendo: "Bom, se você não pode nos dar dinheiro, nós lhe daremos um presente. Aqui está uma caixa de doces para seus filhos". Quando eles saíram, o homem puxou o cordão que amarrava a caixa. Ela explodiu, arrancando o braço direito dele e destruindo a casa.

Um cirurgião que fazia parte de uma gangue da Mão Negra na Virgínia Ocidental cortou os dois braços de um suposto informante logo abaixo dos cotovelos, e os outros integrantes do grupo ameaçaram arrancar suas pernas. Ele deveria ser "um exemplo vivo da vingança da Mão Negra sobre um traidor", uma espécie de *outdoor* ambulante de horror em carne e osso. Os tocos dos braços do homem cicatrizaram bem, mas ele permaneceu aterrorizado. "O menor barulho o assusta", escreveu um repórter que foi levado à delegacia para examinar de perto o imigrante. "Ele está excepcionalmente nervoso."

Mas e as sociedades da Mão Branca que surgiram, a grande resistência? Elas já estavam indo por água abaixo. Em fevereiro, o doutor Carlo Volini, presidente da organização de Chicago, recebeu uma carta sombria, mas com teor muito católico. "O conselho supremo da Mão Negra decidiu, em votação, que você deve morrer", começava a carta. "Seu assassinato foi encomendado, e o homem espera por você. Prepare-se para a morte. Vamos matar seu corpo, mas não queremos matar sua alma!" Volini comprou uma arma e parou de fazer visitas noturnas a seus pacientes.

As contribuições para a Mão Branca diminuíram. Os "mil detetives" que deveriam ser contratados nunca foram; em vez disso, o grupo contratou um único investigador chamado Godfrey Trivisonno, que a Mão Branca trouxe de Roma fazendo grande alarde. Trivisonno foi nomeado "secretário de guerra" da liga, mas, em vez de desmantelar gangues e prender líderes da sociedade, ele passou a maior parte do tempo percorrendo Chicago para dar palestras sobre temas do tipo "Como detectar as senhas da Mão Negra" e "Como revelar à Mão Branca o mistério que você resolveu sem ao mesmo tempo expor a si ou a sua família a um risco desnecessário de vingança". Várias sociedades fraternas o contrataram, mas não há registro de que Trivisonno tenha feito uma única prisão. A Mão Branca foi, com efeito, silenciada. "Nunca antes na história de Chicago", afirmou o *Daily Tribune* dessa cidade, "a Mão Negra [...] foi uma ameaça tão grande. Quase todos os italianos que adquiriram alguma pequena propriedade vivem em constante agonia."

Outros grupos se dissolveram. Em dezembro, James Tassarelli, vice-presidente da Sociedade Italiana de São José para a Supressão da Mão Negra, que morava em Scranton, na Pensilvânia, foi encurralado e "literalmente despedaçado" por atacantes desconhecidos. Ele sofreu 21 facadas pelo corpo, mas uma única ferida no peito foi a causa da morte. Pouco se ouviu falar da liga de Scranton depois disso.

Até a filial nova-iorquina da Mão Branca desmoronou. Na verdade, se alguém tivesse ouvido com atenção os oradores na noite em que a liga foi formada, perceberia que seus líderes não estavam tão ansiosos para levar os assassinos à justiça. Não, o grupo que estava sendo formado naquela noite prometeu apenas proteger os italianos *do 'opróbrio geral'* resultante dos crimes da Mão Negra. Ou seja, a liga nunca se comprometeu a lutar contra a Sociedade, mas, sim, a combater algo muito mais efêmero: o preconceito. A assembleia tinha sido uma grande e completa farsa.

Um mês depois da formação do grupo, o *New York Tribune* publicou um editorial intitulado "Onde está a Mão Branca?". Durante as semanas dos atentados e sequestros, "todos os cidadãos ansiosos sussurravam 'Onde, oh, onde está a grande Liga Protetora Italiana que foi lançada há um mês para lutar contra os assassinos sicilianos?'". Os editores apontaram que nenhum chantagista havia sido exposto desde que o grupo foi formado; não foram recolhidos fundos; nenhuma denúncia foi feita. "Tal colapso de promessas justas", acusou o jornal, "provaria de forma contundente uma destas duas coisas: ou os italianos não têm a coragem moral de atacar um mal que ameaça suas vidas e propriedades, ou então não têm capacidade de organização e liderança."

A polícia de Nova York havia jogado a toalha. O Serviço Secreto só estava interessado em proteger os ricos e poderosos. Agora, os líderes italianos, uns mais corajosos do que outros, largavam a luta para... quem?

✳   ✳   ✳

COM MEDO E ENFURECIDOS, OS AMERICANOS COMEÇARAM A REVIDAR. Em meados de janeiro de 1908, chantagistas atacaram seis madeireiros na pequena Ellamore, na Virgínia Ocidental, e mataram dois deles. Os outros trabalhadores largaram suas ferramentas na mesma hora, armaram-se com rifles e revólveres e foram atrás dos assassinos. "Se o grupo conseguir capturar os criminosos fugitivos", escreveu um observador, "o linchamento é quase certo." Quando um integrante da Mão Negra sequestrou uma menina de 9 anos na Filadélfia, ele foi perseguido por uma "multidão uivante" de italianos, uma unidade de policiais montados e um esquadrão de fuzileiros navais até as margens do rio Delaware, onde ele pulou na água. Enquanto os perseguidores, nas margens, observavam a superfície da água, a menina foi encontrada viva, amarrada e amordaçada sob um monte de lixo. O sequestrador, no entanto, sabendo o que provavelmente o esperava caso se entregasse, parou de nadar e afundou sob a superfície.

Dez dias depois, em Reeds Station, no Kentucky, os moradores ficaram tão furiosos com os crimes cometidos pela Mão Negra que começaram a atacar os imigrantes locais. "Os italianos estão sendo aterrorizados", informou o *Washington Post*. "Várias de suas casas foram queimadas e muitos receberam ordens para sair dali sob ameaça de morte." O governador do Estado abriu uma investigação – sobre a Mão Negra, não sobre as agressões aos italianos. Outro ataque contra imigrantes de pele escura ocorreu em Illinois, na cidade de Clinton, o lugar onde Abraham Lincoln supostamente proferiu as palavras "Você pode enganar todas as pessoas por algum tempo [...]". Em meados de abril, cerca de trinta italianos que trabalhavam para a Illinois Central Railroad foram "expulsos da cidade por uma multidão que os intimidou com uma saraivada de tiros de espingardas e revólveres". A turba percorreu a cidade no meio da noite atirando nas janelas das casas dos imigrantes enquanto "a polícia ficou de prontidão e se recusou a agir". A United Press despachou uma manchete com o título "GUERRA RACIAL: BRANCOS ATACAM TRABALHADORES ITALIANOS NO LESTE".

John D. Rockefeller, cofundador da Standard Oil e um dos homens mais ricos do mundo, expressou a exasperação do país quando chegou a Manhattan em abril de 1908 com quinze detetives a tiracolo. Sua neta havia sido ameaçada em Chicago, e sua filha Edith, casada com Harold McCormick, estaria "beirando um colapso nervoso" por conta disso. Uma mudança de cenário fazia-se necessária. No entanto, Rockefeller era feito de um estofo mais duro que sua filha. "Não tenho medo dos criminosos da Mão Negra, de dinamitadores, anarquistas, sequestradores nem de qualquer pessoa viva", disse ele ao bando de repórteres que caminhava ao lado do milionário pela Quinta Avenida durante um passeio que ele fazia com os netos, enquanto os detetives observavam cada apoiador que se aproximava para apertar a mão do magnata.

Na verdade, Rockefeller tinha boas razões para ter medo. Sua esplêndida propriedade em Pocantico Hills, Nova York, era um foco de violência da Mão Negra: dois de seus funcionários já haviam sido atacados; além disso, nas proximidades, um delegado havia sido esfaqueado e espancado a pauladas, e um construtor de estradas foi assassinado com um tiro na cabeça. Por fim, Rockefeller havia dispensado todos os italianos que trabalhavam em sua propriedade, e alguns nativos – isto é, não italianos – tinham sido contratados no lugar deles. Rockefeller alegou que só queria dar a homens honestos uma chance de emprego, mas o preconceito e o medo eram comuns no país, e é difícil acreditar que não tivessem desempenhado um papel na demissão em massa. O gesto se mostrou muito popular entre a imprensa. "Elogios ao senhor Rockefeller são ouvidos por todos os lados", declarou o *New York Times*, que observou que o magnata estava até permitindo que esses homens entrassem em suas florestas e cortassem lenha para queimar em seus fogões durante uma estação em que as temperaturas costumavam cair abaixo de zero. Ao mesmo tempo, centenas de imigrantes, entre criados, jardineiros e trabalhadores braçais, foram embora de Pocantico Hills sem saber onde encontrariam novos empregos para alimentar os filhos.

Os Estados tentaram aprovar novas leis para acabar com as atrocidades. Legisladores da Virgínia Ocidental propuseram uma lei para impedir a entrada de imigrantes italianos no estado. Nova Jersey tornou a extorsão passível de penas de vinte anos de prisão. Nova York já havia aprovado uma lei elevando para cinquenta anos a pena por sequestro, resultado direto do pânico criado pela Mão Negra. Um destacado clérigo de Detroit que trabalhou com imigrantes italianos pediu a pena de morte até para quem apenas escrevesse cartas de extorsão. "Não deve haver demonstração de misericórdia", disse ele. "Isto é uma epidemia." Em julho, a Mão Negra alcançou um indicativo de fama internacional: o Lloyds of London anunciou que agora estava emitindo seguros para empresas e cidadãos contra os ataques da Sociedade.

O terror começou a moldar até a demografia do país. Fazendeiros em estados como Geórgia, Alabama e Mississippi tinham uma imensa necessidade de mão de obra no início dos anos 1900 para arar os campos e colher sua produção. Autoridades federais estimaram que a região estava perdendo 1 milhão de dólares por dia por não ter quem trabalhasse nas terras agrícolas, pois os afro-americanos estavam indo para o norte a fim de fugir das leis de Jim Crow* e do racismo virulento. Quem preencheria o vazio? Os italianos eram ótimos candidatos – baratos, acostumados a climas quentes e bons trabalhadores.

Entretanto, por toda a região, vozes se ergueram em oposição a essa ideia. "Às vezes, é mais sábio suportar os males que temos", argumentava um artigo de opinião no *Nashville American* em 1906, "do que voar por outros ares com os quais não estamos familiarizados". Estados abaixo da Linha Mason-Dixon** solicitaram às autoridades de imigração do governo mais imigrantes do norte da Europa, ao mesmo tempo que as desencorajavam abertamente de enviar italianos. Durante uma sessão em 1908, o Senado do Estado da Virgínia aprovou uma moção que exortava os representantes a "se oporem de todas as maneiras possíveis ao influxo de imigrantes do sul da Europa para a Virgínia, pois temiam suas sociedades assassinas da Máfia e da Mão Negra".

A Mão Negra chegou a ser colocada no centro da corrida de 1907 para o governo do Mississippi. "A campanha [...] agora em andamento", relatou o *Pittsburgh Post*, "parece suscetível a voltar-se para uma questão racial, mas uma questão racial em que o negro tem pouco envolvimento [...]. Parece agora que a eleição será um referendo para decidir se os italianos são desejados ou não." Candidatos peregrinaram pelas cidades pequenas denunciando a devastação que as hordas de italianos de pele

---

* No sul dos Estados Unidos, as leis estaduais e locais de Jim Crow eram contrárias à integração racial. Essas leis impediam que os afro-americanos tivessem os mesmos direitos que os brancos, por exemplo, por meio da segregação em locais públicos, como restaurantes, e nos meios de transporte, e com a proibição do voto e de outros direitos civis. (N. da T.)

** Divisão histórica entre os estados do norte e do sul dos Estados Unidos, traçada em 1763 pelos ingleses Charles Mason e Jeremiah Dixon, para resolver uma disputa de limites entre os estados da Pensilvânia e Maryland. Marcou também a divisão entre os estados escravocratas do sul e os não escravocratas do norte e, na Guerra Civil, constituiu a fronteira entre a União e a Confederação. (N. da T.)

oliva, vindos do sul da Itália, trariam ao Mississippi anglo-saxão. Alguns chegaram ao ponto de produzir "álbuns de recortes da Mão Negra" que continham recortes de jornais descrevendo atentados e sequestros no norte, e faziam-nos circular em seus comícios de campanha, nos quais os eleitores se debruçavam fascinados sobre os álbuns, lendo coisas como *freggio*, *omertà* e o juramento de sangue.

Quando a moderna Ku Klux Klan surgiu, em 1915, seus membros atacaram italianos, queimaram cruzes nos gramados das casas deles no Mississippi e expulsaram de Birmingham as famílias italianas sob a mira de armas. Os rostos que hoje se veem nas calçadas de Asheville, os nomes de líderes cívicos em Tuscaloosa ou Biloxi, a lista de ex-alunos da Universidade do Mississippi são muito diferentes do que poderiam ter sido. A Sociedade da Mão Negra criou medo onde antes só havia estranhamento.

✳   ✳   ✳

DURANTE QUATRO ANOS, O PAÍS HAVIA TENTADO COMBINAÇÕES diversas de pressão policial, novas leis, condenação pública violenta e a criação de grupos que faziam parte da Sociedade da Mão Branca. Mas pouco havia mudado. Se algo tinha acontecido, era que a Sociedade da Mão Negra se tornara mais forte. A Mão Negra deixou de ser um modismo; ela ameaçava tornar-se parte permanente do cenário nacional. "A menos que a Mão Negra seja varrida logo por meio de medidas drásticas", alertou *o San Francisco Call*, "o sistema vai se entranhar profundamente na estrutura social americana." O jornal estimou que seriam necessários dez anos, e a vida de muitos policiais, para eliminar a Sociedade. A Mão Negra estava lançando raízes profundas. As gangues de Manhattan estavam ganhando tanto dinheiro, como descobriu Petrosino, que agora investiam em negócios legais e abriam lojas e até bancos no East Side. Dezenas de milhares de trabalhadores contribuíam com 2 ou 3 dólares de seus contracheques semanais. Nesse aspecto, a Sociedade tornou-se uma instituição muito parecida com a Receita Federal. Enquanto isso, os habitantes de Manhattan – que moravam no centro do pânico nacional – viviam em "um estado mental que beirava a histeria".

Pela primeira vez, os jornais começaram a dirigir sua raiva crescente contra o Esquadrão Italiano e seu líder. "O problema, o tempo todo, tem sido, ao menos em um aspecto, o caráter pessoal do tenente Petrosino", reclamou um editorial do *Detroit Free Press*. O autor nunca havia encontrado o detetive em pessoa: ele descreveu Petrosino como "idoso, de cabelos grisalhos, de óculos, de constituição franzina". A descrição como um investigador frágil e vulnerável era ridícula e totalmente equivocada, mas refletia a visão do autor sobre o temperamento de Petrosino. "Ele pode estar moralmente convencido de ter localizado uma gangue de [integrantes da Mão Negra]", escreveu um editorialista do *Free Press*, "e de que estão planejando um festival de bombas, mas não vai prender ninguém sem provas sólidas que levem a uma condenação no tribunal." O autor pintou o detetive como um homem de meia-idade, hesitante, que levava a Constituição no bolso para consultas frequentes e aleatórias.

Não era só o policiamento que estava sendo sobrecarregado. Em julho daquele ano, o tenente Vachris, do Esquadrão Italiano do Brooklyn, confidenciou a um jornalista que precisou desistir de alguns casos porque as autoridades municipais se recusaram a pagar pela extradição de criminosos italianos de outros estados. Suspeitos da Mão Negra estavam ganhando a liberdade por falta do dinheiro da passagem. E, no Brooklyn, o advogado agitador Francis Corrao, que havia prometido enfrentar a Sociedade a partir de sua posição como o primeiro promotor distrital italiano no país, também encontrou obstáculos em seu caminho. Corrao recebeu tarefas banais que poderiam ter sido executadas por qualquer assistente, enquanto as vítimas da Mão Negra estavam sendo mortas nas ruas. "Assassinatos, ataques e roubos cometidos contra italianos", disse ele, são "vistos pelo Ministério Público com a mais cínica indiferença." Corrao não conseguia o indiciamento sequer por uma simples agressão caso a vítima envolvida fosse italiana. "Todos os caminhos e todas as portas estavam fechados para mim", disse ele, "para que eu não pudesse, mesmo que de forma irrisória, ajudar a reprimir uma criminalidade italiana que indignava as pessoas de minha raça." O procurador percebeu que sua nomeação havia sido mera vitrine política. O promotor distrital do Brooklyn, ele estava convencido, não se importava se os italianos viviam ou morriam.

Até mesmo os antigos apoiadores do detetive na imprensa estavam cada vez mais cansados. Em 26 de maio, o *Evening Herald*, que havia idolatrado Petrosino durante anos, agora criticava de uma forma dura o NYPD. "DEZ MIL VIDAS AMEAÇADAS PELA MÃO NEGRA", bradava a manchete. "BINGHAM INCAPAZ." O artigo trazia uma acusação à guerra contra a Mão Negra:

uma epidemia de varíola, de cólera ou mesmo de uma doença menos perigosa do que estas, que trouxesse risco a vida de dez mil cidadãos de Nova York em menos de um ano e meio, exigiria com facilidade uma ação drástica por parte das autoridades. No entanto, Nova York neste momento está sendo afetada por uma epidemia de ilegalidade que vem se estendendo por mais de cinco anos, ganhando força com o tempo [...]. Algumas centenas de estrangeiros ignorantes, sujos e vulgares [...] mantêm sob controle a maior metrópole dos Estados Unidos e a segunda maior cidade do mundo.

Outro artigo na mesma edição foi atrás do próprio detetive. "O ESQUADRÃO DE PETROSINO É UM FRACASSO", lia-se na manchete. "Quanto à honestidade e à capacidade de Petrosino, não pode haver dúvida", deixava claro o jornal, "mas sua unidade especial italiana não conseguiu ter sucesso." A Mão Negra teria que explodir um cortiço inteiro, previu o jornal, matando centenas de pessoas, antes que o NYPD acordasse.

No entanto, o Esquadrão Italiano, com quatro anos de experiências, às vezes, amarga, estava sendo mais eficaz do que nunca. Nos últimos dois anos, seus investigadores haviam feito 2.500 prisões, 2 mil delas envolvidas em crimes relacionados à Mão Negra, e obtiveram 850 condenações. Em novembro, realizou uma batida em um cortiço em Long Island onde descobriu dezenove bombas. Três dias depois, Petrosino prendeu um sequestrador que havia raptado várias crianças das ruas do East Harlem, pondo fim à maratona de crimes. Os integrantes do esquadrão estavam trabalhando sem descanso, muitas vezes, voltando às suas salas depois de catorze ou dezesseis horas de trabalho e desabando sobre suas mesas, acordando após algumas míseras horas de sono para retomar algum caso de chantagem ou a busca por uma criança sequestrada. Houve um período de seis meses em que Petrosino quase nunca voltava para casa e nem dormia mais em sua própria cama.

As ideias para acabar com a onda de ataques a bomba eram poucas e beiravam o extremo. O sanguinário *Brooklyn Eagle* propôs uma sentença de prisão perpétua para qualquer um que fosse condenado pela simples posse de um artefato explosivo. Se a bomba tiver explodido? "Mande-o para a cadeira elétrica." Surrar criminosos era algo ultrapassado, a crise havia se tornado tão séria que os membros da Sociedade "deveriam ser classificados como o Índio Bom de Sherman". Ou seja, o único integrante da Mão Negra bom seria um homem da Mão Negra morto, e os criminosos deviam ser sumariamente abatidos. O *New York Post* não foi tão longe, mas exigiu que os sequestradores fossem marcados em seus corpos para que as pessoas pudessem identificá-los por seus crimes. "Que a letra K* seja marcada na testa do criminoso", escreveu o

---

* De *kidnapper*, "sequestrador" em inglês. (N. da T.)

editor, "e, então, que ele seja solto para enfrentar a morte viva que o aguardará na sociedade." Essa ideia foi endossada pelo *Times-Union* de Jacksonville, na Flórida, que encorajou os legisladores a torná-la lei.

Três anos antes, Petrosino havia dito a seus concidadãos: "Precisamos mais de um missionário do que de um detetive nos bairros italianos de Nova York!". A boa educação e a generosidade venceriam com o tempo. Agora, o humor da cidade, e da nação, havia piorado de modo considerável. Os americanos não estavam pedindo missionários. Eles não queriam detetives. Eles queriam que houvesse justiceiros.

O comissário Theodore Bingham decidiu satisfazê-los.

13

Um Serviço Secreto

NO INVERNO DAQUELE ANO TERRÍVEL, A VIDA DE PETROSINO mudou mais uma vez. Em 30 de novembro de 1908, Adelina deu à luz uma menina de 5,5 quilos. Emocionado, o pai levou a criança à igreja de São Patrício para ser batizada como Adelina Bianca Giuseppina Petrosino. Uma mulher se lembra do detetive em uma festa indo de um convidado a outro, pedindo que comessem bolo, como qualquer pai novo orgulhoso. "Ele estava muito feliz e encantado, e sorria o tempo todo", lembrou.

Os meses seguintes, muito gratificantes, foram diferentes de tudo o que o detetive já havia vivido. Petrosino "havia começado a adquirir o gosto pela vida familiar e pelas alegrias da paternidade", escreveu seu biógrafo italiano. Ele já não voltava ao escritório depois do jantar para tratar de mais um caso da Mão Negra ou analisar relatórios policiais de Chicago. Agora, ele corria para casa, na rua Lafayette 233, a fim de jantar e brincar com a bebê. Seu amor pela música se aprofundou. Músicos passavam por lá depois de suas apresentações pela cidade, para tocar algumas árias no apartamento dele, tentando não acordar a pequena

Adelina. Os pedestres que passavam podiam ouvir as notas de suas óperas favoritas saindo das três janelas acima. A música podia continuar até a madrugada. Com certeza, consumia-se vinho.

O clima na Mulberry 300, no entanto, não era tão festivo. O comissário Bingham fora nomeado para acabar com o crime, sobretudo o crime da Mão Negra, e não tinha sido capaz de fazê-lo. Ao traçar um plano, o General começou a pensar além de Petrosino. Já fazia alguns meses que ele vinha alimentando uma proposta para eliminar a Sociedade da Mão Negra de uma vez por todas; à medida que as manchetes foram se tornando mais sombrias e estridentes, ele formou um exército privado de detetives, invisível para o público, que responderia a ele e a mais ninguém. Um serviço secreto próprio. Seria a primeira força desse tipo nos Estados Unidos.

O General revelou o seu plano à imprensa. "Você me pergunta o que pretendo fazer?", retrucou ele, falando com um repórter do *Sun*. "Apenas isto: eu quero uma força de seis a dez detetives de verdade, homens do Serviço Secreto [...]. Quanto aos poucos crimes da Mão Negra que não pudéssemos evitar, teríamos prisões e condenações ocorrendo em prazos curtíssimos." Na verdade, ele não conseguia entender por que não havia recebido autorização para executar esse plano muito antes. "O que o povo de Nova York, os italianos e todos os outros estão pensando quando permitem que essa onda de atentados a bomba e violência prossiga sem dar ao comissário de polícia a ajuda totalmente razoável e barata que ele pede, eu não sei."

O plano de Bingham era contratar pelo menos meia dúzia de homens de alto nível, cujas identidades seriam conhecidas apenas pelo comissário e que nunca testemunhariam no tribunal. Bingham lhes pagaria com um fundo secreto, e eles se reportariam diretamente a ele. Ele alertou que o tipo de detetive que almejava custaria 10 mil dólares por ano, cerca de quatro vezes o que Petrosino ganhava. Um desses superdetetives sozinho, Bingham se gabou, "poderia nocautear a Mão Negra em um mês". O General nunca explicou de fato o que esses detetives fariam que Petrosino e seu esquadrão já não estivessem fazendo. Havia uma sugestão de que alguns dos métodos não estariam dentro da lei. Bingham esqueceu-se de responder a uma pergunta bastante fundamental: se os homens não iriam comparecer ao tribunal, de que modo as provas que reunissem poderiam ser apresentadas em um julgamento?

De todo modo, Bingham precisava de fundos para seu novo serviço secreto. A câmara municipal, liderada pela Tammany por intermédio dos inimitáveis Big Tim e Little Tim Sullivan, guardava a chave do cofre. Um embate se anunciava.

O General não se intimidou. Ele falava sobre o serviço secreto com quem quisesse ouvir: jornalistas, clubes cívicos, outros policiais. Ele escreveu um ensaio para a edição de maio da *North American Review* no qual declarou que "a própria força policial, mesmo com os melhores homens, não seria capaz de reconhecer um 'detetive' de alto nível, de primeira classe, nem se ele descesse a rua acompanhado por uma fanfarra" (Petrosino deve ter estremecido com isso). O General era obsessivo por natureza, e o serviço secreto tornou-se uma ideia fixa para ele. Havia rumores em alguns círculos sociais de que Bingham estava alimentando esperanças políticas que iam além do comissariado de polícia. Se ele estivesse pensando em uma candidatura a um cargo mais elevado, destruir a Mão Negra seria um trunfo para ele, uma vitória que nenhum outro líder político poderia reivindicar. Ele seria idolatrado à exaustão por tal feito.

O anúncio do projeto de Bingham causou sensação. O célebre romancista e jornalista David Graham Phillips (autor de *The Great God Success*) havia se tornado famoso por descobrir um escândalo de corrupção no Senado. Agora, Phillips pressentia outro abuso de poder iminente, então escreveu ao *Times* furioso. "Graças ao descuido dos nova-iorquinos quanto a um governo decente", declarou, "nossa atual força policial é, em grande medida, um instrumento de chantagem e opressão. Uma força policial secreta seria ainda pior." A Mão Negra era perversa, ele admitiu, mas um serviço secreto seria um perigo para a democracia. "Não vejo nenhuma política, nenhuma 'grave ameaça às instituições livres' nos atos de criaturas ignorantes e enlouquecidas que saem de seus esquálidos aposentos de último andar para criar o caos com dinamite. Parece-me histeria levá-los tão a sério, chamar a insanidade homicida de propaganda política."

William Randolph Hearst concordou. Seu *Evening Journal* dissecou a proposta com uma faca afiada. "Se o senhor Bingham usa sua força policial a seu critério", advertiu o jornal em editorial, "o que o impedirá amanhã de receber dinheiro do senhor Rockefeller para investigar outra classe de cidadãos – sindicalistas, ou legisladores recalcitrantes, ou quaisquer outros?" A cura, acreditava Hearst, era pior do que a doença.

A discussão se estendeu até Nashville, onde um jornal local tomou o lado de Bingham. "O fato [é]", escreveram os editores,

> que todo detetive de Nova York é, na realidade, um personagem mais público do que o prefeito. Quando um "homem à paisana" sai a trabalho, os patrulheiros o cumprimentam, os condutores dos bondes não lhe cobram a passagem, os porteiros o reconhecem, os faxineiros fazem-lhe sinais, os engraxates tentam ansiosos ver quem é o alvo dele, os políticos dizem algo condescendente, os barbeiros param no meio de um xampu, os agiotas ficam nervosos, os ladrões se escondem no bar mais próximo e os comparsas de todos eles observam sua passagem com muda curiosidade quanto ao que está acontecendo.

Em outras palavras, Petrosino e seus homens haviam se tornado famosos demais para fazer seu trabalho.

Que a notável sugestão de Bingham – uma força policial secreta na maior cidade americana, respondendo a um único homem – fosse levada a sério pelos habitantes de Manhattan indica quão profunda era a ansiedade geral. A proposta era resultado direto da fracassada guerra contra a Mão Negra. A essa altura, a Sociedade parecia, às vezes, indiferente à polícia. Quando o famoso caçador de tigres e ativista da Lei Seca C. D. Searcy recebeu uma série de cartas no inverno de 1908, uma delas o aconselhou a "dar-se um beijo de despedida, pois somos várias centenas de homens". Seguiu-se uma provocação: "Agora, vá em frente e procure seus detetives, que são os únicos amigos que você tem, e veja se podem ajudá-lo. Sim, eles podem ajudá-lo a apagar suas luzes".

A ideia de Bingham foi bem acolhida pela imprensa, mas ele sabia que estava enfrentando uma batalha com os Sullivan e seus vereadores. Logo depois de sua declaração, a câmara municipal o chamou para depor em uma comissão especial. Quando a sessão foi aberta, seus integrantes atacaram Petrosino e seus homens de imediato, acusando-os de extravagantes atos de brutalidade. Bingham agarrou sua bengala e ergueu-se para dirigir toda a sua fúria contra Little Tim. "Sou o comissário de polícia", ele gritou. "Sou responsável por tudo o que meus homens fazem [...]. Petrosino é um de nossos melhores detetives. Com um punhado de homens, ele deve manter milhares de criminosos italianos na linha. Claro que ele tem que usar as mãos de vez em quando, mas devemos deixá-lo trabalhar em paz."

Os vereadores e o comissário bateram boca por alguns minutos antes que a discussão se voltasse para o serviço secreto. "Você deve admitir", disse um tal vereador Redmond, "que poderia colocar seu serviço secreto para agir não só contra a Mão Negra, mas também contra qualquer outra coisa que lhe parecesse adequada."

Bingham ignorou a pergunta. Ele afirmou que ninguém poderia impedi-lo de criar um esquadrão para fazer o que ele, como comissário, achasse melhor.

"Podemos negar-lhe os fundos necessários", rebateu Redmond.

"Eu posso me virar sem seus fundos."

A reunião foi suspensa. Depois, os vereadores pediram a renúncia de Bingham.

Bingham não se intimidou. Falando diante de uma plateia de cerca de quinhentos policiais na Associação de Tenentes da Polícia, enquanto degustavam seus filés mignon *à la* Wallace, ele "binghamizou" os vereadores:

Há dois lugares, a menos de 800 metros de onde estamos agora, onde qualquer crime, do menor ao maior, pode ser comprado por dinheiro. E eu sei disso, e muitos de vocês sabem disso [...]. Não posso tocar [nos criminosos] nas condições atuais, e digo isso a toda a Nova York. Essa é uma das razões pelas quais eu reivindico fundos para um serviço secreto [...] [mas] não acredito que [os vereadores] vão me dar.

A plateia ficou atônita e, em seguida, explodiu em aprovação. Quanto ao pedido dos vereadores para sua demissão, Bingham riu. "Nenhum Patrick isso ou Tim aquilo, ou um Tom qualquer ou Charlie assim assado vai me fazer desistir. Desculpem, mas estarei com vocês até o fim!" Aplausos e gritos de "Hurra!" impediram por vários minutos que o General continuasse a falar.

Petrosino, engolindo qualquer ressentimento com as críticas de Bingham aos detetives de Nova York, emprestou sua voz à causa, insinuando de forma sombria a natureza das forças opostas. "O público ficaria surpreso", disse ele, "se soubesse os nomes de alguns dos membros de ambos os partidos que vieram até mim para interceder por criminosos italianos." O subtexto era claro: os Sullivan e os vereadores estavam em conluio com o submundo nova-iorquino.

Alguns vereadores apoiaram o comissário; um deles chegou a supor que uma bomba iria derrubar um prédio inteiro a menos que declarassem guerra à Sociedade, e "homens e mulheres desaparecerão". Mas Little

Tim atacou Bingham e criticou seus alertas. "Essa história da Mão Negra é tudo mentira", declarou em outra audiência. "Não acredito nela."

"Venha até minha sala", rugiu o General, "e lhe mostrarei alguns dados sobre a Mão Negra que farão seu cabelo ficar em pé."

Bingham tinha claramente irritado Little Tim com sua declaração sobre os políticos e seus amigos criminosos. Em uma breve reunião, Sullivan acusou Bingham de cometer "bunko" (fraude) e o chamou de "*four-flusher*" (um jogador de pôquer que valoriza demais sua mão) e "valentão blefador". Em público, Sullivan apoiou a moção de dar ao comissário 25 mil dólares para financiar o serviço secreto; em 1908, valia a pena, para um político, dar a impressão de ser duro contra o crime. Mas, nos bastidores, Sullivan trabalhava com fúria para condenar o financiamento. Foram 12 votos a favor e 32 contra. A moção foi derrotada.

O *Times* ironizou os vereadores, fazendo uma acusação: "Vários deles, de fato, falaram de uma maneira que justificaria uma leve suspeita de que sua verdadeira objeção ao plano era o medo de sua possível eficiência". O jornal chegou a sugerir que Bingham poderia apelar ao secretário de Trabalho e Comércio dos Estados Unidos da América, Oscar Straus, para que enviasse um esquadrão de agentes do Serviço Secreto a fim de investigar o assunto. Uma medida tão drástica seria necessária porque os Sullivan e sua laia eram "subservientes ao controle por mentes criminosas".

Rejeitado pelos vereadores, Bingham levou sua causa ao público discursando em banquetes e palestras em que estavam presentes os cidadãos mais ricos da cidade. Em 12 de janeiro de 1909, ele deu uma palestra para os integrantes da Associação da Praça Washington, formada pelas famílias mais antigas e ricas da metrópole: os Delano, os Schermerhorn, os Rhinelander, os Van Rensselaer. Ele tinha novas reivindicações a fazer. "Houve uma tentativa da Mão Negra, nesta cidade", disse ele aos figurões reunidos, "de estabelecer uma aliança com os anarquistas de Paterson; com um deles, para fazer bombas, com os outros, para jogá-las, e todos para dividir os despojos." Muito provavelmente era uma ideia absurda: nenhuma conspiração desse tipo jamais fora descoberta em Manhattan. Contudo, se os vereadores não apoiavam uma força policial secreta, acreditava Bingham, talvez ele pudesse conseguir que os comerciantes ricos de Nova York financiassem isso, e, para essa gente rica, uma aliança entre anarquistas e integrantes da Mão Negra era dinamite pura.

Enquanto Bingham cortejava os magnatas, os boatos corriam. Depois de enfrentar a Mão Negra, informou o *Journal*, Bingham pretendia ir atrás de casas de jogos de Manhattan e até investigar a corrupção no NYPD. Os Sullivan devem ter empalidecido com o relato. Seus temores iniciais sobre Bingham estavam se concretizando.

✳   ✳   ✳

NO FIM DE JANEIRO DE 1909, DEPOIS DE UMA CAMPANHA FURIOSA, BINGHAM venceu sua pequena guerra. Um grupo de nova-iorquinos ricos, "homens de posses", concordou em fornecer-lhe fundos suficientes para colocar seu serviço secreto em funcionamento. Bingham não quis revelar quem eram seus benfeitores, mas recebeu 30 mil dólares para sua força policial particular.

Mais tarde, os jornais nova-iorquinos tentaram decifrar o ângulo financeiro. O *Tribune* ouvira dizer que o dinheiro vinha de "um homem, que não era italiano, chefe de uma das grandes indústrias do país, cuja grande riqueza o havia tornado alvo de todo tipo de carta". Dois nomes foram aventados: Andrew Carnegie e John D. Rockefeller, ambos com participações em indústrias – siderurgia, carvão, ferrovias – que a Mão Negra havia atacado. Outras fontes, ainda, acreditavam que tinham sido os comerciantes italianos da cidade e seus banqueiros quem havia levantado os fundos.

Agora que dispunha do dinheiro, o General foi à procura de seus "superdetetives" para liderar a batalha final contra a Sociedade da Mão Negra. Ao que parece, a busca foi mais difícil do que ele havia previsto. Nenhum guru que falasse italiano apareceu na Mulberry 300; na verdade, é provável que tal criatura não existisse nos Estados Unidos, excetuando, talvez, Frank Dimaio, da agência Pinkerton, e Joseph Petrosino, do NYPD. De um modo discreto, Bingham escolheu este último para liderar seu grupo. É possível, na verdade, que Bingham tenha arquitetado toda a polêmica apenas para conseguir fundos a fim de enviar Petrosino em uma missão secreta. Porque logo ficou claro que o General tinha uma tarefa muito específica em mente.

O projeto, que foi finalizado nos primeiros meses de 1909, trazia as impressões digitais de Petrosino em todos os detalhes. Bingham queria que o detetive fosse para a Itália em segredo e fizesse o que o governo federal e o rei da Itália haviam falhado em fazer: impedir o fluxo de criminosos da Itália para os Estados Unidos, ou, como disse um jornalista, "barrar a tóxica corrente humana". A missão teria três objetivos distintos:

- Verificar nos registros judiciais italianos as certidões penais de criminosos que haviam imigrado para os Estados Unidos. Caso se descobrisse que aqueles homens haviam de fato cumprido pena na Itália, eles poderiam ser deportados sob a lei de 1907, desde que estivessem nos Estados Unidos há menos de três anos.
- Obter os nomes dos criminosos mais perigosos que cumpriam pena nas prisões italianas. Se tais homens chegassem à ilha Ellis depois de soltos, poderiam ser enviados de volta à Itália de imediato.
- Criar uma rede de espionagem de agentes locais confiáveis para continuar o trabalho depois que o investigador voltasse aos Estados Unidos. Os agentes alimentariam o NYPD com os nomes e

antecedentes criminais de quaisquer malfeitores que tentassem entrar nos Estados Unidos. Em teoria, as autoridades de imigração seriam capazes de impedir que todos os criminosos italianos com antecedentes criminais fossem para o país.

Era um esforço imenso e complexo, "provavelmente a operação mais ambiciosa de inteligência que o NYPD realizou" antes dos ataques de 11 de setembro de 2001. Se funcionasse, a história do crime organizado nos Estados Unidos seria alterada, talvez de um modo profundo. Para dar apenas um exemplo, Giuseppe Profaci, de 23 anos, era um ladrão nascido na província de Palermo que, em 1920, foi preso por um ano sob acusação de roubo. Ao ser solto, foi autorizado a imigrar para os Estados Unidos, onde fundaria o sindicato do crime dos Colombo, uma das Cinco Famílias que dominaram o crime organizado a partir da década de 1930. Com o plano de Bingham, Profaci nunca teria chegado aos Estados Unidos.

No entanto, o mais importante para o General e para Petrosino era que a missão seria um golpe poderoso contra a Mão Negra. Privaria a Sociedade de seus recrutas mais promissores e ceifaria as fileiras dos integrantes atuais com uma foice afiada.

Em janeiro de 1909, Joseph Petrosino estava com 48 anos. Fazia vinte e seis anos que prestava serviços à polícia. Sua vida havia mudado desde os dias em que dormia em sua mesa no escritório do esquadrão e percorria as ruas durante dezesseis horas por dia. Ele e sua mulher agora tinham uma filha e uma vida doméstica que era, segundo todos os relatos, pacífica e amorosa. Teria sido muito razoável perguntar se não seria a hora de Petrosino abrir caminho para que um homem mais jovem liderasse a luta contra a Sociedade da Mão Negra. Entretanto, depois de falar com Bingham, Petrosino concordou em ir para a Itália. Se conseguisse transformar a viagem em um sucesso, se pudesse de fato cortar as raízes da Mão Negra e atacar seus líderes, seria a coroação do trabalho de sua vida. Como, de boa-fé, ele poderia recusar isso?

✳ ✳ ✳

Nos primeiros meses de 1909, quando Petrosino começou a se preparar para a viagem, integrantes do Esquadrão Italiano o procuraram e lhe deram os conselhos que podiam. Esses conselhos tinham como base uma advertência de que ele tivesse cuidado ao chegar à Itália. "Joe, talvez você esteja seguro e bem no Norte", disse-lhe o tenente Vachris, "mas cuide-se como nunca se cuidou antes quando for para o Sul. Você sabe quem está lá" (ele se referia à Máfia). Petrosino ficou irritado. "Não sou tolo, Tony", ele respondeu, "estarei pronto para qualquer coisa que aconteça." O embaixador dos Estados Unidos lhe deu um conselho semelhante. "Talvez mil criminosos conheçam você por lá", disse. "Eles odeiam você, e podem querer esfaqueá-lo." Não houve registro da resposta de Petrosino.

Pouco antes de sua partida, o detetive foi à Catedral de São Patrício, onde ele havia se casado e sua filha tinha sido batizada, para se encontrar com um dos padres de lá. "Não vá para a Itália", suplicou-lhe o religioso, "pois temo que você não volte vivo." Desta vez, a resposta de Petrosino foi registrada. "Provavelmente, não", respondeu Petrosino. "Mas é meu dever e eu vou." Clubber Williams, seu principal mentor, encontrou o detetive dois dias antes de sua partida e confessou tê-lo encontrado com um humor menos pessimista. "Disse-lhe que se cuidasse, pois estaria em perigo constante, mas ele respondeu, dando uma risada, dizendo que não estava com medo."

O detetive fez uma pausa nos preparativos e foi até o escritório de seu advogado, onde assinou uma procuração para Adelina. Isso permitiria que, caso ele morresse, ela pudesse receber o restante de seu salário. Mas talvez o relato mais intrigante de seu estado de espírito durante esse período tenha vindo de sua sobrinha. Certa tarde, ela foi passear com a bebê dos Petrosino para dar um descanso à tia. A jovem empurrava o carrinho pelas calçadas de Little Italy, evitando as multidões, enquanto ela e a pequena Adelina tomavam ar fresco. A certa altura, ela viu o vulto familiar de Petrosino se aproximando, com seu casaco preto e seu chapéu-coco.

"Tio Joe!", ela o chamou. "Olha, estou com a bebê."

Petrosino, com o semblante fechado, passou por ela sem olhar. A jovem ficou confusa com a reação do detetive. Ela terminou o passeio, conduziu o carrinho de volta para o número 233 da rua Lafayette e levou o bebê até o quarto do casal. Petrosino a esperava, com o rosto vermelho de raiva.

"Você *nunca*", disse furioso, "me cumprimente na rua quando estiver com a criança."

A sobrinha ficou chocada. Tempos depois, no entanto, ela entendeu que Petrosino ficava apavorado com a possibilidade de que, caso soubessem que a bebê era filha dele, seus inimigos encontrassem um meio de fazer mal a ela. A partir de então, a jovem nunca mais o cumprimentou durante seus passeios por Little Italy, quando cruzava com Petrosino era como se ele fosse um estranho.

$$* \quad * \quad *$$

O PRIMEIRO AGENTE DO SERVIÇO SECRETO DA CIDADE DE NOVA YORK deveria zarpar para a Itália a bordo do navio a vapor *Duca di Genova*, de 475 pés, em 9 de fevereiro de 1909. Precauções extraordinárias haviam sido tomadas para sua missão. O bilhete de primeira classe foi reservado sob o nome de Simone Velletri; sua história de fachada era que ele era um comerciante judeu italiano em viagem de negócios à Europa. Alguns dias antes de sua partida, detetives começaram a espalhar por todo o NYPD a notícia de que Petrosino adoecera e que os médicos tinham aconselhado que ele parasse de trabalhar para recuperar-se por completo. Estava implícito que ele havia viajado para descansar e se recuperar. Além da família de Petrosino, as únicas pessoas que sabiam de seu verdadeiro paradeiro eram o comissário Bingham e alguns policiais de confiança.

Petrosino preparou duas grandes malas de couro amarelo e enfiou seu revólver .38 Smith e Wesson em uma delas. Ele também embalou cartas de apresentação ao ministro do Interior em Roma e ao chefe da polícia italiana, além de um caderno com os nomes de mil criminosos italianos cuja verdadeira situação dentro do sistema de justiça ele investigaria. As cartas afirmavam que seu trabalho era uma simples missão de apuração de fatos, mas Petrosino sabia a verdade. "De um modo virtual, ele tinha no bolso", disse um autor, "a chave que poderia ter fechado os portões [...] à imigração de criminosos italianos."

Contudo, o sigilo sofisticado e a promessa de cooperação de alto nível não animaram Petrosino. Ele sabia quão perigosa era a missão e, mesmo antes da partida, já devia estar sentindo falta da esposa e da filha pequena. O tenente Vachris, chefe do Esquadrão Italiano do Brooklyn, foi ao cais para despedir-se; durante as despedidas, o detetive estava "com o pior dos humores".

Às quatro horas da tarde gelada do dia 9 de fevereiro, as buzinas soaram e os trabalhadores do porto jogaram as linhas de doca para os marinheiros a bordo do *Duca di Genova*. Uma fumaça preta jorrava das duas chaminés da embarcação enquanto as hélices gêmeas começaram a girar sob a superfície cinza-ardósia da água. O navio seguiu para o meio do rio Hudson e deslizou sobre a água fria em direção à Upper Bay. Os outros passageiros ficaram junto ao guarda-corpo e acenaram com vigor para os vultos cada vez menores no cais; depois, saíram apressados para seus camarotes. Petrosino demorou-se, porém, olhando para as diminutas silhuetas. Foi um dos últimos passageiros a descer para suas acomodações.

* * *

<small>MAIS OU MENOS NESSE PERÍODO, NA PEQUENA CIDADE DE HIGHLAND, EM</small> Nova York, uma equipe de falsários trabalhava em uma casa de fazenda fabricando moeda canadense. Todos os dias, eles colocavam tinta nas chapas de notas falsas de 2 e de 5 dólares canadenses, passavam o papel pela prensa e, então, guardavam as notas em pilhas junto a uma parede. Elas ficavam ali até que alguém chegasse para pegar um pacote e transportá-lo para Nova York e, de lá, para seu destino.

Um dos homens era Antonio Comito, um impressor da Calábria que chegara a Nova York em junho de 1907. Em uma reunião da Ordem dos Filhos da Itália, ele conheceu um impressor da Filadélfia e foi contratado – não para trabalhar na loja do homem na Pensilvânia, mas para viajar à pequena cidade do interior do estado e tornar-se um falsário. O jovem Comito, que estava quase sem dinheiro, não tinha muita opção, então, ele aceitou a oferta. Deram-lhe o nome de "Comito, o Carneiro" – ao que parecia, ele era um tipo passivo – e a tarefa de operar as prensas.

Numa noite, Comito e os outros homens estavam no andar de cima dormindo depois de um longo dia de trabalho quando, por volta das duas da manhã, ele ouviu um barulho vindo do térreo: alguém batia na porta da casa. Um dos outros falsários, Giuseppe "Tio Vincent" Palermo, levantou-se e apanhou um rifle. "Ele ficou mortalmente pálido", recordou Comito. A casa era isolada, e nenhum dos moradores da cidade sabia o que os italianos estavam fazendo ali. Qualquer visita no meio da noite era um evento indesejado e preocupante.

Dois dos outros falsários empunharam seus revólveres. Mandaram Comito descer as escadas e atender à porta. Comito resistiu, mas os homens foram firmes. O jovem italiano tateou seu caminho pela escada abaixo até chegar à porta da frente e ficou diante dela em meio à escuridão; ele sequer parou para acender uma vela.

"Quem está aí?", ele perguntou.

"Nós", veio a resposta.

A voz era aguda e soava quase feminina.

"Quem são vocês?"

"Abra, professor."

Enquanto Comito tentava decidir o que fazer, Tio Vincent desceu as escadas e passou por ele dizendo apenas "Ignazio veio!".

Quando a porta foi aberta, um grupo de homens entrou, liderado por um jovem de traços suaves vestido com um caro casaco de pele. Era Ignazio "o Lobo" Lupo, o cortês líder de gangue que Petrosino havia expulsado de Nova York com uma surra depois que o criminoso o ameaçou em público. Os homens se cumprimentaram com um beijo em cada face, à moda italiana. Comito percebeu que estava "prestes a conhecer os cérebros de todo o esquema", os homens que haviam planejado e financiado a operação de falsificação que produzia milhares de dólares canadenses falsos a cada semana. Lupo, em especial, parecia ser diferente dos demais, "um homem de maneiras polidas e muita educação".

Os homens trouxeram iguarias italianas de Nova York – pacotes de linguiça e outras carnes – e acordaram o cozinheiro para que preparasse um banquete. Também haviam trazido dois pacotes maiores; ao serem abertos, revelaram conter metralhadoras militares e algumas pistolas, além de munições. Lupo fez as armas circularem e mostrou aos homens como usá-las; as balas, todas com uma cruz entalhada na ponta, "se espalhavam e abriam buracos horríveis em vez de perfurarem de forma limpa ou saírem do outro lado". Satisfeitos com as novas armas, os homens sentaram-se para comer enquanto Comito os servia.

"Que notícias você traz, Ignazio?", Tio Vincent perguntou quando os italianos já estavam sentados ao redor da mesa.

Lupo virou-se para o homem mais velho e disse:

"Vocês sabem tudo o que eu sei", disse ele, "exceto talvez que Petrosino foi para a Itália."

14

O Cavalheiro

O *DUCA DI GENOVA* NAVEGOU PARA LESTE A 16 NÓS, COM SUAS cha-minés gêmeas lançando baforadas de fumaça preta que se elevavam no ar límpido do Atlântico. Cada dia, levava Petrosino para mais perto da Itália e de seu destino final, a ilha da Sicília. Depois que o detetive deixou a costa americana para trás e entrou no ritmo da vida a bordo do navio, seu humor melhorou e ele se mostrou bastante sociável. "Passamos muitas horas agradáveis juntos", escreveu um passageiro para a esposa de Petrosino, Adelina, "e parecia que nos conhecíamos havia muito tempo [...]. Seu marido falava o tempo todo dos Estados Unidos e esperava que sua missão na Europa fosse breve. Fiquei muito impressionado com seu amor pelos Estados Unidos."

A Sicília não era apenas o lugar onde o verdadeiro trabalho da missão ocorreria; também era habitada por dezenas de homens que Petrosino havia deportado dos Estados Unidos. Um deles, Vito Cascio Ferro, o suspeito do caso do Crime do Barril, de 1903, que escapou da acusação e jurou vingança contra o detetive americano, havia subido no submundo siciliano desde sua chegada à terra natal. Depois de ser exilado dos

Estados Unidos, ele voltou à sua província, Palermo, e logo subiu nas fileiras dos líderes da Máfia. A Sicília era um campo fértil para uma mente afiada como a de Cascio Ferro. Nos anos seguintes à sua chegada, Cascio Ferro provou ser, assim como Petrosino, um brilhante inovador. Colocar um homem inocente no lugar de um assassino durante a investigação do Crime do Barril acabou sendo um primeiro vislumbre de como ele abordaria sua vocação.

A Sicília foi um lugar à parte durante séculos. Na época romana, a ilha servia de celeiro para o império, com grandes propriedades construídas por *strumenti vocali*, ou seja, homens escravizados. Mesmo os nomes de família que remontam a tal época trazem as marcas dessa história: Schiavo (escravo), Loschiavo, Nigro, Lo Nigro. Na época dos normandos, as autoridades provinciais combateram bandos de bandidos árabe-berberes – praticantes do Islã – e os empurraram para as regiões centrais da Sicília ocidental, que agora são cobertas pelas províncias de Palermo, Trapani e Agrigento. Essas áreas constituíam uma espécie de santuário para os muçulmanos perseguidos, bem como para escravos fugidos e criminosos procurados. "A importância deles para a formação do caráter da região que habitavam não deve ser subestimada", escreveu o historiador Henner Hess. "Eles legaram algumas normas e valores que advinham do caráter fugitivo e asilado de sua existência política [...]. Uma característica marcante é a forte antipatia anarquista por qualquer sistema estatal de lei ou coerção." Os líderes das Cinco Famílias da Máfia Americana – Bonanno, Lucchese, Colombo, Genovese e Gambino – vieram todos da parte central da Sicília ocidental. A taxa local de homicídios, na época da viagem de Petrosino, era aproximadamente cinquenta vezes maior que a da Itália continental.

Ainda jovem, Cascio Ferro havia iniciado sua carreira como político. Ele era filho de camponeses que enfrentavam dificuldades e, com naturalidade, lhe agradaram os conceitos do socialismo e do anarquismo. Ele pregava a revolução na área rural siciliana, onde os agricultores pobres eram muito vitimizados pela elite latifundiária. Quando voltou dos Estados Unidos, Cascio Ferro abandonou a sua primeira carreira em favor do crime, mas não deixou de lado a retórica; ele fazia discursos durante comícios políticos e era, segundo consta, um orador empolgante que, às vezes, usava o refrão "Propriedade é roubo!" para entusiasmar a multidão camponesa. Quando abriu uma empresa que entregava correspondências e encomendas, Cascio Ferro foi levado ao tribunal por se recusar a pagar suas contas. Ele se defendeu dizendo que era anarquista e que não acreditava no direito de propriedade.

Mesmo no início de sua carreira criminosa, antes de fazer a viagem aos Estados Unidos, Cascio Ferro teve a ideia de transformar o crime em algo diferente. Um de seus primeiros crimes, ocorrido em 1898, foi o sequestro da baronesa Clorinda Peritelli di Valpetroso. Com apenas 19 anos, a baronesa estava sendo conduzida em sua carruagem por Palermo quando foi abordada por três homens. Os bandidos, ou quem quer que fossem, trataram a jovem com gentileza, levaram-na para o interior e a colocaram em uma casa onde uma mulher idosa a vigiava. Foram todos muito gentis, sobretudo o líder do bando, atraente e charmoso, que não se preocupou em cobrir o rosto. A baronesa foi libertada no dia seguinte sem ter sofrido nenhum dano. O que se supôs foi que o pai dela havia pagado uma bela quantia por sua liberdade.

A polícia logo prendeu Vito Cascio Ferro e dois comparsas e os acusou de sequestro. Mas Cascio Ferro teve uma defesa inédita. Ele admitiu que ele e os outros haviam levado a baronesa, mas alegou que não era um crime cometido para ganhar dinheiro. Pelo contrário, tinha sido um ato de amor. Um de seus colegas suspeitos, um estudante chamado Campisi, estava apaixonado pela baronesa, mas não acreditava que tivesse chance de conquistar o coração dela. Roubar algumas horas do tempo da moça rica permitiu que Campisi fizesse seu pedido de casamento. O qual, lamentavelmente, não foi aceito.

É notável que a polícia italiana, conhecida por ser muito dura, ao menos com os suspeitos da Máfia, tenha aceitado a explicação de Cascio Ferro. Ele foi condenado pelo crime, mas recebeu apenas uma pena que depois foi suspensa. Cascio Ferro saiu do tribunal como um homem livre. Ser preso e em seguida libertado era, na verdade, uma marca de distinção para um mafioso promissor como Cascio Ferro. Isso mostrava seu poder e sua influência. E seu estratagema – dar uma nova roupagem a um crime antigo – havia sido validado.

Esse conceito foi essencial para a ascensão de Cascio Ferro. Quando voltou dos Estados Unidos, ele deu início a um esquema de extorsão semelhante a muitos outros na Itália da época: os comerciantes pagavam uma pequena taxa toda semana ou todo mês, e suas lojas e seus negócios não eram molestados. Mas, em vez de ameaçar os comerciantes, como a maioria dos chantagistas, Cascio Ferro orientou seus subordinados a falar baixinho e com respeito, para fazer parecer que eram homens bons que queriam proteger os comerciantes de homens maus. Não era extorsão; era uma espécie de galanteio. O novo método foi tão bem-sucedido que, depois de alguns meses, algumas das vítimas de Cascio Ferro chegaram a procurá-lo e agradeceram por levar o dinheiro delas.

Chamem de truque, chamem de descaramento. Cascio Ferro estava vestindo a Máfia com roupas novas.

A segunda inovação de Cascio Ferro foi transformar o crime em um negócio real. Toda atividade nefasta em sua zona de influência era organizada, racionalizada e regulamentada. Os mendigos, para quem antes ninguém havia ligado, receberam pontos específicos onde trabalhar. Os ladrões que roubavam dinheiro das caixas de esmola eram alocados em igrejas específicas e deviam pagar uma porcentagem do que conseguiam. Cascio Ferro chegou a organizar ladrões de galinhas, batedores de carteira e chantagistas em uma espécie de corporação. "Don Vito", disse um autor, usando o honorífico pelo qual Cascio Ferro agora era tratado, "foi o primeiro a adotar os sistemas arcaicos e pastorais da Máfia do século XX para a vida complexa de uma cidade moderna." Isso talvez seja exagero. A entidade que hoje chamamos de Máfia sempre foi uma organização moderna que explorou as mudanças na cultura política e econômica siciliana do fim dos anos 1800 e início dos anos 1900. Mas Cascio Ferro estava decidido a descobrir um modo de entremear seus negócios tão a fundo no tecido da vida siciliana a ponto de os dois não poderem ser separados.

Enquanto sua fortuna aumentava, Cascio Ferro andava pelas ruas da Sicília rural como um *uomo di rispetto*, incorporando o papel, trajando ternos feitos sob encomenda no estilo inglês pelo famoso Bustarino's da Via Maqueda, em Palermo. Ele fumava um cachimbo longo e elegante e convivia com políticos e com a nobreza nos teatros e na ópera. É verdade que ainda era analfabeto (mesmo tendo se casado com uma professora) e que, quando precisava calcular uma quantia, ele com frequência levava a mão a um largo cinto de couro que usava por baixo do colete. O cinto tinha linhas cortadas, um tosco dispositivo de contagem que ajudava Cascio Ferro a determinar qual seria a sua participação em algum negócio. A descrição de outro mafioso dada pelo autor italiano Carlo Levi se aproxima do que sabemos de Cascio Ferro nesse momento de sua vida:

> Seu semblante era impassível e inescrutável, mas ao mesmo tempo era animado por trejeitos que expressavam sentimentos diferentes daqueles que estamos acostumados a perceber, uma mistura de astúcia, extrema desconfiança, autoconfiança mesclada com medo, arrogância e violência e até, talvez, um certo humor; no entanto, todos esses elementos pareciam estar fundidos em sua face de uma forma que nos era distante e estranha, como se o tom das emoções, e a própria aparência do rosto, pertencessem a outra época, da qual não temos mais do que

uma lembrança arcaica e hereditária. Tive a nítida impressão de estar na presença de um raro representante de uma raça perdida.

Cascio Ferro também assassinava gente, tendo ordenado uma centena ou mais de assassinatos ao longo de sua carreira, de acordo com as autoridades. "Seu comportamento é ousado", disse um relatório policial, "violento e cheio de incitações explícitas à destruição." Seu dossiê na polícia de Palermo incluía uma ampla gama de crimes: incêndio, assassinato, extorsão, sequestro, "atentado", entre outros. Sua ambição era ilimitada. A outra grande potência na Sicília rural era a Igreja Católica. Cascio Ferro tinha ciúmes do poder dos padres sobre os seus paroquianos, por isso convenceu as mulheres do seu distrito a "deixar de ir à Santa Comunhão e fazer à Igreja sua confissão". O biógrafo italiano de Petrosino referiu-se a isso como "algo que parece inacreditável" no interior tão católico da Sicília. E de fato era.

Quando Petrosino caminhou pelos conveses do *Duca di Genova*, talvez fizesse anos que não se lembrasse de Vito Cascio Ferro. Ele tinha muitos outros nomes e rostos em sua mente, e uma crise de enjoo no meio da viagem o manteve preso em sua cabine e acamado, tornando sua vida um tormento. Depois que o enjoo passou, Petrosino pareceu ter recuperado seu humor. Parte dessa mudança, de um modo irônico para um homem em missão secreta, resultou do fato de ter sido reconhecido pelo comissário de bordo. "Eu sei quem você é", disse o indivíduo ao detetive. "Vi sua foto nos jornais. Mas pode contar com a minha discrição." Em vez de ficar horrorizado com essa brecha em seu anonimato, Petrosino pareceu lisonjeado. Ele começou a conversar com o comissário e chegou a revelar que estava indo para a Itália a fim de executar um projeto importante. O objetivo do qual, ao menos, ele guardou para si.

Outras gafes se seguiram. Petrosino esqueceu seu nome de fachada ou inventou um novo na hora; de qualquer forma, apresentou-se a outros passageiros como Guglielmo Simone, nome diferente daquele com o qual começara a viagem. Quando um passageiro da terceira classe insistiu em se esgueirar até a segunda classe e incomodar as pessoas, em vez de deixar a tripulação do navio lidar com o assunto, Petrosino puxou o homem de lado e disse-lhe algumas palavras (provavelmente ameaçadoras). O homem não voltou mais, mas a intervenção só poderia ter servido para chamar a atenção para o detetive.

Por que Petrosino não protegeu melhor sua identidade? Por que não tomou mais cuidado para preservar o anonimato que o protegia? E por que o NYPD não permitiu que ele levasse outro detetive para lhe dar proteção?

Uma pista veio mais tarde durante a viagem, quando Petrosino comentou com um colega passageiro que estava indo para a Sicília (outro deslize, o navio tinha como destino Gênova). "Cuidado para não olhar para as mulheres", brincou o homem. "Senão, vão te matar lá no Sul."

O orgulho de Petrosino aflorou. "Não tenho medo de ninguém!", ele bradou.

Por que Petrosino foi tão displicente com sua segurança? Durante muitos anos, ele dependeu de um manto de invulnerabilidade que parecia envolver-lhe os ombros; admitir o medo seria perder essa proteção. E, além disso, ele era um homem orgulhoso. Como disse um jovem imigrante quando lhe perguntaram por que gastava dinheiro em roupas, em vez de comida: "Você conhece o povo italiano. Você pode morrer de fome, mas sua honra vem em primeiro lugar".

＊　＊　＊

DEPOIS DE UMA TRAVESSIA TEMPESTUOSA, PETROSINO DESCEU DA PRANCHA DE desembarque em Gênova, às 20h20 de 21 de fevereiro, e seguiu para Roma, onde apresentaria suas credenciais e começaria o trabalho. Ele ainda se recuperava da viagem e confessou estar se sentindo mal. De qualquer modo, Roma estava comemorando o Carnaval, e a maioria das repartições públicas estava fechada. Sem ter como trabalhar, Petrosino ficou à deriva; então, ele caminhou pelas ruas, apreciando a velha cidade.

A capital italiana o enfeitiçou completamente. Ele escreveu a Adelina (em italiano) para descrever da melhor forma possível as glórias de Roma:

> Vi a Basílica de São Pedro, a Capela Sistina e as Galerias de Michelangelo, que são as maravilhas do mundo. Ao ver São Pedro, fiquei fascinado. Está além da imaginação humana. Que lugar enorme... Magnífico! A igreja pode facilmente comportar 150 mil pessoas. Mas como posso dar uma ideia do que é? [...] Apesar de tudo, estou triste, e devo dizer que, quando se trata de conforto, prefiro a boa e velha Nova York [...]. De qualquer modo, parece que serão mil anos antes que eu volte para casa [...]. Beije minha querida garotinha por mim e fale de mim para todos os nossos amigos e parentes. Um beijo do seu marido afetuoso.

Petrosino, solitário e frustrado com a demora em seu trabalho, ainda assim se encantava com os sinais físicos dos esplendores da Itália. Lá, sob um sol de inverno, estava a demonstração da Itália que ele passara duas décadas e meia defendendo. Os americanos chamavam os italianos de raça vira-lata descendente das hordas asiáticas, mas tudo o que o detetive via na velha cidade desmentia isso. As horas que passou como turista devem ter enchido Petrosino de um profundo senso do valor de sua cultura.

Naquele primeiro dia, o detetive conseguiu ver o embaixador dos Estados Unidos na Itália, Lloyd Griscom, *quaker* e diplomata de carreira, proveniente de Nova Jersey, que garantiu a Petrosino estar trabalhando para que ele fosse recebido pelo ministro do Interior italiano e pelo chefe da polícia nacional. Então, Petrosino voltou para o hotel e dormiu.

No dia seguinte, enfim, ele começou seu trabalho. Ele foi se encontrar com o chefe da polícia italiana, Francesco Leonardi, anunciando ao entrar: "Meu nome é Petrosino!".

Leonardi sorriu. Embora conhecesse Petrosino pela reputação, ele tinha a sensação de que o detetive pensava ser muito mais famoso na Itália do que de fato era. Petrosino entregou a Leonardi uma carta de apresentação escrita por Bingham e resumiu o motivo oficial de sua visita. Ele não revelou o plano de Bingham de semear a Itália com agentes de inteligência que se reportariam ao NYPD; isso poderia ser feito depois.

Passaram-se dois dias, e Petrosino escreveu a Bingham sua primeira carta (depois, ele passaria a usar telegramas criptografados), informando-o:

> Pude encontrar-me com o ministro do Interior, o Exmo. Sr. Peano, com quem tive uma discussão sobre o tema dos criminosos italianos e suas atividades nos Estados Unidos. Ele ficou tão interessado no assunto que instruiu o chefe de polícia, Sua Excelência Francesco Leonardi, para dar ordens definitivas a autoridades e prefeitos de todo o reino para não emitir passaportes para criminosos italianos que se dirigissem aos Estados Unidos. Ele também me deu uma carta endereçada a todos os comissários de polícia na Sicília, na Calábria e em Nápoles com instruções para me ajudar de todas as maneiras no desempenho da minha missão [...]. Desejando a você e ao sr. Woods uma vida longa e feliz, permaneço
>
> Seu muito dedicado,
> JOSEPH PETROSINO

É questionável se ele realmente acreditava que a ordem de Leonardi seria obedecida. Tratava-se, afinal, da Itália. Mas era um começo.

Um dia, enquanto Petrosino caminhava pelas ruas de Roma, dois jornalistas de Nova York o reconheceram na rua. Então, em Palermo, um velho amigo da família chamado Cianfarra encontrou o detetive numa agência dos correios. Eles estavam conversando quando Petrosino avistou um homem passando. "Eu conheço aquele rosto", ele disse em voz baixa. "Eu o conheço." Cianfarra virou-se para ver um estranho malvestido que parecia estar olhando para eles enquanto tentava não ser visto. Petrosino passou a mão na frente do rosto como se estivesse tentando afastar um véu que obscurecia sua memória. O amigo observou que Petrosino conhecia milhares de pessoas, e que por isso era inevitável que ele topasse com uma ou duas delas em Palermo. Mas o detetive exibia sinais de "extrema preocupação e perplexidade".

Petrosino e seu amigo viram o homem passar com calma por eles e, em seguida, eles entraram na agência do correio para enviar um telegrama. Naquela noite, durante o jantar, o detetive se manteve quieto, mas, em determinado momento, ele confidenciou a Cianfarra. "Aqui, estou totalmente sozinho", disse ao amigo. "Não conheço ninguém e não tenho amigos. Em Nova York é diferente; tenho amigos e colaboradores em cada esquina, e há policiais que me ajudam em casos de emergência."

"As cidades italianas são mais seguras do que Nova York", protestou Cianfarra, com um sorriso. Mas Petrosino não se tranquilizou. Começou a falar baixinho, como se fosse para si mesmo. "Eu pagaria mil dólares para saber onde ele mora." E depois: "Mas preciso ir, aconteça o que acontecer!". Petrosino sentiu que estava sendo vigiado, e havia um homem em particular que o estava preocupando. Nunca foi revelado quem seria, mas Petrosino estava muito apreensivo. Na Itália, havia dezenas, se não centenas, de homens e algumas mulheres que tinham alguma vendeta contra o americano. Até o comissário de polícia siciliano admitiu isso. "Bastava ouvir o nome de Petrosino", disse mais tarde, "para escutar juramentos de vingança."

Petrosino, na Itália, era alguém que ficava a cada dia mais difícil de reconhecer. Em Nova York, ele enfrentava assassinos com fria compostura; na Itália, ficava confuso. Em Nova York, sua memória era fotográfica; na

Itália, ele se esforçava para recordar um rosto familiar. É quase como se os instantâneos que temos dele nas ruas da Itália estivessem sendo aos poucos obscurecidos por uma sombra que pouco a pouco ia se espalhando a partir das bordas da fotografia.

✳ ✳ ✳

NA MANHÃ SEGUINTE, PETROSINO TELEGRAFOU A SEU IRMÃO, Vincenzo, que morava em Padula, para dizer-lhe que ia pegar um trem que chegaria lá às 13h53 da tarde seguinte. Sua conta no Hotel Inghilterra foi de 30 liras. Ele pagou, foi até a estação ferroviária e embarcou no trem. Ele não via o irmão mais novo fazia décadas. Vincenzo estava esperando na estação com o primo deles. Petrosino abraçou o irmão, olhou para o outro homem e perguntou a Vincenzo por que ele não tinha vindo sozinho.

"Mas este é o nosso primo, Vincenzo Arato", exclamou o irmão, "o filho da irmã de nossa santa mãe!"

"Você sabe que minha viagem é secreta", disse Petrosino. "Ninguém deveria saber."

Vincenzo tinha más notícias quanto a isso. Ele tirou um jornal do bolso, *Il Pungolo* (O Ferrão). Ele trazia um artigo sobre a missão supostamente secreta de Petrosino. Havia até uma citação do General Bingham, que tinha sido questionado sobre a ausência do detetive em Nova York. "Ora, ele pode estar a caminho da Itália! Isso é tudo o que sei!", respondeu o General.

Petrosino praguejou baixinho. O artigo expunha os detalhes da viagem de Petrosino e até a ligava à missão de derrotar a Mão Negra. Seu disfarce havia sido exposto por seu próprio comissário.

O dia estava arruinado. Os amigos de Vincenzo fizeram fila do lado de fora da casa da família para cumprimentar o famoso detetive, mas ele permaneceu dentro de um quarto, furioso. Como Bingham poderia ter feito aquilo? Petrosino tinha centenas de inimigos na Itália, e o comissário havia revelado seus planos para toda a nação. Era um erro inconcebível.

Bingham tinha propensão a tais gafes, é claro; ele havia insultado judeus e italianos em seus primeiros dias no cargo e falado demais nos momentos mais inconvenientes. É impossível dizer com precisão o que o General tinha em mente quando concedeu a entrevista. Com certeza, ele estava sofrendo pressão para reduzir as atrocidades italianas: 1909 era um ano eleitoral, e William Randolph Hearst estava de novo se preparando para atacar a Tammany por conta de seu combate ao crime. Que melhor evidência poderia haver do compromisso do NYPD em lutar contra a Sociedade da Mão Negra do que o fato de que o maior detetive italiano do mundo estava naquele exato momento indo para a Sicília a fim de eliminar o fornecimento de bandidos de uma vez por todas? As ambições de Bingham quanto a cargos mais elevados poderiam explicar essa gafe, mas sua imprudência ainda é quase incompreensível. Teria o comissário exposto seu melhor detetive irlandês dessa forma tão precipitada e canhestra?

Na manhã seguinte, às sete, Petrosino abreviou a visita e tomou o trem para Nápoles. De lá, pegaria o barco do correio para Palermo, de onde viera a maioria dos criminosos que atormentaram sua vida. A Sicília o aguardava.

Sua velha desconfiança havia voltado. Quando o irmão lhe perguntou para onde estava indo, Petrosino o despistou. "Talvez eu vá para Messina", ele disse. "Na volta, venho ver você de novo." Com certeza, ele agora sentia que ninguém na Itália – nem mesmo o próprio irmão – merecia total confiança.

Petrosino embarcou no trem. Enquanto seu vagão percorria os trilhos no trajeto para noroeste, em direção ao porto de Nápoles, Petrosino comeu a refeição caseira que a esposa de Vincenzo havia preparado para ele. Havia outro homem no compartimento, um tal de Valentino di Montesano, capitão dos *carabinieri*. Ele reconheceu Petrosino, mas não disse nada.

15

Na Sicília

PETROSINO CHEGOU A PALERMO E REGISTROU-SE no Hotel de France usando mais uma identidade falsa: Simone Valenti di Giudea. Sua primeira parada foi no escritório do cônsul americano William A. Bishop, onde apresentou seus planos e revelou que tinha informantes na cidade que o ajudariam em seu trabalho secreto. Petrosino preparou-se para uma longa estada: abriu uma conta bancária na Banca Commerciale e depositou 2 mil liras para seu uso futuro. Qualquer correspondência recebida seria direcionada ao banco. Mais tarde, ele alugou uma máquina de escrever Remington, desta vez com o nome de Salvatore Basilico (*basilico* é manjericão em italiano, assim como *petrosino* é uma gíria para salsinha; então, talvez o detetive achasse divertido trocar um nome inspirado em ervas por outro). A intenção era clara: ele não queria deixar nenhum rastro na Sicília que pudesse conectar uma identidade falsa a outra.

Terminados os preparativos, Petrosino encontrou-se com um homem local, possivelmente um de seus antigos informantes de Nova York que havia retornado à Sicília. Juntos, foram para o tribunal em Palermo e começaram a vasculhar os arquivos das certidões penais. Petrosino passou horas checando os nomes nos documentos comparando-os aos da lista de criminosos que tinha em seu caderno. Se lhe ocorreu quão estranha era essa missão – depois de anos de combates violentos, ele agora estava tentando derrotar a Sociedade da Mão Negra por intermédio de burocracia –, ele nunca expressou isso. Na verdade, era um momento inebriante. As provas de que a polícia de Nova York precisava para deter a Mão Negra estavam diante dos olhos de Petrosino. Seu trabalho na Itália havia de fato começado.

No entanto, algo ainda o incomodava muito. Em 28 de fevereiro, ele escreveu a Adelina:

> Minha querida esposa,
> Cheguei a Palermo. Estou completamente confuso, e parece que serão mil anos até eu voltar para casa. Eu não gosto de nada na Itália, e vou lhe explicar por que quando eu voltar. Deus, Deus, que sofrimento! Fiquei doente por cinco dias. Era gripe, e eu tive que ficar em Roma, mas agora me sinto bem [...]. Dê um beijo no primo Arturo por mim e também em meu cunhado Antonio e em sua família [...]. Minhas saudações a sua irmã e ao marido, e a meu querido bebê e a você, milhares e milhares de beijos.

O que de fato o perturbara em Palermo, ele nunca confessou. Teria reconhecido o rosto de um velho inimigo na rua? Teria sido ameaçado?

Apesar do humor depressivo, Petrosino estava fazendo progressos. No dia seguinte, sentou-se em seu quarto de hotel e datilografou cópias das certidões penais que havia encontrado no tribunal de Palermo. Quando terminou, empacotou-as e enviou-as para Bingham, em Nova York, com uma carta:

Prezado senhor,

Seguindo meu telegrama, envio anexadas as certidões penais de Gioacchino Candela e de outros [...]. Explicarei tudo na íntegra em minha próxima carta. Não há nada nos autos que trate de Manatteri, Pericò e Matranga. Talvez eu encontre algo sobre eles mais tarde.

Fielmente,

Joseph Petrosino

Com as certidões, Bingham poderia começar a rastrear os criminosos e deportá-los. Tudo corria conforme o planejado.

Nos cinco dias seguintes, Petrosino tentou manter-se discreto. Fazia as refeições no Café Oreto, encontrava-se com seus informantes, visitava Bishop todos os dias e mergulhava fundo nos arquivos criminais. Ele mudava seus nomes de fachada o tempo todo. Ao que parecia, ninguém o incomodava. Em 5 de março, ele disse a Bishop que havia marcado uma reunião com o comissário de polícia de Palermo, Baldassare Ceola. Ele expressou sua apreensão quanto à conferência. Bishop garantiu a Petrosino que o comissário não era da mesma laia que o restante da burocracia policial siciliana; ele era um homem culto que havia passado dez anos trabalhando na cidade de Milão, no norte do país, onde conduziu a investigação sobre o assassinato do rei Humberto I. A tarefa de Ceola em Palermo era erradicar a infiltração da Máfia. Os líderes do país em Roma, era óbvio, confiavam em Ceola, e Bishop encorajou Petrosino a também confiar.

Petrosino se reuniu com Ceola no dia seguinte. O comissário sentiu uma pontada de consciência de classe em sua primeira avaliação daquela lenda vinda dos Estados Unidos. "Vi de imediato", ele disse, "que o tenente Petrosino, em seu desfavor, não era um homem de excessiva educação." Petrosino foi contundente naquele dia. Ele disse a Ceola que havia sido enviado pelo governo dos Estados Unidos para descobrir se criminosos estavam entrando no país com documentos que afirmavam falsamente nunca terem cometido nenhum crime na Itália.

Ceola protestou. Nenhum documento emitido por seu gabinete havia sido alterado ou falsificado.

Petrosino, pelo que parecia, estava farto dos protestos das autoridades italianas. Ele ignorou a resposta do comissário. "Então, por que muitos dos criminosos que eu prendi apresentaram certidões penais perfeitamente limpas, embora tenham sido condenados aqui?", ele perguntou.

"Talvez por terem sido reabilitados", respondeu Ceola.

O comissário estava sendo bem evasivo. Havia, de fato, um processo oficial chamado "reabilitação" na Itália, mas muitas vezes este envolvia nada mais do que apagar qualquer menção aos crimes de um homem assim que ele partia para a ilha Ellis. Ceola estava defendendo seu departamento, mas devia saber que Petrosino no fundo estava certo.

Havia outro assunto que o comissário precisava discutir com Petrosino: a segurança do americano. Bishop já havia dito ao detetive que ele precisava de proteção na Sicília; a ilha era perigosa demais para que ele viajasse de um lado para outro desprotegido. Ceola concordou com isso e se ofereceu para fornecer a Petrosino um guarda-costas. A última coisa que ele queria era um americano importante sendo atacado ou mesmo assassinado em sua cidade.

Petrosino declinou a oferta. "Obrigado, mas não quero um guarda-costas."

"Mas será muito perigoso para você vagar sozinho por Palermo!", Ceola protestou. "Você é conhecido demais [...]. Ninguém sabe quantos inimigos você tem nesta cidade."

A resposta de Petrosino foi enigmática. "Também tenho amigos em Palermo, comissário. Eles serão suficientes para me proteger."

Irritado, Ceola chamou um tal de tenente Poli, chefe da brigada móvel, e o apresentou ao detetive americano. Poli seria seu contato na burocracia policial. Em seguida, Ceola encerrou a reunião. A falta de confiança de Petrosino na polícia italiana com certeza ofendeu o comissário. O detetive chegou a se recusar a revelar onde estava hospedado em Palermo. O que quer que Petrosino tivesse descoberto na semana anterior, e que havia insinuado na carta para Adelina, havia destruído sua confiança em Ceola e em seus homens. Mas o orgulho com certeza desempenhou também um papel em sua recusa em aceitar a proteção. Que impressão Petrosino daria se precisasse ser escoltado pela cidade por um policial siciliano?

Ainda que o detetive americano não aceitasse um guarda-costas e nem permitisse que a polícia de Palermo soubesse o que andava fazendo e com quem, Ceola pretendia vigiá-lo de perto. Poli e Petrosino se encontraram várias vezes nos dias seguintes, com o detetive relatando quais registros ele estava examinando e de quais documentos precisaria a seguir. Poli também tinha informantes que viam Petrosino pela cidade, então, ele relatou a Ceola que o detetive estava visitando "as áreas mais perigosas do submundo", até mesmo à noite, fazendo anotações e promovendo reuniões secretas com informantes e funcionários do alto escalão. Não se sabe como a polícia obteve essas informações, se foi seguindo Petrosino ou por intermédio de informantes. Entretanto, a polícia de Palermo não confiava nem um pouco em Petrosino; um relatório até tentou pintar sua cautela natural como algo suspeito. "Em todos os sentidos", dizia o documento, "ele aderiu ao costume daqueles entre os sicilianos que acreditam obter a melhor proteção quando, em vez de recorrer às autoridades e às forças da Lei e da Ordem, depositam sua confiança em algum criminoso notório e temido que tem autoridade e influência no submundo".

Petrosino havia encontrado seu próprio padrinho. Era isso que o duro relatório implicava. Na realidade, o detetive estava tomando precauções: ele usava nomes falsos e talvez até disfarces. Com certeza, a autoconfiança de Petrosino ficava aparente em suas ações, mas ele não estava se comportando de forma imprudente. Entretanto, ele não confiava em Ceola, e isso claramente incomodava o comissário.

Mas também ficou evidente, pelo menos para Poli, que Petrosino estava avançando de forma significativa. Ele "viu de imediato que seu colega americano devia de fato ter um certo número de informantes à sua disposição, e que alguns deles seriam pessoas em posições elevadas". Os documentos que Petrosino estava analisando só podiam ter chegado até ele por intermédio de "pessoas que tinham acesso legítimo aos meios judiciais".

Teria Petrosino uma missão secreta na Sicília? Mais tarde, surgiriam relatos de que, além de mirar os antecedentes de criminosos conhecidos, o detetive estava trabalhando em outras missões ainda mais confidenciais. O presidente Theodore Roosevelt deveria visitar a Itália mais tarde naquele mesmo ano, e um jornalista americano depois afirmou que integrantes da Mão Negra planejavam assassiná-lo em solo italiano. Mas a missão de Petrosino foi mantida em segredo em Nova York, pelo menos até a entrevista de Bingham, e é improvável que o Serviço Secreto soubesse de antemão que ele estava fazendo aquela viagem. E que motivo teriam para assassinar Roosevelt? A maioria dos integrantes da Mão Negra havia sido condenada em tribunais estaduais e municipais; o presidente não tinha poder sobre eles, de todo modo.

Nos dias que se seguiram, o detetive correu de reunião em reunião. Nenhuma das pessoas com quem ele falou sobre a Mão Negra se manifestou depois, então, não sabemos com quem ele falou nem o que descobriu. Ainda mais do que em Little Italy, o detetive movia-se em meio a boatos e conspirações, ameaças veladas, raiva incipiente. Seu nome estava em mil lábios, sussurrado em diversos dialetos. Ele estava confrontando uma cultura centenária que antes pensara entender, mas que agora achava inescrutável. É difícil não o ver naqueles dias como um notável americano: sozinho por escolha e convicção, orientado pela missão, um pouco arrogante, corajoso e ingênuo.

Giuseppe Petrosino estava de fato no cerne daquela vasta coisa na qual ele fora para dar fim.

Em 11 de março, enquanto caminhava pelas ruas de Palermo, Petrosino passou por dois homens que estavam perto do escritório da migração. Um dos homens viu o detetive entrar em uma carruagem e afastar-se; então, ele se virou para o amigo e disse: "Aquele homem é Petrosino, que veio morrer em Palermo!". O homem que disse isso foi depois identificado como Paolo Palazzotto. Era o homem que fora preso em Nova York por envolvimento em uma rede de prostituição e que havia sido deportado depois de receber uma surra de Petrosino. Palazzotto havia retornado para a Itália em 2 de março. Naquela noite, enquanto o detetive jantava no Café Oreto, o jovem e um amigo chamado Ernesto Militano (que a polícia descreveu como "um incorrigível ladrão que atacava prostitutas") observavam Petrosino do bar, onde a dupla bebia vinho e "olhava de forma ameaçadora" para o americano. Mais dois amigos se juntaram a eles, Francesco Nono e Salvatore Seminara. Este último era mais uma das muitas "vítimas" de Petrosino. Ele fora forçado a deixar os Estados Unidos depois que o detetive o prendeu.

No bar, próximo aos quatro homens, que bebiam e riam, estava um homem chamado Volpe, comendo com tranquilidade seu jantar. Volpe era informante da polícia e ficou atento à conversa dos quatro homens, que falavam em um dialeto local. O que ouviu foi fascinante:

"Mas você sabe que a salsinha [*petrosino*] lhe dá diarreia!", disse Nono, entre risos.
"Se eu morrer, vão me enterrar, mas, se eu superar isso, vou matá-lo!", disse Seminara.

"Você não tem coragem", o desafiou Nono.

"Você não conhece os Seminara", retrucou o outro.

Parecia ameaçador, mas na realidade havia muitos desses maus atores pelas ruas da capital da Sicília. Na Via Salvatore Vico vivia um homem chamado Angelo Caruso que nutria uma amargura eterna pelo detetive depois que Petrosino o tratou de um modo rude durante sua prisão por posse de uma espada disfarçada de bengala e uma pistola não licenciada. Caruso odiava tanto Petrosino que batizou seu cachorro com o nome dele. Outro informante contou ter visto um garotinho que morava na Via Lungarini 9 seguindo Petrosino durante dias, rastreando-o de um lugar para outro, sem ser visto pelo detetive. Disseram que o menino estava sendo pago por duas mulheres não identificadas.

Dois suspeitos do caso do Crime do Barril, que ocorrera em 1903, também circulavam por Palermo no início de março, inclusive Giovanni Pecoraro, que havia se passado pelo assassino no tribunal. Os dois homens foram visitar um terceiro suspeito do homicídio – Vito Cascio Ferro – em sua casa. Depois, Pecoraro enviou um misterioso telegrama codificado para Nova York: "I Lo Baido work Fontana". O significado permanece obscuro.

Os motivos brutais que os levavam a odiar Petrosino remontavam ao passado e atravessavam o oceano. *Petrosino me prendeu, Petrosino me desrespeitou, Petrosino quebrou minha mandíbula em dois lugares, Petrosino traiu os sicilianos.* Eles também se projetavam para o futuro. Petrosino estaria elaborando processos contra quem? Ele pretendia criar problemas com a polícia italiana? Ou estaria, como se dizia, fechando para sempre as rotas de fuga para Nova York que tantos gângsteres utilizaram quando os tempos ficaram difíceis em Palermo? Os navios para a ilha Ellis se tornaram uma válvula de escape vital para criminosos de todos os tipos. Bloquear esse caminho seria condenar muitos deles à pobreza ou à prisão. Com certeza, muitos criminosos olhavam para Petrosino como o "inimigo dos sicilianos", que tinha ido à Itália para tirar comida da boca de suas famílias.

O medo chegou ao outro lado do Atlântico. A polícia de Chicago relatou, tempos depois, que sociedades secretas em Nova Orleans, Chicago e Nova York estavam planejando um ataque coordenado contra seus inimigos que trabalhavam nas forças da lei. Assassinos em cada uma dessas cidades teriam como alvo os três principais oponentes da Mão Negra. O segundo nome da lista era o detetive Gabriele Longobardi, conhecido como "o Petrosino de Chicago". O terceiro nome era John D'Antonio, de Nova Orleans. O primeiro era Petrosino.

E quanto a Vito Cascio Ferro, o gênio camponês que carregava na carteira a foto de Petrosino? Em 10 de março, ele estava na pequena cidade de Burgio, cerca de 60 quilômetros ao sul de Palermo. Era hóspede de um político importante, Domenico De Michele Ferrantelli, que, tempos depois, afirmou que Cascio Ferro o estava ajudando em uma campanha política que ele, Ferrantelli, estava montando. Mas era difícil obter informações sobre o paradeiro de Cascio Ferro, admitiu o comandante da polícia em Burgio, por causa do "silêncio absoluto [...] que o medo de Vito Cascio Ferro inspira". Ele acreditava que Cascio Ferro havia deixado Burgio em 11 de março, embora Ferrantelli jurasse em público que Cascio Ferro nunca havia saído de sua casa.

Na noite de 11 de março, Petrosino fez uma anotação às pressas em sua lista de criminosos: "Vito Ferro [...] temido criminoso". Essa lista continha suspeitos dos Estados Unidos que poderiam ter entrado de modo ilegal no país. No entanto, Cascio Ferro vivia na Itália desde 1903. Por que Petrosino de repente escreveu o nome dele, seis anos depois de tê-lo encontrado? Teria visto o criminoso na rua naquele dia, o observado? Ou seria Cascio Ferro um dos informantes que Petrosino havia marcado de encontrar? A nota escrita à mão ainda está no caderno de Petrosino, fora de contexto.

Na manhã de 12 de março, Petrosino viajou para a pequena cidade siciliana de Caltanissetta para verificar mais certidões penais. Ele passou muito tempo naquele dia conversando com o chanceler do tribunal e depois se encontrou com Leonardi, o chefe de polícia em Palermo, a quem contou sobre dois compromissos que teve naquela tarde na cidade. Enquanto estava em Caltanissetta, o detetive confidenciou a uma pessoa não identificada que também teria uma reunião naquela noite "que ele não poderia perder [por] nenhuma razão".

Conforme declarou tempos depois um vendedor ambulante de Palermo, naquela tarde, ele vendeu alguns cartões-postais para um senhor magro e bonito que tinha uma semelhança surpreendente com Vito Cascio Ferro. Outro indivíduo avistou o *capo* no mesmo dia na Piazza Marina, a praça da cidade antiga, perto do porto. De acordo com essa testemunha, Cascio Ferro estava conversando com um homem chamado Pasquale Enea, figura conhecida do crime na cidade. Enea passou anos em Nova York, onde era dono de uma mercearia que funcionava como ponto de encontro de criminosos. O comissário Bingham revelaria mais tarde que Enea era conhecido pelo departamento como uma "pessoa de confiança". Em outras palavras, era um informante.

Depois de terminar seu trabalho em Caltanissetta, o detetive voltou ao hotel que se localizava no lado leste da Piazza Marina. A praça era um pequeno parque circundado por uma grade de ferro forjado com pontas em lança situado no coração do bairro histórico de Palermo, não muito longe do mar. Ao redor da grade havia largas calçadas onde os moradores gostavam de passear. Na época medieval, quando a praça não passava de uma grande área não edificada, os hereges eram trazidos da prisão para esse local e executados por agentes da Inquisição.

O detetive subiu para seu quarto, onde permaneceu até o fim da tarde. O sol se pôs por volta das 18h, e uma frente de tempestade chegou à cidade. Relâmpagos riscaram o céu e trovões soaram; a chuva desabou na praça e escorreu, formando pequenos riachos em direção à sarjeta, deixando poças em seu rastro. As precipitações pararam por volta das 19h30, quando Petrosino saiu do hotel carregando um guarda-chuva e caminhou ao longo de um lado da praça em direção ao Café Oreto, para jantar.

As luzes da praça, movidas a gás, emitiam um brilho constante enquanto o céu escurecia. Quando chegou ao restaurante, que estava quase vazio, Petrosino sentou-se à sua mesa habitual de canto, de costas para a parede. Ele olhou o cardápio e pediu macarrão com molho marinara, peixe, batatas fritas, queijo, pimenta e frutas. Para ajudar a refeição a descer, escolheu meio litro de vinho local. Os garçons se lembram de que, naquela noite, Petrosino não estava sozinho durante o jantar; ele ficou conversando com dois homens que eles não souberam identificar, que estavam sentados à mesa com o detetive. Depois de comer, Petrosino pagou a conta, levantou-se, despediu-se dos homens e deixou o restaurante sozinho.

Ele atravessou a Piazza Marina, mas tomou um caminho diferente daquele que normalmente teria seguido para voltar ao hotel. Talvez estivesse a caminho da reunião que não poderia perder por nenhuma razão. Com o guarda-chuva na mão, ele desapareceu na escuridão.

Por volta das 20h45, um homem caminhava pela Via Vittorio Emanuele, uma rua a uma quadra da praça, do lado norte, quando, de repente, dois tiros – fortes, que foram descritos por um homem como "detonações" – soaram em meio à noite. O barulho foi tão alto que o homem pensou que os pescadores haviam explodido um par de minas no porto. Nos segundos que se sucederam aos disparos, o homem se surpreendeu ao ver dois guardas parados em frente à alfândega próxima conversando com outro homem como se nada tivesse acontecido. Mais quatro tiros soaram.

Homens e mulheres correram em direção aos sons, que pareciam ter vindo de um local a cerca de 30 metros da estação de bonde local (ao mesmo tempo, outras pessoas foram vistas correndo *para longe* dos ruídos). Um marinheiro do navio *Calabria*, que estava atracado no porto de Palermo, viu dois homens fugindo para o parque que ficava no centro da praça e, em seguida, ouviu uma carruagem se afastando na escuridão. O marinheiro correu junto aos demais em direção ao ponto onde os tiros começaram. Ali, ele viu o corpo de um homem robusto, de feições fortes, bem-vestido, com roupas pretas e aparência de estrangeiro, deitado sobre a calçada, com um guarda-chuva ao seu lado. Um revólver grande estava caído no chão a poucos metros do corpo, do qual "escorria sangue". Um chapéu-coco preto tinha sido arremessado para a base de um pedestal próximo.

Os transeuntes se ajoelharam ao redor do corpo. De repente, as luzes a gás que iluminavam os quatro lados da praça tremularam e se apagaram. A praça mergulhou na escuridão. Mais pessoas vieram correndo com velas, e o corpo foi iluminado por chamas bruxuleantes amparadas por mãos trêmulas.

O detetive Joseph Petrosino estava morto.

DEMOROU QUINZE MINUTOS PARA QUE OS PRIMEIROS POLICIAIS CHEGASSEM, e, quando, enfim, o fizeram, começaram a vasculhar os pertences do morto. Ainda não sabiam o nome da vítima, mas encontraram em seus bolsos trinta cartões de visita, que identificavam o homem como um detetive de

Nova York. Petrosino vestia um terno preto e um sobretudo cinza-carvão, gravata de seda marrom e usava um relógio de ouro. Em seus bolsos havia cartas de apresentação endereçadas a várias autoridades, como o prefeito de Palermo e o capitão do porto, e também o caderno que continha os nomes dos criminosos ítalo-americanos, 70 liras em notas, um distintivo do NYPD (de número 285), um pedaço de papel onde estava escrito "6824", várias anotações sobre coisas que Petrosino precisava fazer, além de um cartão-postal de Palermo endereçado à Adelina, em Nova York, onde estava escrita a mensagem "Um beijo para você e minha menina, que passou meses longe de seu pai".

Policiais se espalharam pela praça e pela estação de bonde mais próxima, abordando todos os que encontravam. O marinheiro contou sobre os dois homens que viu fugindo do local. Um deles usava um "chapéu duro", ou seja, um chapéu-coco, que para uma testemunha ocular indicava alguém que havia regressado recentemente dos Estados Unidos, e o outro usava um chapéu redondo, talvez um *homburg*. Um cobrador de um bonde próximo disse aos investigadores ter visto o homem que atirou em Petrosino, e contou que o detetive havia se abaixado para evitar as balas, mas foi pego pela saraivada de tiros. O condutor desse bonde ouviu a conversa e apressou-se em dizer ao colega de trabalho para ficar quieto. O homem não deu mais detalhes.

O comissário Ceola estava no teatro naquela noite, o novo Teatro Biondo, assistindo a uma peça. No meio da apresentação, um de seus assessores se aproximou de sua poltrona, inclinou-se e sussurrou a notícia em seu ouvido. Ceola saiu de imediato e correu para o local. Quando chegou, os homens e as mulheres que relataram ter visto os assassinos em fuga já estavam voltando atrás em suas histórias. Ao que parece, ninguém tinha testemunhado nada de efetivo. O mais notável foi que várias pessoas que estavam no local do crime negaram ter *ouvido* qualquer coisa, embora vários tiros potentes de uma arma de grosso calibre (a arma do crime foi largada na calçada, perto do guarda-chuva) tenham soado em uma noite quase sem nenhum ruído ambiente que disfarçasse o som deles.

Às 10 da manhã de 13 de março, um telegrama chegou à sede da polícia em Nova York. Era de William Bishop, o cônsul que havia concordado com Petrosino a respeito da estranha cultura dos italianos. Dizia: PETROSINO MORTO REVÓLVER CENTRO DA CIDADE ESTA NOITE. ASSASSINOS DESCONHECIDOS. MORTE DE MÁRTIR.

16

Cavalos Negros

EM 13 DE MARÇO, FAZIAM EXATOS NOVE DIAS que Teddy Roosevelt era um cidadão comum. Depois de completar seu segundo mandato como presidente, ele deixou Washington, D.C., e foi para Nova York. Ele já planejava um safári de um ano na África, tanto para caçar quanto para evitar a impressão de que estava administrando secretamente o país, ainda que William Howard Taft fosse o ocupante da Casa Branca. Roosevelt havia viajado para Nova York a fim de participar de um café da manhã na casa de sua tia e estava descendo os degraus de sua casa na rua 31 Oeste 110 quando avistou um grupo de repórteres vindo em sua direção pela calçada. O ex-presidente estava acostumado com esses grupos clamando por suas reações ao noticiário político do dia e gritou bem-humorado: "Não, não posso dizer nada sobre ninguém ou sobre qualquer coisa".

"Poderia dizer alguma coisa sobre o assassinato do tenente Petrosino?", uma voz ecoou.

"Como assim?", Roosevelt exclamou, com um tom de voz que demonstrava seu choque.

Um repórter colocou Roosevelt a par dos fatos enquanto este permaneceu em silêncio nos degraus de sua casa e ouviu tudo com uma expressão sombria. "Não posso fazer nada além de expressar meu mais profundo pesar", disse ele depois de ouvir os detalhes. "Petrosino era um grande homem, e um bom homem. Faz muitos anos que eu o conheci, e posso afirmar que ele não conhecia a palavra medo. Era um homem de muito valor. Lamento com sinceridade a morte de um homem como Joe Petrosino."

A notícia se espalhou bem rápido pela cidade naquela manhã. Em Little Italy, multidões juntaram-se diante das redações dos jornais esperando que os funcionários divulgassem os telegramas que chegavam da Itália; quando os funcionários surgiam, a multidão se aglomerava em torno deles para ouvir as últimas notícias sobre o assassinato. Aqueles que haviam aprendido inglês liam as matérias dos jornais para pequenos grupos de imigrantes que se formavam nas calçadas e nos cafés. Assim que absorviam a notícia, as pessoas se reuniam nas portas dos cortiços e das lojinhas e repetiam as mesmas palavras: "*È morto il povero Petrosino*" (está morto o pobre Petrosino). Os garotos que vendiam jornais anunciavam a notícia na Broadway e gritavam ao longo da Sétima Avenida "Extra! Extra!", enquanto brandiam os jornais estampados com manchetes sobre o assassinato. Integrantes do Esquadrão Italiano, que estavam em suas rondas de rotina, seguindo suspeitos ou interrogando vítimas da Mão Negra, largaram suas atribuições e conversavam entre si, em voz baixa. Um dos detetives não teria conhecimento da notícia por semanas: Rocco Cavone estava a bordo de um navio, trazendo de Buenos Aires um suspeito de assassinato, e teria de esperar mais dezesseis dias para descobrir que seu mentor estava morto.

Mesmo aqueles policiais que antes odiavam Petrosino, que o chamavam de "*wop*" e "guiné", agora lamentavam sua morte. "A notícia [...] foi repetida a princípio com escárnio", observou um repórter na rua, "depois, com espanto e, então, com revolta. Não só na sede, mas entre os policiais por toda a cidade, a mesma raiva e o mesmo ressentimento amargo foram demonstrados, pois Petrosino era muito popular entre seus irmãos." Petrosino ainda tinha inimigos dentro do NYPD; sempre houve aqueles que não aceitavam os italianos nem à força. No entanto, ele ganhou o respeito de muitos daqueles que um dia o desprezaram.

Nem todo mundo ficou triste, no entanto. Quando um navio chamado *Europa*, que transportava cerca de quatrocentos napolitanos, se aproximou do cais da rua 34, logo depois que a notícia chegou a Manhattan, pequenos barcos repletos de amigos dos passageiros saíram para saudar os recém-chegados, e os homens gritaram para os passageiros dizendo que Petrosino havia morrido na Sicília. "Bravo!" – muitos dos napolitanos gritaram em resposta. "A notícia de que o principal inimigo da Mão Negra havia sido assassinado [...] foi como um estimulante para os imigrantes."

O comissário Bingham soube do assassinato quando tomava seu café da manhã e lia o *Herald*. Ele se trancou em sua sala enquanto considerava as consequências; depois, saiu da sala para dar uma declaração muito binghamesca para as alas de policiais na Mulberry 300: "Sinto profundamente a morte de Petrosino", ele disse aos homens. "Ele morreu como um soldado em ação… um nobre modo para qualquer homem morrer [...]. Que seja um incentivo para que cada homem se esforce ao máximo até o fim, para que cumpra seu dever e cumpra as ordens de seus superiores, como um homem corajoso deve cumprir." Não houve nenhuma menção à sua responsabilidade pela morte, mas o comissário jurou que os assassinos pagariam. "Vou vingá-lo", disse aos jornalistas. O prefeito determinou que as bandeiras da Prefeitura fossem hasteadas a meio mastro, e assim permaneceram por quatro dias.

A viúva do detetive, Adelina, estava em casa, na rua Lafayette 233, quando um repórter do *New York Herald* bateu à sua porta e perguntou se ela havia ouvido a notícia. Ela disse que não sabia de nada, e o jornalista explicou o que havia acontecido. A irmã e o cunhado de Adelina, que moravam no apartamento de cima, ouviram os gritos dela e desceram correndo para confortá-la. Mas a recém-viúva estava inconsolável. "Ele era sempre [...] gentil e carinhoso conosco", disse Adelina, "como se o mundo fosse povoado por anjos." Pode-se perdoar a inverdade com facilidade – Petrosino via inimigos em todo canto, e com razão – vinda de uma mulher que havia perdido seu segundo e, ao que tudo indica, muito amado marido.

A notícia correu pelos fios telegráficos de costa a costa, e jornais de todo o país anunciaram-na em tons marciais: "Guerra até a morte à Mão Negra", proclamou o *Atlanta Constitution*. "A Mão Negra não tem mais direito de viver do que cães loucos", declarou o *New York Sun*. "São inimigos da sociedade e devem ser exterminados a todo custo." O *Washington Post* voltou a pedir o fim de toda a imigração do sul da Itália. Em um telegrama confidencial, o cônsul Bishop, em Palermo, concordou. "É hora de as palavras de advertência serem ditas", escreveu o Departamento de Estado. Se nada fosse feito, seria "apenas uma questão de tempo até que os Estados Unidos fossem afogados por uma verdadeira inundação de elementos estrangeiros que transformaria seu fino tipo de desenvolvimento civilizado em simples escárnio e caos".

A cidade estava em choque, alternando entre tristeza infinita e sinais de "histeria coletiva". Os "carniceiros humanos" que mataram Petrosino, argumentou o *New York Times*, "devem a continuidade de sua existência a uma falha radical no caráter de muitos italianos – a aversão que têm a considerar os assassinos como inimigos públicos". Gino Speranza, chefe da Sociedade para a Proteção dos Imigrantes, que lutava pelos direitos dos italianos, defendeu a "guerra" à Mão Negra e endossou o apelo por uma força privada para encontrar e matar seus integrantes. "Não tenhamos tanto esse medo sentimentalista de uma 'polícia secreta'", ele escreveu. "O submundo funciona na escuridão, então, devemos combatê-lo na escuridão." Para acalmar os temores que se espalhavam por toda a cidade, o prefeito McClellan e o comissário Bingham fizeram uma reunião. Ao saírem, pediram à Câmara de Vereadores que aprovasse uma taxa de recompensa por informações que levassem à captura do assassino de Petrosino. A quantia acabou sendo fixada em 3 mil dólares. Os dois pediram mais 50 mil dólares para o serviço secreto de Bingham, que completaria o trabalho iniciado por Petrosino. O *New York World* endossou a ideia. "Não é tarde demais", exortou seu conselho editorial, "para que os vereadores recuem de sua posição de protetores de criminosos perigosos." Bingham e o prefeito, de forma irônica, também pediram ao Serviço Secreto dos Estados Unidos da América que ajudasse na investigação do assassinato de Petrosino; a agência logo enviou agentes para procurar os assassinos.

Até mesmo a Câmara de Vereadores manifestou sua revolta em uma resolução de 17 de março. Little Tim Sullivan, que sempre que possível criara obstáculos ao trabalho do detetive, expressou junto a seus pares o desejo "de que os assassinos covardes [de Petrosino] sejam levados à justiça com rapidez". Naquele mesmo dia, o conselho aprovou uma nova portaria ordenando que todos os comerciantes de armas e de facas registrassem nomes, endereços e descrições físicas de pessoas que adquirissem "rifles, revólveres, pistolas ou outras armas de fogo, ou punhais, adagas ou facas perigosas". Os vendedores tiveram que registrar seus comércios na cidade, e cada arma vendida precisava ter uma marca de identificação. Foi uma das primeiras medidas de controle de armas adotadas na cidade de Nova York. O Estado também prometeu agir. Em Albany, Louis Cuvillier, um veterano da Guerra Hispano-Americana e integrante da Assembleia do Estado de Nova York, anunciou que estava elaborando um projeto de lei para tornar atentados a bomba um crime capital, assim como outros crimes comuns da Mão Negra. De acordo com a lei proposta, qualquer pessoa condenada por bombardear um prédio ou sequestrar uma criança iria para a cadeira elétrica.

Na morte, a honestidade de Petrosino foi provada uma última vez. Depois de 26 anos na força policial, ele quase não tinha economias para deixar a sua família. Em um gesto generoso, Little Tim Sullivan apresentou um projeto de lei para conceder a Adelina uma pensão especial de viúva de 2 mil dólares. Quanto aos 50 mil dólares pedidos para o serviço secreto, foram vetados por Sullivan e seus aliados.

O *New York American* criou um Fundo de Herói para ajudar Adelina a pagar suas contas. William Randolph Hearst prometeu 500 dólares, e foi acompanhado por juízes da Suprema Corte do Estado de Nova York, vereadores da cidade de Nova York, presidentes de distritos, o presidente da Universidade Columbia e o banqueiro e filantropo judeu Jacob Henry Schiff. Enrico Caruso, velho amigo de Petrosino, prometeu doar 100 dólares por mês à viúva em homenagem ao "esplêndido serviço de Petrosino não apenas para os Estados Unidos, mas para a Itália".

Uma reação contra os italianos ganhou força bem rápido. Os homens do Esquadrão Italiano entraram em ação de forma nada louvável. Eles saíram pela parte baixa de Manhattan invadindo estabelecimentos no bairro italiano, incluindo um bar na rua Monroe e um salão de bilhar na rua Watt 164, prendendo 27 italianos e acusando-os de perturbação da ordem, ainda que estivessem apenas reunidos divertindo-se. As prisões prosseguiram, noite após noite: um salão de dança na rua Thompson, uma barbearia na Primeira Avenida. "As batidas", relatou o *Sun*, "seriam parte de um plano para desestimular reuniões com grande número de italianos." Os homens presos foram liberados no tribunal, e nenhuma informação relevante sobre o assassino de Petrosino foi colhida. Na realidade, o esquadrão estava apenas atacando de forma gratuita. Uma operação semelhante no Brooklyn, em 15 de março, resultou na prisão de todos os que estavam em um estabelecimento; os homens foram acusados pelo "reconhecimento do recente assassinato de um detetive de renome mundial". Essas acusações também foram retiradas depois.

Não foi só em Nova York. A morte de Petrosino foi "calamitosa para os ítalo-americanos", fomentando "uma epidemia de difamação e perseguição", escreveu o historiador Richard Gambino. Nas grandes cidades, a polícia executou detenções em massa de italianos, sem justificativa, prendendo 194 pessoas em apenas uma dessas incursões em Chicago. Os italianos estavam cansados desse assédio constante. Em maio, dois policiais irlandeses correram para o local de um acidente em uma área italiana de Hoboken, em Nova Jersey. A visão dos uniformes azuis depois de uma onda de perseguição enfureceu os moradores do bairro. Homens se debruçaram para fora das janelas dos cortiços atirando contra os policiais que chegavam. Um tumulto em grande escala eclodiu, e os policiais escaparam por pouco de serem assassinados nas ruas.

A HISTÓRIA GANHOU AS MANCHETES DE LONDRES, Manchester, Berlim e até Mumbai. Em Berlim, o chefe do Departamento de Investigações Criminais disse aos repórteres: "Quero render homenagem à capacidade e à extraordinária coragem de Petrosino [...]. Muitas vezes, desejei que tivéssemos um homem com tanto destemor e talento tão marcante". Na Itália, havia o sentimento de vergonha e humilhação. Os americanos tinham doado 4 milhões de dólares para as vítimas de um terremoto devastador na Sicília e na Calábria ocorrido em 28 de dezembro de 1908, que tirou a vida de cerca de 200 mil pessoas, e agora o país estava mandando um dos filhos mais famosos dos Estados Unidos de volta em um caixão. "A SICÍLIA ERGUE-SE CONTRA A MÁFIA", noticiou o *New York Globe*, informando seus leitores que haveria grandes reuniões planejadas para ajudar a encontrar os assassinos. Os italianos doaram 2 mil dólares para um fundo destinado à captura dos assassinos; o governo italiano anunciou uma recompensa extra de 3 mil dólares ("uma grande quantia aqui", observou o *Post*); e as autoridades lançaram a ideia de abrir escritórios no exterior para vigiar os emigrantes em terras estrangeiras.

O rei Vítor Emanuel III, da Itália, reuniu-se com J. Pierpont Morgan, o financista americano, e apresentou um novo plano para derrotar o flagelo do crime italiano: uma rede de escolas com aulas noturnas. "O rei acredita que a ignorância é a principal causa da criminalidade entre os emigrantes italianos", noticiou o *Washington Post*. O monarca teria escrito cartas para John D. Rockefeller e Andrew Carnegie, bem como para as famílias Astor, Vanderbilt e Gould, buscando fundos para dar início às aulas. O esquema não deu em nada. E embora reconhecesse que os criminosos estavam chegando aos Estados Unidos, mesmo depois de tanto tempo, o rei se recusava a admitir que a Sociedade existisse. "A Mão Negra, o que quer que seja isso", disse, rejeitando a ideia em si, "é uma atmosfera, alguma coisa intangível e indefinível." Isso veio do líder do país em que Petrosino havia sido executado.

Em Palermo, o cônsul americano, William Bishop, assumiu o triste dever de providenciar o retorno dos restos mortais de Petrosino. Ele chegou a um acordo com uma companhia de navios a vapor para enviar o corpo em uma de suas embarcações. Entretanto, quando a data de embarque estava se aproximando, o cônsul recebeu uma ligação do agente da empresa. Sua vida tinha sido ameaçada porque ele havia se envolvido no caso Petrosino; ele rompeu o contrato. O cônsul teve que procurar quem o substituísse e, por fim, encontrou outro navio com destino ao Estados Unidos que levaria Petrosino para casa. O corpo foi colocado em um caixão de nogueira forrado com zinco e escoltado, por ironia, por oitenta policiais italianos, em sua jornada até o cais. Então, o caixão foi levado até o centro da cidade de Palermo para uma despedida, seguido por um longo séquito de notáveis políticos locais, enquanto espectadores se aglomeravam nas varandas para conseguir ver. "Tive a impressão", disse um espectador, "de que a polícia armada acompanhou o corpo com medo de que, se Petrosino ressuscitasse, os denunciasse como culpados de terem-no abandonado para ser assassinado."

A procissão seguia em um silêncio espantoso. Ninguém exclamava sequer uma bênção, não se ouviam mulheres chorando sobre o caixão. Quando o carro fúnebre passou, muitos homens se recusaram a tirar o chapéu, que era um sinal de respeito aos mortos.

Em meio a ameaças de que o navio que transportava o corpo não teria permissão para zarpar, Bishop cobriu o caixão com uma bandeira americana e observou-o sendo levado a bordo do navio a vapor *Slavonia*, que se tornaria famoso meses depois por naufragar nos Açores e enviar a primeira mensagem SOS do mundo. O cônsul deve ter respirado com alívio quando a embarcação saiu do porto sem incidentes.

Bishop logo acompanharia o corpo de Petrosino em sua volta para os Estados Unidos. Sua vida foi ameaçada por meio de uma carta enviada à sua casa, enquanto outro bilhete foi enviado à polícia detalhando o que um cidadão tinha ouvido perto de uma farmácia na Via Maqueda. "Se o cônsul dos Estados Unidos tivesse interesse em Petrosino", disse um homem de cabelos negros ao alcance dos ouvidos do autor da carta, "eu o mataria, e assim ele também chegaria morto aos Estados Unidos." Bishop comentou com amargura que o chefe de polícia em Palermo lhe dissera de modo confidencial que as circunstâncias do assassinato de Petrosino faziam pouca diferença: se o detetive tivesse sido executado ao meio-dia na praça principal da cidade, com cem ou mil pessoas assistindo, não encontrariam ninguém para prestar depoimento a respeito de quem o matou. Bishop embarcou em um navio a vapor para os Estados

Unidos e acompanhou o caixão de Petrosino pelo Atlântico. O presidente Taft havia solicitado que, assim que chegasse a Nova York, Bishop pegasse um trem para Washington, a fim de atualizá-lo sobre o assassinato. O cônsul concordou de pronto.

* * *

DEPOIS DE UMA VIAGEM TRANQUILA, O *SLAVONIA* FOI, ENFIM, AVISTADO no porto de Nova York. O caixão, que havia sofrido danos no percurso, foi descarregado e levado para o Píer A, no West Side. Sobre o caixão de madeira havia uma coroa de flores enviada pelo rei da Itália, bem como guirlandas do Departamento de Polícia de Baltimore e das polícias de outras cidades. Milhares de homens e mulheres apareceram espontaneamente nas ruas de Manhattan, com a cabeça descoberta, e perfilaram-se nas calçadas enquanto o corpo percorria o trajeto entre o porto e a casa de Petrosino, onde Adelina aguardava. Acompanhado por ítalo-americanos destacados, o cortejo chegou ao número 233 da rua Lafayette e foi recebido pela banda policial do NYPD, que tocou uma marcha fúnebre. "Quando as últimas notas da música evanesceram", relatou um jornal, "um silêncio se fez sobre a grande multidão diante da casa e, no meio do silêncio, o som estridente das lamentações das mulheres veio das janelas acima." Uma carroça levou o caixão danificado para uma garagem atrás da casa e o corpo foi transferido para um novo ataúde.

Adelina estava desesperada. Um médico foi chamado para vê-la, mas ela estava inconsolável. Ela pedia o tempo todo para ver o marido, mas o diretor da funerária, Rocco Marasco, lhe disse, de um modo gentil, que seria impossível. O que ele não mencionou foi que, quando seus homens abriram o caixão, descobriram que o corpo estava se deteriorando rápido. Mais tarde, souberam que o professor Giacento Vetere da Università di Napoli havia sido contratado pelo governo italiano para viajar a Palermo a fim de preparar o corpo para o embarque. Vetere era um especialista em tais assuntos e garantiu aos funcionários que, quando terminasse, o corpo seria preservado por cem anos. O professor viajou para Palermo, mas lá encontrou um obstáculo atrás do outro. Não lhe foi permitido sequer ver o corpo; durante quatro dias, ele implorou aos funcionários da cidade que o deixassem fazer seu trabalho, mas, em virtude de "influências insidiosas", ele foi impedido. Quando o corpo chegou a Nova York, descobriu-se que nenhum embalsamento havia sido feito e que o corpo nu de Petrosino havia viajado pelo oceano no mesmo lençol sujo em que havia jazido durante a autópsia. Isso foi interpretado como um insulto final para o detetive e sua família por parte do submundo de Palermo.

O corpo, em seu novo caixão, foi então transportado para a sede da Liga Republicana, onde foi velado em uma sala revestida com cortinas roxas, vigiada por uma guarda de honra com luvas brancas. Luzes de velas bruxuleavam ao redor do caixão, e as flores enviadas em homenagem ao falecido foram empilhadas por trás dele. Na manhã seguinte, milhares de pessoas enlutadas esperavam pacientemente do lado de fora por sua chance de ver o caixão, em filas que viravam a esquina e se estendiam por uma rua próxima. Quando entravam na sala, algumas pessoas saíam da fila e caíam de joelhos em oração. Uma velha senhora italiana prostrou-se diante do caixão e, depois, bateu a cabeça no chão e gritou: "Ele deve ser vingado!". Um grupo de participantes católicos entoou a ladainha pelos falecidos enquanto dois policiais do esquadrão de trânsito permaneceram postados à cabeça e aos pés do esquife, "imóveis como estátuas". Adelina chegou de madrugada, mas não aguentou ver o caixão entre as velas acesas e saiu apressada, "chorando copiosamente". No telhado do prédio, detetives armados examinavam a multidão em busca de criminosos da Mão Negra, enquanto a preocupação do inspetor James McCafferty, chefe do departamento de detetives, era que alguém pudesse explodir o prédio. Outros oficiais armados vigiavam o apartamento de Petrosino.

Entre as milhares de pessoas que foram prestar homenagem ao detetive morto estava um homem de idade afro-americano. Era William Farraday, que vinte anos antes estava sendo surrado por bandidos brancos, no cais de Manhattan, quando Petrosino interveio. "Joe salvou minha vida muitos anos atrás", disse ele a um tenente que estava de guarda. "Nunca o esqueci por isso. Devo a ele minha vida!" Um Farraday emocionado aproximou-se do caixão e ajoelhou-se ao lado de uma italiana cuja cabeça estava inclinada em oração. Ele estava chorando quando saiu do local. Um homem sino-americano chegou horas depois e contou aos presentes que, muitos anos antes, Petrosino havia entrado em sua loja durante um assalto e impediu que esse fosse realizado. "Eu seria um homem morto, se não fosse Joe", disse o imigrante. "Ele era um homem bom." Houve mais gente, incluindo os filhos adultos de Meyer Weisbard, que fora assassinado e esquartejado nos cortiços da rua Mulberry anos antes, no famigerado Crime do Baú. Petrosino passou semanas de seu tempo pessoal, fora do trabalho, rastreando os assassinos do mascate judeu. "Petrosino", declarou o *American Israelite* na época das prisões, "conseguiu o que quarenta detetives, as estrelas da força policial de Nova York, não conseguiram." A família foi ao velório prestar suas homenagens.

Um artista italiano de Nápoles foi contratado para criar um busto de Petrosino que seria colocado no alto de um pedestal, e Enrico Caruso prometeu o dinheiro para uma coroa de bronze que deveria ser colocada no monumento. George M. Cohan, o empresário da Broadway e o Yankee Doodle Boy original,[*] organizou um concerto a fim de arrecadar dinheiro para a família do detetive, e muitas das principais estrelas de

---

[*] "Yankee Doodle Boy" é uma canção patriótica, com letra e música de George M. Cohan, que também escreveu, coproduziu e estrelou a peça teatral em que apresentou a música em 1904. (N. da T.)

vaudeville da época concordaram em se apresentar. Danças, vendas de bolos e leilões beneficentes foram realizados; ao final, 10 mil dólares seriam entregues a Adelina. Cartões-postais foram impressos com o rosto do detetive e a legenda "ELE ALERTOU O PRESIDENTE MCKINLEY. AGORA É UM MÁRTIR!". Os jornais tentaram se superar em seus elogios. "É difícil haver um homem que sai da vida como este bravo, corajoso e heroico italiano saiu", lamentou o *Catholic Times*, "deixando para trás pouco mais do que seu bom nome [...]. Deus dê uma doce paz à sua alma!"

Adelina recebeu visitas de mulheres italianas da alta sociedade e dezenas de cartas de condolências. Um membro do Congresso escreveu para elogiar a "seriedade viril e a destemida bravura" de seu marido. Muitas das mensagens eram floreadas. "Pense no quanto Deus deve ter amado seu querido marido para permitir-lhe morrer como mártir", escreveu uma senhora Jacolucci. "Não está muito distante o momento em que iremos depositar no mesmo cimento nossas dores e nossos corpos sofridos e ascender em essência a um encontro eterno com nossos entes queridos." Algumas das cartas foram apenas endereçadas "À viúva e à órfã do Mártir". Um repórter que cobriu notícias sobre Petrosino para um dos diários enviou as condolências de Park Row e lembrou Adelina de uma verdade amarga: havia famílias em Manhattan naquele momento vivendo sob uma sentença de morte da Mão Negra, e outras que tiveram esperança de que Petrosino recuperaria seus filhos raptados, então, eles lamentavam a morte dele tão profundamente quanto ela. "Enquanto a senhora chora pela perda de seu ente querido", escreveu ele, "deve saber que em muitos outros lares que um dia o viram como um protetor esta perda é duramente sentida."

✳   ✳   ✳

NO DIA DO FUNERAL, 12 DE ABRIL, O PREFEITO MCCLELLAN declarou feriado. As repartições municipais foram fechadas. Era esperado que uma grande multidão comparecesse quando Petrosino fosse levado para seu repouso final.

O dia amanheceu límpido e claro. Pouco depois das dez da manhã, uma falange de policiais montados apareceu na rua Grand; os cascos de seus cavalos ressoavam nas pedras do calçamento. Eles viraram na rua Lafayette e percorreram-na de cima a baixo, empurrando para trás as massas de pessoas que se aglomeravam nas calçadas e abrindo um caminho da rua Grand para a Houston, numa extensão total de cinco quarteirões. Repórteres de todos os grandes jornais e alguns correspondentes estrangeiros estavam no meio da multidão. "Então, a cena ficou mais impressionante", escreveu um dos repórteres. "Em cada fábrica, em cada prédio comercial, até onde a vista podia alcançar pela rua Lafayette, janelas, patamares das saídas de incêndio e telhados estavam repletos de trabalhadores em mangas de camisa e com a cabeça descoberta. Não havia um único ruído, exceto os que eram produzidos pelas carruagens que se posicionavam em seus lugares e pelos cavalos do pelotão montado. As jovens das fábricas de caixas de papel, os fabricantes de charutos, os manufatores de 'calças' por tanto a dúzia, todos conseguiram encontrar tempo suficiente para homenagear este homem."

A parte baixa da cidade parou. A bandeira italiana tremulou em centenas de edifícios em meio ao silêncio. A banda da polícia marchou até postar-se diante do número 233 da rua Lafayette, a porta que Petrosino havia atravessado pela última vez antes de embarcar para a Itália no *Duca di Genova*. Os carregadores do caixão – membros do Esquadrão de Trânsito A, todos robustos homens de um metro e oitenta de altura, de aparência esplêndida com seus uniformes de lã azul e suas faces rosadas – aguardavam, com o sol refletindo-se nas faixas douradas de seus colarinhos. Um após o outro, homens saíram da casa carregando buquês de flores que tinham sido enviados a Adelina. Chegaram carruagens dentro das quais colocaram as flores. Depois de alguns minutos, oito delas estavam repletas.

O comparecimento ao cortejo fúnebre superou toda e qualquer previsão. Cerca de 250 mil pessoas se aglomeraram nas ruas de Nova York esperando para homenagear o detetive, mais do que haviam se reunido para o funeral do presidente McKinley. Nunca antes na história de Nova York ou de qualquer outra cidade americana uma multidão tão grande havia ido às ruas para homenagear um homem da classe a que Petrosino pertencia, um humilde tenente da polícia. Dezoito anos depois, o funeral de Rudolph Valentino, o ator mais famoso do mundo, atrairia 100 mil pessoas para Manhattan, embora nessa época a cidade tivesse recebido mais um milhão de moradores. Muitos espectadores, em 1909, se lembravam das gigantescas procissões para Ulysses S. Grant e para o general William Tecumseh Sherman após suas mortes. Uma equipe de filmagem apontou suas câmeras para os rostos da multidão, coletando imagens para um documentário que seria exibido nos cinemas semanas depois.

Por volta das dez da manhã, os carregadores do caixão entraram na casa. Eles logo saíram carregando o caixão, que havia sido trazido de volta da sede da Liga Republicana. Enquanto carregavam o caixão e se preparavam para colocá-lo no carro funerário, um bando de pombos levantou voo de um telhado próximo e revoou acima deles antes de se afastarem. Adelina, apoiada no braço do irmão, seguiu atrás do caixão, com familiares e amigos, e entrou em uma carruagem preta. Quando tudo estava pronto, o carro funerário começou a percorrer a rua em direção à catedral de São Patrício puxado por seis cavalos negros envoltos em redes de seda brancas. Quando o carro passou pela rua Lafayette 233, os bombeiros do Carro 20 transportaram seu veículo pela rua e fizeram soar os sinos. Havia tantos policiais que o sol refletido em seus botões de latão "ofuscava a vista".

A procissão aproximou-se da rua Mott, onde o inspetor McCafferty esperava diante dos policiais em formação junto aos edifícios de tijolos que ladeavam a rua. Quando o carro funerário se aproximou, os policiais ergueram seus cassetetes em sinal de saudação, as borlas azuis balança-vam com o movimento, as borlas brancas pendiam para baixo. As des-gastadas fachadas de pedra marrom da Catedral de São Patrício estavam mais adiante, com suas janelas geminadas engastadas bem fundo na al-venaria e um ar de solidão da clausura. A procissão chegou à porta fron-tal da catedral, e os carregadores ergueram o caixão até os ombros, enquanto um coral de estudantes passou a entoar "Raise Me, Jesus, to Thy Bosom from This World of Sinborn Care". Ao som do coral, os ór-fãos da Sociedade de Assistência à Infância, que moravam em um edifí-cio em frente à igreja, deixaram suas atividades, foram até as janelas e apertaram os rostos nos vidros para apreciar tudo. O caixão balançava de leve enquanto se aproximava da porta da Catedral de São Patrício, onde os padres e uma grande multidão estavam à espera. Flores cobriam cada espaço possível dentro da igreja, e havia uma quantidade tão imensa de-las sobre o caixão que mal se via sua madeira reluzente. No telhado, detetives vigiavam as ruas em busca de agitadores, enquanto uma cente-na de policiais à paisana se misturava à multidão, observando os rostos de homens suspeitos, procurando "anarquistas malucos" ou "membros desesperados da Mão Negra".

Lá dentro, os italianos lotavam os bancos do lado direito e os poli-ciais ocupavam os assentos do lado esquerdo. Adelina entrou, coberta por um espesso véu e ainda apoiada no braço do irmão, e tomou assento em um banco perto da frente da igreja, ao lado de um jovem integrante do coral. Ela chorou histericamente durante toda a cerimônia, com a cabeça baixa. Os padres começaram a rezar a missa em latim. Havia na igreja um silêncio sepulcral, exceto pelas vozes dos padres e pelo pranto de Adeli-na. Os padres entoaram a liturgia com as vozes agudas dos meninos do coral respondendo. Muitos dos presentes choravam abertamente.

Para sua leitura, o monsenhor havia escolhido a história da vingan-ça de Herodes: logo após o nascimento de Jesus, José viu em sonho que deveria levar o menino ao Egito para evitar que fosse morto pelos romanos. Mas Herodes, ao saber que a criança havia escapado, ordenou a seus soldados que matassem todas as crianças do sexo masculino, em Belém e nos arredores, que tivessem menos de 2 anos de idade. Mateus 2:18 foi o foco: "Ouviu-se um grito em Ramá, choro e grande lamento: é Raquel que chora seus filhos, e não quer ser consolada, porque eles não existem mais". Do lado de fora da igreja, a multidão enlutada que não havia conseguido uma entrada para a missa fúnebre – os assentos da igreja foram distribuídos por sorteio, em consequência da enorme demanda – ouvia a liturgia; alguns se ajoelhavam nas pedras do calçamento da rua, com seus lábios movendo-se com os do padre. O monsenhor, ciente da intensa raiva que o assassinato havia causado, passou para o sermão e falou com fervor acerca da necessidade de curar as divisões da cidade. "Espero e rezo para que a morte deste homem fiel, verdadeiro, generoso, dedicado e amado", disse ele, "seja o meio de inspirar autorrespeito entre seus compatriotas, de modo que um mero punhado qualquer de criminosos não mais degrade sua raça. Que esta morte ensine às demais pessoas a dívida e o amor que devemos a esses estrangeiros que chegam em nossas costas, de modo que não discriminemos de forma injusta. Façamos com que cada um seja tão bem-vindo em nossos corações quanto o são sob nossa bandeira."

Quando a missa terminou, os carregadores levaram o caixão até o carro funerário, para continuar a procissão até o cemitério, que ficava a 11 quilômetros de distância, do outro lado da ponte da rua 59, em Woodside, no Queens. Cerca de 3.200 integrantes do NYPD baixaram a cabeça ao som de tambores que soavam abafados enquanto os seis cavalos puxavam o carro funerário, afastando-se da Catedral de São Patrício. A procissão desceu a rua Houston, virou na Mulberry e passou diante da sede da polícia. Enquanto a multidão de luto deslocava-se na direção norte, a banda da polícia tocava o "Réquiem", de Verdi, com trompete, trombone, tuba, clarinete, flauta e tambores. Sempre que a banda passava por um cruzamento, a música fluía pelas ruas laterais, indo mais longe na cidade e misturando-se aos sons de bondes e aos gritos dos homens que empurravam carrinhos. Exceto pela música, a cidade estava silenciosa de um modo anormal, suas atividades tinham sido suspensas. As janelas dos edifícios comerciais ao longo da Quinta Avenida estavam repletas de faces, as calçadas, lotadas de pessoas; nenhum carro conseguia avançar. Muitas das mansões dos ricos e as lojas de artigos de couro e butiques da Quinta Avenida usavam símbolos de luto: crepe ou outro tecido preto, bandeiras de empresas e de famílias hasteadas a meio mastro. "Se Petrosino tivesse morrido como presidente ou imperador", proclamou o *Times*, "não teria sido possível manifestar sentimentos mais profundos ou verdadeiros."

Enquanto o carro funerário avançava devagar, os detetives seguiam a pé a seu lado. Nos cruzamentos, os integrantes da polícia de trânsito paravam para observar. Homens e mulheres em meio à multidão choravam, e os homens tiravam o chapéu em sinal de respeito. Muitos se ajoelhavam em oração nas calçadas. Os rostos na multidão representavam todas as nacionalidades, "de chineses a turcos".

Toda a cidade estava atenta ao que acontecia ao longo da Broadway, mas o espírito de louvor dos jornais vinha acompanhado de um pensamento mais realista em bairros distantes. Em um tribunal criminal no Brooklyn, enquanto o cortejo se dirigia para o Queens, um tal de juiz Dike estava condenando um italiano chamado Frank Truglio a um ano de prisão por agressão. "Estamos enterrando hoje um bom italiano", ele disse com amargura ao réu. "Você, estou inclinado a crer, é um mau italiano. Você pertence à classe que não era desejada do outro lado e que não é desejada aqui."

A procissão prosseguiu na direção norte. As crianças saíam do meio da multidão e atiravam pétalas de flores nos calçamentos das ruas antes que os cavalos passassem ao som de Verdi. Os sinos das igrejas badalavam à passagem do caixão, e os grandes hotéis do centro da cidade, incluindo o St. Regis e o Waldorf-Astoria, baixaram suas bandeiras por respeito. Sessenta sociedades italianas, incluindo a Liga de Proteção aos Engraxates Unidos – homenageando um dos seus – e os veteranos da Guerra da Independência Italiana, com suas camisas vermelho-vivas, jaquetas escarlates e calças azuis do exército, acompanharam o corpo. O doutor Sellaro, ativista e alvo da Mão Negra, marchou com os integrantes dos Filhos da Itália. Se ele tinha continuado a resistir à Sociedade ou se havia pagado um resgate após a explosão em seu prédio na rua Grand, só ele e seus perseguidores sabiam.

A procissão atravessou a ponte da rua 59, ao som de milhares de pés pisando nas grades de aço, e depois seguiu ao longo do rio Newtown até chegar à entrada do Cemitério do Calvário, que havia sido criado a partir da compra da fazenda da família Alsop, em 1845, e que tinha crescido com a cidade que se estendia a oeste. O cemitério fora dividido em quatro partes, cada uma tinha o nome de uma catacumba romana diferente. A procissão seguiu para a terceira divisão, batizada com o nome de São Sebastião, o gaulês que havia sido acusado de traição e alvejado com flechas antes de se tornar o padroeiro dos arqueiros e da santa morte cristã. A multidão se reuniu em torno da cova aberta, e os integrantes da polícia montada apresentaram armas quando Adelina desceu de sua carruagem, quase desmaiando, antes que seu irmão a amparasse. "Joe, Joe", ela gritou, "meu Giuseppe, volte para mim! Meu Deus, não posso ter meu Giuseppe de volta?"

Os cavaleiros montados saudaram o caixão enquanto ele era baixado. Cinco horas e meia depois de a procissão ter saído da Catedral de São

Patrício, soou o toque de silêncio. Um capitão emitiu um sonoro comando, e então os oficiais montados conduziram seus corcéis para longe da sepultura, em direção à saída do cemitério. A Guarda Patriótica Garibaldi, os Filhos da Itália, os policiais e os políticos ilustres voltaram-se e seguiram atrás deles, e uma nova procissão se formou rumo à ponte e à cidade. Havia sido um dia longo e cansativo.

Enquanto a multidão de luto caminhava em direção à saída do cemitério, podiam ser ouvidos os gritos de Adelina ficando para trás.

17

Goatville

MESMO COM PETROSINO ENTERRADO, os habitantes de Manhattan tiveram dificuldade para seguir em frente. Boatos absurdos corriam pela cidade: o detetive estava usando uma armadura na Sicília que, de alguma forma, havia sido atravessada pelos tiros fatais. Ou ele estava se passando por um lorde britânico, usando uma peruca loira, "costeletas estilo Dundreary" e um monóculo. "ASSASSINOS DE PETROSINO PRESOS", dizia uma manchete do *New York Journal*. O assassino teria sido um mineiro italiano que tinha sido localizado em Mount Kisco, em Nova York. O homem detido, no entanto, logo foi libertado.

Uma das teorias da conspiração mais populares, sobretudo nas colônias, era que os inimigos de Petrosino do NYPD o haviam enviado para uma armadilha, com a esperança de que ele fosse morto. Por que, muitos italianos queriam saber, Bingham havia mandado Petrosino para a Sicília, aquele ninho de víboras, completamente sozinho e desprotegido? Por que ele havia revelado a missão de Petrosino quando esta deveria ser secreta? "Ele entrou em um covil de leões", disse Frank Frugone, editor do *Bollettino della Sera* e presidente da extinta liga de proteção.

"Ele não teve chance." Os italianos seriam considerados culpados, mas muita gente achava que outras forças estavam em ação e que, inevitavelmente, escapariam da punição.

A família de Petrosino aceitou outra teoria: o detetive não havia morrido de fato. De acordo com esse boato, o assassinato teria sido encenado para que Petrosino pudesse desaparecer e continuar trabalhando disfarçado. A teoria tornou-se tão entranhada em Nova York que o vice-comissário Woods foi forçado a refutá-la em público. "Gostaria muito que fosse verdade", ele disse aos jornalistas. "E embora seja evidente, claro, que eu não lhes diria se fosse verdade, de fato, não é. Petrosino está morto."

Conforme as semanas foram se passando, o comissário Bingham começou a ficar na defensiva quanto à sua participação na tragédia. "Ele estava ansioso para ir", disse, sobre Petrosino, "e enxergava a viagem como uma grande oportunidade. Ele não tinha medo!" Ele escreveu ao secretário de Estado, Philander Chase Knox, pedindo-lhe que pressionasse o governo para que se criassem novas leis, incluindo uma lei que exigiria que todos os imigrantes portassem cartões de identificação, se registrassem nos departamentos de polícia das cidades onde viviam e notificassem as autoridades sobre qualquer mudança de endereço. Seguiu-se uma entrevista a um jornal em que Bingham falava dos riscos que Petrosino havia corrido; nela, ele conseguiu, não pela primeira vez, soar como um idiota insensível. "Todos aqueles homens [do Esquadrão Italiano] correm grandes riscos e sabem disso", ele declarou ao jornalista. "É espantoso que não tenham todos sido exterminados antes." O distanciamento – "aqueles homens", "exterminados" – fazia Petrosino parecer um desconhecido, e a expressão de espanto do General com relação à sobrevivência de qualquer integrante do Esquadrão Italiano foi infeliz. A essa altura, a crença de Petrosino de que os italianos, enfim, tinham um comissário em quem podiam confiar parecia muito ingênua. O próprio papel de Bingham no assassinato não teve nenhuma menção na entrevista.

Na Itália, a polícia prendeu centenas de homens; a maioria, membros conhecidos da Máfia. Dezenas e dezenas de informações e cartas chegavam, mas continham uma infinidade de "pistas" contraditórias. Havia muitos boatos, mas poucas testemunhas, ou nenhuma, estavam dispostas a se apresentar. Em pouco tempo, as autoridades da Sicília começaram a emitir sinais preocupantes. "A polícia de Palermo", observou o *Washington Post*, "parece ter chegado à conclusão de que nem a Máfia nem a Mão Negra tiveram algo a ver com o crime. 'Homens de mau caráter vindos dos Estados Unidos' foram os responsáveis." O relatório virou o estômago de muitos americanos. Francis Corrao, o jovem e impetuoso promotor do Brooklyn, reagiu dizendo aos repórteres: "Não há dúvida de que as autoridades da Sicília estão em conluio com a Máfia". Os jornais americanos começaram a atacar os sicilianos e seus representantes: a ilha era "uma terra de vergonha, onde um pacto de silêncio protege assassinos". Bingham enviou três telegramas à polícia de Palermo exigindo saber que progresso haviam feito, mas não teve resposta. Depois disso, ele também começou a acusar os italianos de cumplicidade.

Pouco se falou sobre a responsabilidade do governo americano pelo assassinato. A decisão inconsequente de Bingham de enviar Petrosino sozinho, a revelação de sua missão, os anos de negligência que permitiram que a Mão Negra crescesse, tudo isso foi, em sua maioria, preterido ou esquecido. O jornalista Frank Marshall White, autor das denúncias mais ferozes sobre as políticas voltadas para a Mão Negra em Nova York, foi um dos poucos que criticou o governo. "Se o Congresso tivesse cumprido apenas sua obrigação quanto à verificação dos avanços dos criminosos estrangeiros quando aquela sinistra visita teve início", escreveu ele no *Times*, "Joseph Petrosino não teria sido enviado para sua morte na Sicília." No entanto, esse era um ponto de vista raro; a ira americana estava em grande parte centrada no exterior.

Em Palermo, Vito Cascio Ferro foi preso como suspeito do assassinato de Petrosino, com Paolo Palazzotto e outras treze pessoas. No entanto, o caso logo caiu por terra no tribunal e todos os réus foram absolvidos. Como o comissário Ceola havia previsto, nenhuma testemunha ocular se apresentou para depor a respeito de quem teria matado o detetive ítalo--americano. Exatamente aquilo que Petrosino condenara durante sua vida garantiu que seus assassinos nunca fossem levados à Justiça.

Informações e cartas anônimas continuariam a chegar aos escritórios da polícia de Palermo por décadas. Em fevereiro de 2013, a polícia italiana estava conduzindo uma longa investigação sobre o tráfico de drogas, com o codinome "Apocalipse", visando à Máfia em Palermo. Ouvindo suas escutas, os investigadores se surpreenderam quando um suspeito, Domenico Palazzotto, começou a se gabar do assassinato. "Petrosino?", perguntou o jovem de 28 anos a alguns compatriotas. "Ele foi assassinado pelo tio do meu pai. Vou até mostrar os livros. Nossa família tem sido *mafiosi* há cem anos." Por que Petrosino foi assassinado, segundo esse jovem mafioso em ascensão? "Ele veio dos Estados Unidos para remexer a merda aqui, para investigar a Máfia." Ser descendente do homem que matou Petrosino seria motivo de muito orgulho para o jovem bandido, mas, infelizmente para ele, suas declarações eram um pouco confusas. A polícia italiana não acredita que Domenico tenha relação com o Palazzotto que foi preso pelo assassinato. Acredita-se que ele seja apenas alguém que tentou enfeitar seu currículo e reivindicar o crédito por um assassinato com o qual seu clã não teve nada a ver.

Para os italianos, o assassinato de Petrosino pode ser comparado, de certa forma, ao assassinato de JFK para os americanos; tanto um quanto o outro tiveram uma execução infame, com dezenas de teorias sobre quem de fato puxou o gatilho. Mas há uma diferença fundamental. Os motivos dos vários suspeitos do assassinato de JFK não poderiam ser mais diferentes: a Máfia, a CIA, os cubanos, os russos. De acordo com os teóricos da conspiração, cada grupo tinha uma razão concorrente, e até contraditória, para querer Kennedy morto.

Não é o caso da morte de Petrosino. Há muitos boatos sobre quem teria feito isso, mas todos os suspeitos partilham o mesmo motivo: o trabalho de Petrosino contra a Mão Negra e o submundo italiano. Não há teorias concorrentes. Nesse sentido, é irrelevante saber quem de fato puxou o gatilho naquela noite em Palermo. Qualquer um, entre mil homens, poderia tê-lo feito, e suas razões teriam sido quase idênticas. O assassinato de Petrosino foi uma coisa rara, um crime de fato coletivo.

EM NOVA YORK, OS ESCULTORES TERMINARAM O MONUMENTO A Petrosino, um busto de mármore que foi colocado no Cemitério do Calvário, no Queens. O padre Chadwick, capelão do NYPD, deu a bênção: "O homem que aqui dorme era um verdadeiro filho do povo", disse ele aos policiais reunidos. "Há um conflito irresistível agora em andamento entre as forças das trevas, da anarquia e do motim e as forças da luz, da lei e da ordem." O discurso do capitão-chefe Richard Enright foi mais pessoal e lírico: "Durma, bravo Petrosino, o mais nobre dos mortos da cidade. Durma aqui no seio de uma cidade grata, ao alcance da vista de sua vida agitada, ao som de suas múltiplas vozes, abrigado no coração de um povo que você deu tudo de si para salvar".

Outros planos estavam sendo alterados. O deputado nova-iorquino que pretendera apresentar um projeto de lei que tornava os atentados a bomba um crime passível de pena de morte declarou que, depois de uma análise mais detalhada, decidiu retirá-lo. "Eu moro em um distrito da Mão Negra", ele disse a repórteres, "e sei o que esses sujeitos são capazes de fazer. Pensando melhor, vou deixar o projeto para alguns deputados do interior do Estado apresentarem." O projeto de lei nunca chegou à Assembleia.

O medo que a população sentia da Mão Negra perdurava. O detetive Salvatore Santoro, do Esquadrão Italiano do Brooklyn, chegou em casa duas semanas depois da morte de Petrosino e encontrou um aviso de despejo deixado pelo proprietário da casa. Santoro, a esposa e os filhos receberam ordem para deixar o local até 1º de abril. Quando perguntou ao proprietário por que estava sendo despejado, o homem admitiu que o assassinato de Petrosino o fez temer que sua casa fosse explodida pela Sociedade por abrigar um integrante do Esquadrão Italiano. Santoro foi obrigado a encontrar outro lugar para morar.

As batidas em locais suspeitos de ser pontos de encontro da Sociedade continuaram, e o prefeito, preocupado com represálias, disse ao comissário Bingham que talvez fosse melhor ele tirar férias "até que a comoção quanto à guerra contra a Mão Negra tivesse terminado". Bingham recusou. Certa noite, o comissário ia de carro para seu escritório na rua Mulberry 300 quando passou por um beco escuro. Um único tiro soou. A bala "passou tão perto [de Bingham] que foi considerado um milagre ele não ter sido abatido". O projétil se alojou na madeira de um prédio em frente ao beco; a área ficou lotada de policiais em busca de pistas.

Um evento beneficente de luxo em prol de Adelina foi programado na Academia de Música, com 35 atores famosos e estrelas de *vaudeville*. No entanto, os organizadores encontraram dificuldades. "Recebemos todas as garantias de que o teatro, apesar de ser um dos maiores da cidade, estaria com a lotação esgotada", disse George M. Cohan, que estava produzindo o evento. "No último minuto, começou a circular um rumor misterioso de que uma horrível calamidade recairia sobre qualquer um que tivesse algo a ver com o evento." Os artistas receberam cartas ameaçadoras; muitos cancelaram sua participação. Na noite da apresentação, havia um grande número de lugares sobrando. Policiais que haviam reservado ingressos deixaram de comparecer, e isso custou aos organizadores milhares de dólares. Até o prefeito McClellan, que havia reservado vários lugares, enviou um pedido de desculpas e não foi. Um constrangido Cohan informou à imprensa que o evento havia arrecadado apenas metade do previsto.

A resposta do governo federal, depois de muito alardear uma nova guerra contra a Mão Negra, foi morna. A única ação concreta ocorreu quando agentes do governo pediram aos correios que ficassem atentos às cartas da Sociedade. As sugestões da carta de Bingham ao secretário de Estado nunca foram implementadas e provavelmente não foram analisadas com seriedade.

✳ ✳ ✳

ENQUANTO ISSO, A SOCIEDADE CONTINUAVA SEU TRABALHO COMO SE NADA tivesse acontecido. Em 1911, um merceeiro italiano com loja na rua Spring recebeu uma carta com a demanda habitual por dinheiro. "Petrosino está morto", lia-se, "mas a Mão Negra continua viva." Ele levou a carta à delegacia. Logo depois, o cortiço onde ele morava foi incendiado. Moradores que ficaram presos em seu interior correram para o telhado a fim de escapar das chamas. "Os gritos de mulheres e crianças e o barulho das bolas de fogo", escreveu um jornalista que estava no local, "acordaram quase todo mundo que vivia no quarteirão." Homens e mulheres pularam do telhado para escapar das chamas, morrendo ao caírem na calçada lá embaixo. Outras pessoas foram encontradas mortas ao pé de uma escada que leva ao telhado. Nove pessoas morreram em meio às chamas, incluindo seis crianças, entre elas, dois bebês, ambos de 1 ano. As atrocidades, e o assassinato de Petrosino, congelaram uma imagem dos italianos que persiste até hoje. "O assassinato", escreveram dois historiadores, "mais do que qualquer outro acontecimento, convenceu o povo americano de que o crime organizado nos Estados Unidos era uma grande importação da Itália."

Desolada, Adelina percebeu que não podia mais morar no número 233 da rua Lafayette. Não era considerado seguro para ela morar lá sozinha; já havia um guarda postado do lado de fora de sua porta dia e noite. Ela decidiu se mudar para o Brooklyn. Levou consigo cada pedaço de papel relativo ao marido, cada artigo sobre a vida dele, a arma de serviço, o relógio de ouro enviado pelo rei Vítor Emanuel III, cada certificado de posse de Petrosino, cada carta de condolências. Adelina havia internalizado a ansiedade pela morte do marido. Anos depois, quando a filha se casou com um policial – e justo um irlandês –, Adelina ficou apavorada. "Ela achou que a história poderia se repetir", diz a neta. "Foi contra o casamento desde o início."

O NYPD continuou a levar a sério a ameaça contra ela. Mais de cinquenta anos depois da morte de Petrosino, muito depois de todos os criminosos que ele havia combatido estarem mortos ou se aproximando da senilidade, estreou *Pay or Die*, um filme de 1960 sobre a vida dele, com Ernest Borgnine no papel principal. Familiares chegaram ao tapete vermelho com uma guarda policial completa; um detetive sentou-se perto deles no teatro enquanto o filme era exibido. Gene Kelly antecedeu Borgnine nas telas, com um filme sobre a Sociedade; dez anos antes, ele havia interpretado um personagem meio baseado em Petrosino, em um filme chamado *Black Hand*, seu primeiro papel em que ele não cantava e não dançava. O filme não foi memorável, mas o desempenho de Kelly recebeu críticas elogiosas.

SE HAVIA UM HOMEM QUE DESEJAVA MAIS DO QUE NINGUÉM VINGAR a morte de Joseph Petrosino, era seu amigo Anthony Vachris, o chefe do Esquadrão Italiano do Brooklyn. Ele estava disposto a ir à Sicília para encontrar os assassinos. "Vachris é um homem de pescoço de touro, durão [...] que não sabe o que é medo", declarou o *Brooklyn Eagle*, ecoando os comentários de Roosevelt sobre Petrosino. "Ele foi ameaçado diversas vezes com todo tipo de violência, e disseram-lhe que, algum dia, poderia ir parar em um saco ou em um barril, mas ele ri com desdém de todos os que o ameaçam, pois ainda está para encontrar algum maldito *dago* que possa matá-lo."

Dias depois do assassinato de seu amigo, Vachris concedeu uma entrevista a repórteres e pediu que o comissário o enviasse à Itália. "Tenho certeza de que posso pegar a quadrilha responsável pela morte de Petrosino", ele declarou. "Não há nada melhor do que ser enviado para lá com um grupo de homens do serviço secreto. É isso que deve ser feito para vingar a morte do nosso camarada, e vou pedir licença para ir." Bingham, que dificilmente poderia recusar alguma oferta para a captura do assassino de Petrosino, concedeu a permissão. Vachris fez a barba e obteve documentos que o identificavam como John Simon, um empresário judeu. Ele embarcou em um navio rumo a Liverpool com Joseph Crowley, um detetive irlandês que havia aprendido italiano enquanto patrulhava a colônia do Brooklyn. O NYPD não queria cometer o mesmo erro que havia cometido com Petrosino; os dois detetives cuidariam um do outro enquanto estivessem no exterior. A dupla embarcou para a Europa em 12 de abril de 1909.

O sigilo da missão foi preservado. "John Simon" e seu parceiro chegaram em segurança à Inglaterra e, então, embarcaram em um navio para a Itália. Depois que foram instalados na capital, tiraram novos disfarces das malas. A partir daí, percorreriam a Itália vestidos de camponeses. A dupla começou a investigação visitando Roma, Gênova e Nápoles e entrevistando qualquer um que encontrasse e que tivesse conexão com o caso. A polícia italiana alertou-os de que a vida deles estava em perigo, mas eles prosseguiram apesar disso. Agentes do serviço secreto italiano montavam guarda enquanto os americanos trabalhavam nas secretarias dos tribunais analisando registros criminais. Todavia, assim como Ceola e seus investigadores, Vachris pouco avançou na solução do assassinato em si.

Vachris sentia que as respostas para o assassinato estavam na Sicília, mas, quando disse a seus guardiões italianos que pretendia visitar a ilha, eles ficaram assustados. "Diziam que era loucura", ele se lembrou, "e que isso significava morte certa." Vachris e Crowley discutiram com as autoridades policiais, mas não obtiveram sucesso. Assim, os dois voltaram para seus quartos em uma tarde, trocaram os disfarces por roupas novas e saíram do hotel sem serem notados por seus guardas. O cônsul Bishop, que estava pronto para retornar aos Estados Unidos, ajudou a contrabandear a dupla para a Sicília. Em Palermo, eles foram até a Piazza Marina e tiraram uma foto no local onde Petrosino foi morto a tiros.

Eles também retomaram o trabalho inacabado de Petrosino e começaram a recolher mais certidões penais. Ali, Vachris e Crowley fizeram progressos significativos. Eles recolheram mais de 350 documentos referentes a homens que viviam de modo ilegal em Nova York. As autoridades italianas prometeram vasculhar os arquivos e enviar centenas de outros.

No entanto, no meio da investigação siciliana, um telegrama chegou ao hotel na Sicília. O comissário Bingham tinha sido demitido e um novo regime havia sido adotado e alterado a administração do NYPD. Os detetives receberam ordens para que retornassem de imediato a Manhattan. Os dois fizeram as malas às pressas e tomaram o próximo navio a vapor que sairia para os Estados Unidos, o *Regina d'Italia*. O navio aportou em Jersey City no dia 11 de agosto.

A demissão de Bingham está envolta em mistério. Havia boatos de que ele teria feito o impensável: ordenado batidas policiais em bares e redutos da Tammany nos "distritos Sullivan" de Manhattan. De fato, foi exatamente o que aconteceu. Bingham ordenou que seus homens fechassem uma espelunca na rua Mott 6, de propriedade de Paddy Mullin, amigo e aliado de Big Tim. Quando um político perguntou a ele se Big

Tim havia aprovado a iniciativa, Bingham zombou dele. "Os Sullivan! Eles não conseguem obter do departamento nem a hora certa." O prefeito McClellan exonerou o comissário de suas funções logo depois disso.

Bingham, sendo Bingham, não caiu calado. Ele acusou o prefeito e seus chefes na Tammany de "inutilidade, canalhice e perversidade geral" e fez campanha pela chapa oposicionista na eleição seguinte. "Ah, o prefeito cometeu um grande erro quando me demitiu", disse Bingham à multidão em um comício anti-Tammany. "Não porque se tratava de Bingham, mas porque ele poderia ter feito isso como um homem branco, pedindo minha demissão e, assim, efetivamente calando minha boca. Agora, admito, minha política é derrubá-lo para valer e acabar com ele." Apesar de suas bravatas, a carreira do General no governo terminara; sua reputação nunca havia se recuperado do caso Petrosino.

Apesar do retorno antecipado, Vachris e Crowley poderiam estar muito satisfeitos com a viagem à Itália. Não tinham descoberto a identidade do assassino de seu amigo, mas tinham completado a missão. Traziam centenas de certidões penais na bagagem, e Vachris estava convencido de que os italianos cooperariam, enviando muitas mais. Dezenas de homens da Sociedade seriam deportados e muitas das gangues principais seriam desarticuladas. Poderia ser o fim do terror da Mão Negra em Manhattan.

Quando chegaram a Nova York, os dois detetives foram levados para uma reunião com o comissário William F. Baker, o novo chefe de polícia. Depois, Baker, que havia sido elevado de um humilde escrivão ao topo do departamento por nenhuma razão aparente a não ser sua lealdade à Tammany, fez um anúncio público dando as boas-vindas aos dois: "Os tenentes Vachris e Crowley relatam, como resultado de sua visita à Itália, que trouxeram de volta muitas informações a respeito dos criminosos italianos neste país", disse ele a repórteres, "o que será de grande benefício". Mas, em particular, o comissário ordenou que Vachris e Crowley não falassem com repórteres nem com colegas policiais sobre a missão. Em vez de ser autorizado a deter os homens citados nas certidões penais e iniciar o processo de deportação, Vachris foi instruído a se sentar a uma mesa e traduzir os documentos. Crowley, por sua vez, foi rebaixado de tenente interino ao posto de sargento, dispensado de suas funções de detetive e enviado para o Bronx, onde deveria fazer a ronda na avenida Saint Nicholas, bem longe das colônias italianas. Ele foi exilado em "Goatville".*

Vachris passava o dia trabalhando nas certidões. Novas certidões, com fotos de criminosos italianos que haviam fugido para os Estados Unidos, chegavam o tempo todo da Itália, onde as autoridades pareciam estar levando o assunto mais a sério do que no passado. O número de certidões penais subiu para mais de 700. Algo muito próximo do sistema de rastreamento permanente de criminosos italianos que Petrosino havia imaginado estava agora em vigor. Ainda assim, Vachris estava preocupado. Cada um dos casos levantados nas certidões penais tinha uma data de validade: se o criminoso ultrapassasse três anos nos Estados Unidos, ele não poderia mais ser deportado. Os dias e as semanas se passaram e nada aconteceu. Ninguém veio buscar as certidões, nenhuma ordem foi dada para prender os culpados e nenhuma deportação ocorreu.

Quando terminou com as certidões, Vachris guardou os originais e suas traduções em um armário de arquivos. Então, assim como aconteceu com Crowley, Vachris foi retirado de suas funções de detetive e ordenado a fazer a ronda, desta vez em City Island. Isso era, na simbologia bizantina do NYPD, uma passagem para o *gulag***. Sua nova missão lhe tomava um tempo de quatro horas de viagem se transportando de sua

---

* *Goatville ou Goat Town* ("cidade das cabras") era o nome dado ao Upper West Side de Manhattan, onde, no século XIX, eram criadas milhares de cabras. (N. da T.)

** *Gulag* era um sistema penal institucional de campos de trabalhos forçados para criminosos (campos de concentração), onde se detinham presos políticos e qualquer cidadão em geral que se opusesse ao regime na União Soviética. (N. da T.)

casa em Bay Ridge, no Brooklyn, para o local de trabalho e depois voltando, e seu turno ia das cinco da tarde até a uma da manhã. Ele não tinha autorização, por causa das regras do NYPD, para sair antes das oito da manhã. Então, muitas vezes, ele dormia na delegacia, preparava suas próprias refeições e ficava longe da família por dias seguidos. Com certeza, alguém havia decidido que o tenente Vachris precisava ser punido.

O que os dois detetives poderiam fazer? Alguma mudança profunda, mas misteriosa, havia ocorrido no departamento. Se falassem com os jornalistas, irritariam o novo comissário. Arthur Woods, o ex-instrutor de Groton que fora para o NYPD e se tornou próximo de Petrosino, agora estava à disposição de Baker e parecia impotente para reverter a decisão. O departamento de polícia não queria se envolver na investigação sobre a Mão Negra que custara a vida de Petrosino. Enquanto isso, os atentados e sequestros continuavam.

"É provável", relatou uma revista, "que a Mão Negra tivesse sido extirpada antes do fim de 1910" se os arquivos de Vachris tivessem sido utilizados. Era uma possibilidade palpável. Prender e deportar setecentos membros da Sociedade teria sido uma grande vitória que poderia ter levado a uma diminuição dos ataques e enviado um sinal de que o preço para participar de crimes da Sociedade da Mão Negra havia aumentado dramaticamente. "Do modo como aconteceu", continuava o artigo, "o mal cresceu e prosperou." Um código especial que Petrosino havia desenvolvido junto aos integrantes do governo italiano, por meio do qual eles poderiam dar informações à polícia de Nova York sobre criminosos que se acreditava estarem indo para Nova York, nunca foi usado.

Mas por que isso aconteceu? Quem deu as ordens para anular a missão de Vachris?

Todos os sinais apontavam para a prefeitura. "As certidões foram ocultadas na sede da polícia", acusou a revista *New Outlook*, "sob ordens do prefeito McClellan." O caso parecia ser a prova do que Bingham e

Petrosino haviam afirmado antes da missão a Palermo: que criminosos, incluindo os membros da Mão Negra, estavam sendo protegidos de processos por autoridades do alto escalão da prefeitura. O ocultamento "deu a esses exóticos bandidos a garantia do poder das lideranças políticas americanas para protegê-los".

Há, como assinalou Salvatore LaGumina, outra explicação possível. O general Bingham esteve na vanguarda da luta contra a Mão Negra e deu carta branca a Vachris em sua viagem. Qualquer sucesso alcançado seria visto como uma realização sua. Para McClellan, que havia demitido Bingham em público em uma disputa por poder, dar meia-volta e concluir o projeto que o General havia iniciado teria dado a Bingham um imenso impulso político. Isso teria colocado em dúvida as razões de McClellan para demitir Bingham e talvez até dado ao General uma plataforma a partir da qual buscar cargos mais altos – incluindo o cargo de prefeito. Havia excelentes razões táticas para enterrar os resultados da viagem de Vachris e também da viagem de Petrosino.

Qualquer que fosse a teoria que fizesse mais sentido, o caso era vergonhoso. Petrosino havia morrido no cumprimento de sua missão, e agora os frutos de seu trabalho estavam abandonados em um armário na sede da polícia. Os criminosos haviam sido contemplados com a liberdade. "A aceitação de qualquer uma dessas teorias", escreveu LaGumina, "condena McClellan por um crime contra a civilização e o torna, mais do que qualquer outro homem, responsável pela terrível carnificina causada desde então por esses criminosos exóticos." Há exagero na linguagem, mas é difícil argumentar com a conclusão. Nos primeiros dezesseis meses e meio após a morte de Petrosino, cerca de cem italianos morreram de forma violenta, e muitos dos assassinatos estavam diretamente ligados à Mão Negra, incluindo os de quinze vítimas que morreram em incêndios provocados pela Sociedade e duas crianças sequestradas que foram mortas porque seus pais não puderam pagar o resgate. Muitas dessas mortes poderiam ter sido evitadas. No mesmo período, a taxa de condenação por crimes da Mão Negra caiu para menos de 10%.

Em 1910, um novo grupo ativista, a Liga Cívica Ítalo-Americana, enviou uma carta a John Purroy Mitchel, o político idealista e altivo que assumira como prefeito interino depois que o prefeito eleito, William Gaynor, foi baleado durante uma tentativa de assassinato. A carta relatava o sucesso do Esquadrão Italiano e denunciava a explosão de violência e o terror implacável que se seguiu à morte de Petrosino. "O senhor com certeza concordará que este estado de coisas é totalmente injusto", escreveram os membros da liga. Eles queriam transformar "uma grande massa civicamente inerte de meio milhão de italianos em uma parte ativa e orgânica da vida da cidade", mas, primeiro, precisavam ser libertados da opressão da Sociedade. A liga queria ação.

Mitchel ignorou o pedido, assim como Gaynor depois de sua recuperação. Em 17 de novembro, o Esquadrão Italiano foi dissolvido. A obra de Petrosino foi desaparecendo na obscuridade.

Enquanto isso, na Itália, Vito Cascio Ferro retomou sua ascensão para se tornar indiscutivelmente o maior e mais influente chefe da Máfia de sua época. Ao longo dos anos, o histórico de Cascio Ferro com a polícia foi invejável: 69 prisões, nenhuma condenação. No mundo em preto e branco da Sicília, ser acusado de matar Petrosino o tornou ainda mais famoso e poderoso. "À medida que envelhecia", escreveu o biógrafo de Petrosino, Arrigo Pettaco, "ele assumia modos quase nobres e se tornava, na verdade, uma espécie de rei."

✷ ✷ ✷

EM 1914, O SERVIÇO SECRETO DOS ESTADOS UNIDOS DA AMÉRICA, que estava investigando a operação de falsificação Lupo-Morello, prendeu Antonio Comito, que ouvira uma conversa sobre Petrosino em uma fazenda no interior de Nova York cinco anos antes. Durante o longo interrogatório que se seguiu, um agente conseguiu fazer com que o italiano falasse sobre o que havia acontecido na noite em que Ignazio Lupo foi visitá-lo e anunciou que Petrosino havia partido para a Itália.

Comito se recordou que os homens ficaram assombrados com a notícia. O homem que ele conhecia como Tio Vincent sorriu. "Então, ele foi para um bom lugar", disse ele, "pois será morto."

Outro homem, Cito, acrescentou: "Só espero que o plano seja bem-sucedido!".

Essa foi a primeira vez que Comito ouviu falar de um plano para matar Petrosino. Ele ouviu com atenção o que se seguiu. Lupo falou com amargura, lembrando-se de seu confronto com o detetive quatro meses antes.

"Ele arruinou muita gente", disse Lupo. "Todos vocês sabem que ele se fazia trancafiar nos Tombs, como se estivesse detido, ouvia as conversas e realizava prisões com base no que havia escutado."

"Ele arruinou muitos homens", disse Tio Vincent, "e ainda faz muitos chorarem."

Lupo havia se referido a um calabrês que ele tinha mandado de volta à Itália, um homem chamado Michele. Seria um mensageiro? Um assassino? Os homens não entraram em detalhes.

"Você fez bem", disse um dos falsários, um homem chamado Cecala, que piscou para Lupo e ergueu o copo a fim de brindar ao visitante. "Vou beber a nosso sucesso aqui e à esperança da morte dele. Para o inferno com essa *carogna* [pedaço de carniça]."

Lupo ergueu seu copo e tomou um gole de vinho. "É uma pena…", ele disse, depois de pousar o copo de novo. "É uma pena que isso deva ser feito às escondidas… que ele não tenha, primeiro, sofrido, como fez tantos outros sofrerem. Mas ele se protege tão bem que terá de ser algo rápido."

Depois que os homens comeram, sentaram-se para ouvir Lupo cantar em italiano, provavelmente as canções folclóricas que conheciam desde a juventude. Lupo estava com uma voz boa e cantava "como um homem feliz". Estava tudo acertado.

Se podemos acreditar em Comito, e não há razão para não acreditar (o agente do Serviço Secreto com certeza acreditou), o plano para matar Petrosino fora colocado em ação nos Estados Unidos. Lupo e Morello provavelmente foram os mentores por trás dele, e seu amigo Vito Cascio Ferro é o principal suspeito de ter organizado os detalhes em Palermo, mesmo que não tenha sido ele quem puxou o gatilho. A confissão de Comito é o mais próximo que temos de um mapa do que aconteceu com Joseph Petrosino naquela noite na Piazza Marina.

18

Um Retorno

E M ABRIL DE 1914, "UM HOMEM ALTO, MORENO E SIMPÁTICO" subiu as escadas da nova sede do NYPD, localizada na rua Centre 240, cumprimentando de forma calorosa os policiais enquanto entrava no edifício branco maciço e reluzente em estilo Beaux-Arts. Era Arthur Woods, o ex-professor de Groton que havia ingressado na polícia de Nova York anos antes. Um novo prefeito reformador, John Purroy Mitchel, havia sido empossado no cargo, e ele nomeou Woods como comissário.

Quando chegou naquele primeiro dia, Woods tinha planos, conhecidos apenas por ele, de mudar a própria missão do NYPD. Ele não era apenas mais um reformador; era quase um radical com uma visão alucinada, disposto a implodir a força policial. Woods tinha ideias novas e drásticas sobre como engajar as pessoas das quais seus homens cuidavam e como transformar o NYPD de um exército truculento de irlandeses acima do peso propensos a suborno em algo quase intelectual e beneficente. Uma de suas primeiras ideias foi exigir que todos os detetives tivessem aulas de psicologia aplicada em faculdades locais. Ele acabou desistindo, mas essa era uma característica da mentalidade de Woods. Ele se tornaria talvez o chefe mais progressista na história do NYPD.

O novo comissário iniciou sua gestão fazendo uma série de mudanças. Ele ordenou que os policiais emagrecessem e passassem por treinamento físico no estilo militar. "O policial obeso", proclamou um jornalista, "negligente e apadrinhado por políticos desapareceu para sempre." Ele exigiu que fossem mantidas estatísticas criminais precisas para cada bairro, uma prévia do programa CompStat desenvolvido na década de 1990. Químicos formados, membros das primeiras equipes forenses do país, agora corriam para as cenas de crime com os detetives e analisavam manchas de sangue e roupas por meio das coletas que faziam, no local, de poeira, tecido, cabelo, madeira, metal e outros materiais que pudessem fornecer pistas. O professor L. E. Bisch, da Universidade Columbia, implantou uma "Biblioteca de Psicopatias" dentro de uma unidade do NYPD, onde ele e sua equipe aplicavam testes aos criminosos para verificar o raciocínio e o tipo de personalidade de cada um deles. O trabalho de Bisch tornou-se um dos primeiros estudos em ampla escala sobre a mente criminosa. Nova York ganhou até sua primeira delegacia de polícia aquática, um escritório da polícia de Nova York que flutuava no East River e continha inclusive dormitórios, um "escritório", um telégrafo sem fio e uma cabine de descanso. Havia aulas regulares de cinema; os detetives acomodavam-se em uma sala escura na sede da polícia e estudavam filmes em que artistas de teatro encenavam vários crimes, para que os agentes pudessem aprender melhor os sinais reveladores de delitos e contravenções.

Em agosto de 1914, Woods chegou a ordenar que seus homens *não* fizessem cumprir certos tipos de leis; em especial, decretos municipais. Em vez disso, ele queria que eles mostrassem aos infratores como evitar infringir a lei. Os detetives que faziam o policiamento de comícios anarquistas, que antes percorriam a multidão brandindo os cassetetes, agora recebiam ordens para sorrir, "irradiar boa disposição" e espalhar um ar de calma e tranquilidade. O policial, para Woods, era um amigo e mentor. "Ele se torna um professor de higiene, um educador de bons hábitos [...]. Ele faz mais o papel de amigo e guia prestativo do que de autocrata vingador e implacável." Os capitães recebiam tíquetes que podiam entregar a um pai ou uma mãe angustiados; com eles, os necessitados podiam comprar leite ou pão, carvão para o fogo ou uma refeição quente em um restaurante local. No Natal, as delegacias eram enfeitadas com pinheiros e abetos, e as crianças pobres encontravam presentes sob as árvores. Woods declarou que os policiais deveriam ser conhecidos como "os amigos do povo". Dizia-se que Woods havia transformado o departamento de polícia em um "braço do Serviço Social".

Os efeitos foram imediatos. Os casos de crimes graves caíram de 31.759 no primeiro semestre de 1915 para 24.267 no ano seguinte, com o número de assassinatos indo de 116 para 94. Woods foi convidado a falar aos presos em Sing Sing; depois, para discursar em Harvard. Ele levou trinta ex-detentos para o prestigiado Collegiate Club da Universidade Columbia e sentou-se para jantar com eles.

Contudo, um artefato do passado permaneceu. A cidade, à beira da Primeira Guerra Mundial, estava infestada de gangues violentas que faziam suas próprias leis. Havia quarteirões na cidade que eram considerados proibidos para civis e até policiais. Na vizinhança ao longo do East River, da rua 96 para cima (conhecida como Car Barn District), era possível ler uma placa pendurada em um poste preto: "AVISO: POLÍCIA, NÃO ENTRE! Nenhum policial será permitido neste quarteirão. Por ordem da gangue de Car Barn". Os policiais que ignoravam a placa e entravam no quarteirão eram atacados e espancados quase sempre. Os gângsteres pareciam ter perdido o medo do policial fardado. "O assassinato pode custar mais barato em Nova York", segundo o *World*, "do que nas partes mais selvagens do Arizona."

E ainda havia também a Mão Negra.

A Sociedade da Mão Negra continuava a matar, mutilar, explodir e extorquir suas vítimas em Nova York e, de fato, em todos os Estados Unidos. Depois da morte de Petrosino, outros policiais foram atacados. O detetive Gabriele Longobardi, "o Petrosino de Chicago", quase foi assassinado poucos meses depois da execução de seu colega; e houve um atentado contra a vida de John D'Antonio, chefe dos detetives italianos em Nova Orleans. Três anos antes, em Kansas City, um policial chamado Joseph Raimo estava em um bar quando um homem que conversava com um grupo de italianos em uma mesa mencionou o nome do assassino de Paulina Pizano, dona de uma mercearia morta pela Mão Negra com um tiro de espingarda em dezembro de 1910. Quando o nome do atirador foi mencionado, um dos integrantes da quadrilha ergueu o olhar e viu que Raimo estava ouvindo. O policial ficou abalado. "Eu sei quem matou Paulina Pizano", ele disse a um amigo. "E eles sabem que eu sei. Um dia, eles vão me pegar." Semanas depois, Raimo voltava para casa depois de um jogo de cartas em um bar do bairro quando um homem entrou na sua frente com uma espingarda. Houve dois estampidos fortes e Raimo caiu no chão, morto. Em seu funeral, sua esposa, mãe de seus quatro filhos, desabou sobre o caixão gritando: *Mio compagno! Mio carissimo compagno!*" (Meu companheiro! Meu querido companheiro!). Tempos depois, ela foi enviada para um hospital psiquiátrico, com a mente desequilibrada por causa de tanta dor.

A Sociedade chegou a efetuar uma espécie de mudança institucional dentro da cultura criminosa. Muitas gangues de Manhattan, mesmo as dirigidas por chefes judeus ou irlandeses, adotaram os métodos da Sociedade. A extorsão corria solta entre os pequenos negócios da cidade, que eram regularmente ameaçados por integrantes das gangues. O dono de algum negócio "era a presa favorita deles, pois eles podiam aterrorizá-lo de tal forma que ele sequer recorria à polícia", relatou o *Herald*.

"Os bandidos iam até ele e exigiam que pagasse tanto por semana para sua manutenção, ou matariam seus cavalos, bateriam nos condutores ou, em alguns casos, [...] havia ameaça de assassinato." A gangue de Dopey Benny comandava o Lower East Side; os Hudson Dusters administravam o West Side e os píeres. As zonas italianas abaixo da rua 14 eram governadas pela gangue de Jack Sirocco e pelos "Chick Triggers". Algumas dessas gangues descendiam das famigeradas gangues da área de Five Points,* mas outras seguiram um modelo com base no qual a Sociedade havia sido pioneira.

E o que poderia ser chamado de Mão Negra clássica ainda estava aterrorizando a cidade. Cinco crianças sequestradas foram assassinadas entre 1909 e 1914. As bombas ainda explodiam com regularidade na parte baixa de Manhattan, e os sequestros continuavam em alta. No entanto, outras histórias e outros temas agora atraíam a atenção do público. "[A Sociedade] havia perpetrado tantas atrocidades sanguinárias em Nova York e no país", escreveu Frank Marshall White, ainda sobre o caso, "que a narração dos seus crimes nos jornais quase havia deixado de interessar, quanto mais de aterrorizar, o cidadão comum." Como algumas autoridades temiam, a Mão Negra havia se tornado um elemento permanente da vida em várias grandes cidades, incluindo Nova York. Arthur Woods chegara a uma cidade que havia capitulado quase totalmente à Sociedade.

No que dizia respeito à maioria dos crimes, Woods pregava um evangelho de compaixão. Quando se tratava da Mão Negra, ele lia um outro livro de orações, que era muito influenciado por Joseph Petrosino.

---

* A área de Five Points era uma região de extrema pobreza situada entre a Broadway e a Bowery, no que hoje é conhecido como Chinatown. Gangues de irlandeses, judeus e italianos formaram-se a partir dos anos 1870, competindo entre si pelo controle de territórios e dos rendimentos de atividades ilícitas. (N. da T.)

O caso que veio a exemplificar a abordagem de Woods à Sociedade começou numa quarta-feira, 13 de maio de 1915.

Naquela tarde, em sua casa, acima da padaria da família na rua Bleecker, perto da praça Washington, a senhora Longo esperava seu filho Francesco voltar da Escola Pública 3, como fazia todos os dias da semana. Seu filho de 6 anos, uma criança "linda e inteligente", havia saído naquela manhã com um níquel no bolso para comprar um sanduíche para o almoço. Às três horas da tarde, quando, em geral, ele entrava pela porta da frente, não havia nem sinal do menino, nem às quatro, nem às cinco. A senhora Longo começou a ficar nervosa. Seu marido, um "homem grande e musculoso", disse-lhe que ela não deveria se preocupar, porque o menino deveria estar brincando e, portanto, logo estaria em casa. O pai, um padeiro também chamado Francesco, era combativo por natureza. Um repórter disse que o lema da Escócia – *nemo me impune lacessit*, ou "ninguém me provoca impunemente" – poderia ter sido tatuado em sua testa, de tão imponente que era sua expressão. A Mão Negra nunca o havia ameaçado.

Dois anos antes, porém, um sobrinho de Longo, de 4 anos, tinha sido sequestrado pela Sociedade. Longo havia encorajado o pai do menino, Felippo Di Fiore, a denunciar o crime à polícia, e discutiu de um modo feroz com Di Fiore quando este resistiu a fazê-lo. Longo sempre desconfiou que o cunhado havia pagado resgate pelo filho, o que, caso fosse rejeitado, no universo da Mão Negra, também colocava em risco os parentes da vítima. Di Fiore recusou-se a contar o que havia acontecido e nunca disse ao cunhado os nomes dos homens envolvidos no crime, embora os conhecesse bem.

Quando começou a anoitecer, a senhora Longo saiu de casa e foi bater na porta dos colegas de escola de Francesco. Seu filho havia voltado para casa com eles? Ela perguntava isso a todos. Os meninos e meninas disseram que não. Quando o viram pela última vez? Todas as crianças se lembravam de ter visto Francesco nas aulas da manhã, mas ninguém se lembrava de tê-lo encontrado depois do intervalo do almoço. A senhora Longo agradeceu e, então, correu para a escola e conseguiu encontrar o bedel antes que ele fosse embora para casa. Ele não tinha visto nada. Com o sol se pondo, ela foi às casas dos professores de Francesco. Ninguém se lembrava de ter visto Francesco depois do meio-dia. A senhora Longo saiu da casa da última professora e caminhou até sua casa com "os lábios se movendo numa oração silenciosa e contínua para Santa Lúcia", a padroeira das crianças pequenas.

Como a maioria dos garotos, Francesco adorava brinquedos e doces; então, quando estava voltando para casa, a senhora Longo entrou em cada lojinha ao longo do trajeto entre a escola e sua casa na rua Bleecker, parando até para perguntar nas bancas italianas de frutas. Francesco tinha parado ali naquele dia? Os donos balançavam a cabeça. Quando saiu da última venda, os olhos dela varreram a rua. "Havia centenas de crianças brincando nas ruas do bairro populoso", escreveu um repórter, "e a cada instante o coração da *signora* batia na garganta, quando avistava algum garoto que de longe se parecia com Francesco." Nesse momento, a senhora Longo imaginava dar um tapa na orelha do filho e mandá-lo para a cama com fome. No entanto, quando descobria que a criança não era seu filho, "ela se recriminava com amargura pelo pensamento cruel, prometendo a si mesma que, quando ele chegasse em casa, como é claro que faria antes de escurecer, teria *ravioli* e bolo com cobertura em sua refeição noturna, e que então ela o seguraria em seus braços até a hora de dormir".

Às oito horas da noite, em vez de Francesco aparecer, foi colocada uma carta por baixo da porta. Estava em um envelope de entrega especial, que havia sido postado às 17h30 no Brooklyn. O texto dizia: "Querido amigo, cuidado ao procurar seu filho Francesco. Ele será encontrado em boas mãos, e queremos a quantia de 5 mil dólares [...]. Se isto chegar ao conhecimento da polícia, você receberá o corpo do seu filho em um pacote entregue pelo correio". Francesco havia sido sequestrado pela Sociedade da Mão Negra.

Logo depois de ler o bilhete, o pai de Francesco correu para a casa do cunhado e irrompeu pela porta da frente. "Se não fosse por sua covardia", ele gritou para Di Fiore, "meu filho não teria sido tirado de mim hoje." Ele estava convencido de que a mesma quadrilha havia sequestrado o filho, e exigiu os nomes dos homens que haviam sequestrado seu sobrinho dois anos antes. "Você diz que a Mão Negra vai tirar a sua vida se você fizer isso [me contar]", disse. "Bom, eu vou tirar sua vida se você *não* o fizer." Ainda assim, Di Fiore guardou para si os nomes dos sequestradores; por mais feroz que seu cunhado fosse, ele temia ainda mais a Mão Negra.

Di Fiore, no entanto, acompanhou o cunhado até a delegacia da rua MacDougal, onde eles pediram para falar com o detetive de plantão. Um homem veio lá dos fundos: Rocco Cavone. Cavone continuou trabalhando em casos da Mão Negra mesmo depois de seu mentor, Petrosino, ter sido assassinado.

Naquela noite, o Comissário Woods foi informado do caso. Foi o primeiro sequestro praticado pela Mão Negra sob sua administração. Ele chamou à sua sala um capitão que estava no comando do esquadrão antibombas que tinha familiaridade com os casos da Sociedade. "Cuide do assunto você mesmo", ele disse, "e deixe todo o resto até encontrar o menino. Use todos os membros do departamento de detetives, se achar necessário. Não poupe tempo nem esforço para imputar esse crime a seus autores, para que possamos provar tudo em juízo de forma infalível". Woods disse ao policial que não queria apenas os coletores e os peixes pequenos da gangue, mas também os chefões. Tempo, dinheiro, horas-homem: era tudo irrelevante. Os detetives trabalhariam no sequestro até construírem um caso hermético. Petrosino nunca havia desfrutado de tais circunstâncias. Woods estava determinado a usar o caso Longo para esmagar a Sociedade da Mão Negra de uma vez por todas.

Enquanto isso, Longo exigiu de novo que seu cunhado revelasse quem eram os sequestradores de seu filho. Cavone também interrogou Di Fiore. Por fim, o homem revelou os nomes: Nicolo Rotolo, padeiro da rua Bedford, perto da casa de Longo, e os irmãos Zarcone, de Islip, Long Island. Quinze minutos depois, os detetives montaram guarda perto dos estabelecimentos de Longo e de Rotolo e mantiveram ambos os locais sob vigilância constante. Outros foram até Islip e descobriram que os irmãos Zarcone haviam se mudado, e que seu paradeiro era desconhecido.

A polícia alugou quartos em frente às duas padarias. Os homens vigiariam ambas as lojas vinte e quatro horas por dia, pelos 48 dias seguintes. Eles desenvolveram um elaborado sistema para observar cada homem e cada mulher que viam entrar na loja ou que demoravam-se nos arredores. A movimentação dos alvos era registrada, e todos os elementos suspeitos com quem tinham contato eram também seguidos. A Mão Negra sabia identificar detetives sozinhos quando era seguida por eles, por isso Woods designara uma equipe de quatro investigadores para cada pessoa. Se um suspeito percebesse a presença do primeiro detetive, este seguiria em frente e outro homem tomaria seu lugar. Os investigadores usavam disfarces diferentes todos os dias: motorneiros, trabalhadores braçais, motoristas, bombeiros. Uma equipe nunca era autorizada a seguir o mesmo homem duas vezes. Se dois suspeitos vistos em alguma das lojas em momentos distintos entrassem em contato entre si depois, isso era registrado. Os suspeitos eram seguidos por todos os distritos da cidade e também em Long Island, em Westchester, em Perth Amboy, em Nova Jersey e em Bridgeport, em Connecticut.

Quando um suspeito entrava em uma casa, logo depois esta era visitada por um carteiro, um entregador ou algum outro prestador de serviços. Na realidade, eram todos detetives do NYPD disfarçados. Se o suspeito não quisesse responder a perguntas comuns sobre sua casa, em seguida, viria um segundo detetive, vestido como inspetor do departamento de saúde local. Usando um vazamento de gás imaginário como pretexto, o inspetor percorria todos os cômodos da casa e se assegurava de que Francesco não estava ali.

Duas semanas se passaram, e os homens de Cavone construíram um grande banco de dados de pessoas ligadas a Rotolo e a todos os seus associados. Os registros mantidos pelas equipes de vigilância revelaram uma anomalia: dois homens que tinham sido seguidos ao saírem das duas lojas haviam entrado separadamente em outra loja, uma mercearia de propriedade de um tal Francesco Macaluso, na rua 76 Leste. Macaluso, descobriu-se, era conhecido do NYPD: tinha ligações de longa data com ninguém menos que Giuseppe Morello e Ignazio Lupo. Ambos tinham sido condenados por falsificação (no mesmo caso que levou à confissão de Antonio Comito) e estavam presos na penitenciária federal de Atlanta, mas os detetives acreditavam que Macaluso ainda estava na ativa como criminoso. Ele era suspeito em outros casos de sequestro, mas a polícia nunca conseguiu coletar provas suficientes para condená-lo.

A investigação se expandiu ainda mais. O NYPD alugou um apartamento em frente à loja de Macaluso e começou a registrar todos os visitantes. Alguns despertaram a curiosidade dos investigadores: um tal Antonio Siragossa era "conhecido da polícia", e Longo já havia feito negócios com ele. Os irmãos Milone, também conhecidos da polícia, foram vistos tanto na casa de Siragossa quanto na mercearia; cada um ganhou sua própria equipe de vigilância. Um tal Nunzio Paladino frequentava bares conhecidos por serem redutos da Mão Negra. Ele também foi colocado sob vigilância de vinte e quatro horas.

Cavone mantinha encontros regulares com o pai do menino sequestrado, para troca de informações. Depois de algumas semanas, ele começou a notar algo estranho: os mesmos três ou quatro homens continuavam aparecendo perto dos lugares onde ele conversava com Longo. Cavone chegou à conclusão de que a Sociedade havia virado o jogo sobre o NYPD e agora estava seguindo o pai da vítima. Ele sabia que, se fosse visto na presença de Longo, isso poderia significar a morte de Francesco. Para evitar isso, ele instituiu um novo protocolo. Em vez de encontrar-se com Longo na rua, Cavone começou a entrar no prédio de apartamentos de algum dos clientes regulares de Longo em sua rota de entrega de pão. Quando Longo aparecia na porta, Cavone estava esperando no corredor, longe da vista de quem observava da rua. Os dois conversavam rápido; depois, Longo saía e continuava seu caminho. Para não arriscar, Cavone subia até o alto das escadas internas do prédio, abria a claraboia e saía para o telhado. Então, entrava pela claraboia de outro prédio. Os espiões da Mão Negra jamais o viram descer as escadas e sair pela porta da frente de algum outro prédio do mesmo quarteirão, de modo que seus encontros com Longo permaneceram secretos.

O esquema de uma gangue de sequestradores estava se revelando, mas, ao que parecia, seus integrantes eram cautelosos. Outras três cartas chegaram à casa de Longo, mas nenhuma continha um endereço para a entrega do resgate. Talvez a quadrilha suspeitasse de algo. Talvez tivesse havido um vazamento da investigação. Mais tempo se passou.

Por fim, Cavone decidiu seguir um plano para forçar a Sociedade a agir. Pediu a Longo para procurar Siragossa e contar-lhe sobre o sequestro, perguntando o que deveria fazer. Com efeito, Cavone planejava utilizar a própria estratégia psicológica da Sociedade – o uso de um "amigo" com conexões – contra ela própria. Se conseguisse fazer com que Siragossa confiasse em Longo, ele poderia levar a polícia até onde estava o menino. Longo concordou. No dia seguinte, ele foi à loja de Siragossa e contou a história do filho desaparecido, omitindo o contato com a polícia. Siragossa ouviu com atenção e tentou reconfortar Longo. Em seguida, sugeriu que o padeiro procurasse um amigo seu que poderia ajudar: Macaluso.

Agora, Cavone sabia que tinha os sequestradores ao alcance da mão. Ele mandou Longo dar início às negociações. Longo procurou Macaluso, que declarou estar abalado com a notícia do crime e prometeu atuar como intermediário. A negociação durou dias. Longo dizia a Macaluso um montante que poderia pagar, e o mediador levava sua oferta aos sequestradores (na realidade, seus cúmplices). Depois, voltava com um valor mais alto. A tensão aumentou. Cavone ainda não tinha ideia de onde o menino estava sendo mantido. Os dois lados continuavam sem contato.

Por fim, Macaluso procurou Longo com uma oferta final: 700 dólares, e ele receberia o garoto de volta. Longo foi ao banco, pegou o dinheiro e se encontrou com Cavone ao fazer uma de suas entregas. Entregou-lhe o pacote de dinheiro, depois virou-se e saiu pela porta da frente. Cavone pegou o dinheiro, subiu as escadas até a claraboia e saiu pela porta da frente de outro prédio na rua. No dia seguinte, o processo funcionou ao contrário: Cavone desceu pela claraboia com o pacote de notas, agora secretamente marcado pelo NYPD, e o entregou a Longo, que o escondeu em um saco de pão. Quando Macaluso aceitou o dinheiro, disse a Longo para esperar a chegada do filho em sua loja nos dias seguintes.

Cavone havia basicamente feito a engenharia reversa do esquema da Sociedade. O "intermediário", em geral, protegia a Sociedade da detecção, agindo como um amortecedor entre a gangue e sua vítima. No entanto, Woods e seus homens, ao empenhar recursos ilimitados à vigilância de suspeitos, conseguiram penetrar no mecanismo da Sociedade e injetar nela notas marcadas. Então, o NYPD enviou equipes de vigilância para vigiar as casas de todos os suspeitos, uma lista que aumentou para vinte indivíduos. Eles já haviam documentado a ida do dinheiro do resgate para os sequestradores. Agora, precisavam do garoto. Então, poderiam fechar a armadilha.

Às seis horas da tarde, Francesco Longo entrou pela porta da casa de seus pais e se jogou nos braços da mãe. Em uma hora, os detetives começaram a invadir as casas dos suspeitos. Foram todos presos; muitos foram arrancados da cama e algemados. Nenhum deles suspeitava que o NYPD os estivesse vigiando.

Cada membro da gangue foi acusado de acordo com seu papel na trama. Vincenzo Acena e a mulher mantiveram o menino em sua casa; ele foi acusado, julgado e condenado a cinquenta anos na penitenciária. Pasquale Milone havia sequestrado o menino na rua e o entregado aos Acena; ele recebeu uma pena de trinta anos. Macaluso fez um acordo e pegou vinte e cinco anos. Não conseguiram fazer a ligação de Siragossa com a trama, então, ele escapou de ser preso, mas outros quatro membros da gangue foram presos com base em outras acusações relacionadas à Mão Negra.

As longas sentenças e a investigação extraordinária, empregando dezenas de detetives e milhares de horas-homem, representaram uma guinada impressionante na atitude de *laissez-faire* que o NYPD manteve por tantos anos. "A mudança veio do nada e caiu como um raio sobre a Mão Negra", escreveu Frank Marshall White. "Essa operação acabou com os sequestros nas colônias italianas em Nova York e marcou o início do fim dos crimes da Mão Negra."

Não por completo. Alguns elementos da Sociedade permaneciam. No entanto, Woods tinha uma última carta na manga.

O comissário logo adotou outro dos métodos de Petrosino que ia contra sua plataforma reformista. Seus homens começaram a perseguir suspeitos conhecidos da Mão Negra e a "enquadrá-los", jogando-os contra a parede e interrogando-os com rigor sobre suas atividades, da mesma maneira que o Esquadrão Italiano fizera anos antes. Basicamente, era assédio direcionado. "Os criminosos incorrigíveis entre os italianos", escreveu White, "começaram a descobrir que aquilo que consideravam ser seus direitos constitucionais não estava sendo respeitado pela polícia". Acostumados a andar impunes pelas ruas, com as mulheres se persignando sempre que seus olhares se cruzavam, os suspeitos da Mão Negra agora eram assediados, humilhados, menosprezados na frente dos moradores do bairro. Os detetives batiam à porta, às vezes, no meio da noite, empurravam de lado o integrante da Sociedade para entrar e reviravam a casa em busca de bem roubados (muitas vezes, é claro, não havia nenhum "bem roubado"). Se os homens protestavam, eram atirados de um lado a outro a tapas. Se um integrante da Mão Negra saísse de casa e andasse pela rua, poderia ser abordado por um policial que lhe informaria que era culpado de perturbação da ordem e que, se não circulasse, seria preso. Se o criminoso fosse para a esquina seguinte, o mesmo policial se aproximaria de novo e diria que ele estava violando a lei de vadiagem. "Circulando, ou vai apanhar." Se o sujeito se cansasse disso e dissesse ao policial "Tudo bem, me prenda!", o guarda o levaria, ficharia e alertaria o promotor distrital. Os crimes da Mão Negra foram movidos para o topo da lista de prioridades do promotor distrital, e os infratores eram processados com todo o rigor da lei.

A unidade especializada na Sociedade e em outras gangues ficou conhecida como Esquadrão Braço Forte e, depois, como Esquadrão de Massagem, pela habilidade em usar seus cassetetes. "O comissário Woods", observou o *Washington Post*, "é um fervoroso adepto de lidar com o chantagista, o atirador de bombas e o pistoleiro, sem delicadeza e com rijos cassetetes empunhados por policiais robustos." Para o restante da população, o comissário almejava policiamento científico, infundido com uma dose saudável de compaixão. Mas para a Mão Negra? "Guerra implacável!"

A pressão tornou-se de fato implacável. Woods havia deixado claro que toda a força do departamento de polícia e do sistema de justiça de Nova York agora respaldava a guerra. Ele havia transformado o hábito de Petrosino de dar tratamento bruto aos criminosos da Mão Negra em uma campanha integrada contra a Sociedade no sentido vertical. E deu certo. "O resultado das indignidades praticadas o tempo todo contra eles", escreveu White, "foi que centenas de integrantes da Mão Negra abandonaram Nova York antes que Woods completasse um ano como comissário de polícia."

Era tudo, claro, completamente inconstitucional, mas Woods estava determinado a destruir de uma vez por todas a Sociedade na cidade de Nova York. E ele conseguiu.

Por que, deve-se indagar em nome do falecido Petrosino e dos milhares de italianos que fugiram de Nova York ou viram seus sonhos serem arruinados, isso não foi feito anos antes? Não há uma resposta única. Foi por preconceito e foi por dinheiro. Foi pela Tammany Hall. Foi pelo conservadorismo de McAdoo e pela agressividade cega de Bingham. Foi pela incompreensão da cultura italiana da parte de quem a via de fora. Foi pela repulsa e pelo medo dos americanos diante daquilo que não entendiam. Era o "o" no final do nome de Petrosino. Se ele fosse um americano sem hífen, se fosse um ianque de *pedigree* como Arthur Woods, um WASP e um sangue azul, ele provavelmente teria sido autorizado a destruir a Sociedade da mesma maneira que o comissário fez. Só que uma dúzia de anos antes.

Uma série de outros fatores também contribuiu para o fim da Sociedade: a Lei Seca, que atraiu muitos criminosos italianos para o lucrativo mundo da falsificação de bebidas; a gradual desagregação das colônias italianas à medida que os integrantes da segunda geração se mudavam para os subúrbios; a crescente sofisticação e americanização dessa geração, num processo que a isolava das superstições do Velho Mundo; e, por fim, vários casos de destaque apresentados pelo ministério público federal e julgados pela justiça federal.

Woods e seus homens abriram o caminho. Eles romperam o feitiço ao colocar na cadeia cerca de duzentos gângsteres da Mão Negra e de outros grupos e fazer com que centenas de outros fugissem para os confins de Nova Jersey. Esse "exemplo perfeito de trabalho de detetive" interrompeu a onda de terror em Nova York e seguiu o plano que Petrosino havia estabelecido anos antes. O plano dele foi executado com mestria, mas o que de fato tornou o impulso de Woods tão incomum foi sua dedicação. Ele não tratou o crime como um problema dos italianos. Woods foi atrás dele porque o via como uma ameaça ao modo de vida dos americanos.

✳   ✳   ✳

A SOCIEDADE PERSISTIU POR DÉCADAS, REDUZIDA E DISPERSA, um resquício do passado, como o tifo ou o *charleston*. Na década de 1930, na pequena Wellsville, em Ohio, um jovem chamado Matthew Monte observou um grupo de homens da Mão Negra percorrendo sua rua com imponência. "Iam de casa em casa e batiam à porta", ele contou, "visitando todas as famílias italianas das redondezas." As táticas da Sociedade haviam evoluído; aqueles homens ofereciam proteção e dinheiro para as pessoas pagarem suas dívidas. O pai de Monte mandou-os embora, mas eles voltavam todos os meses. Quando um tal de Carlos Marcello, de Nova Orleans, foi deportado do país, em 1953, foi identificado como o "suposto líder" da Mão Negra. Mas a expressão na verdade foi usada como sinônimo para a Máfia. Nessa época, a verdadeira Mão Negra já era uma antiguidade.

O homem que continua sendo o suspeito mais provável do assassinato de Petrosino, Vito Cascio Ferro, teve uma vida próspera por mais quinze anos depois do crime. Quando veio sua derrocada, não foi por causa de algum investigador de polícia, mas de um ditador. Mussolini chegou ao poder por volta de 1924, e a influência da Máfia declinou bem rápido. Cascio Ferro foi abandonado por seus amigos políticos e, em maio de 1925, foi preso por ter matado dois homens que se recusaram a pagar-lhe quando foram alvo de extorsão. Ele conseguiu sair sob fiança e permaneceu em liberdade por mais cinco anos, mas, durante esse tempo, Mussolini nomeou um novo prefeito para a Sicília, um experiente combatente contra a Máfia chamado Cesare Mori, que lançou uma guerra total contra a sociedade secreta e seus aliados. Em 1930, quando Cascio Ferro foi condenado por assassinato e enviado à prisão, para cumprir nove anos em confinamento solitário, a Máfia havia sido neutralizada na Sicília.

Alguns homens que passaram um tempo na sombria prisão de Pozzuoli e conheceram Cascio Ferro se lembram de que ele falava com frequência do detetive de Nova York. "Em toda a minha vida", ele dizia, "só matei uma pessoa. Petrosino foi um inimigo corajoso; ele não merecia uma morte suja nas mãos de qualquer assassino de aluguel." Essa "confissão" obscura e oblíqua, como todos os aspectos da história do assassinato de Petrosino, tem sido discutida e rediscutida há décadas. Cascio Ferro nunca se manifestou de maneira direta nem nunca afirmou ter sido o homem que disparou os tiros na Piazza Marina contra Petrosino; então, como muitos argumentam, poderia ser o caso de querer levar o crédito por algo que na verdade não fez.

O *capo* nunca mais veria a liberdade. Embora tenha implorado clemência, foi mantido na prisão após os nove anos de sua sentença. No verão de 1943, quando as forças aliadas varreram a Sicília depois do lançamento da Operação Husky, as defesas italianas na região da prisão ruíram, e as autoridades evacuaram as celas antes que os bombardeiros americanos pudessem alcançá-la. Vito Cascio Ferro já era um homem velho nessa época, e sua fama já havia sido esquecida fazia muito tempo. De alguma forma, na pressa de fugir da prisão, os guardas esqueceram-se do idoso prisioneiro, então, Cascio Ferro ficou para trás. Abandonado, o único prisioneiro de Pozzuoli morreu de sede em sua cela "como o vilão de algum velho folhetim".

✳ ✳ ✳

Quanto ao legado de Petrosino, é difícil localizá-lo. Há um parque na parte baixa de Manhattan chamado Praça Petrosino, não muito longe das ruas de Little Italy que o detetive percorreu no passado, uma Little Italy que em grande parte desapareceu e deu lugar a uma vizinhança poliglota que está muito além das mais loucas imaginações do detetive. O nome do parque é um tanto irônico: a princípio, ele era chamado de praça Kenmare, por conta da rua Kenmare, cujo nome foi dado por Big Tim Sullivan em homenagem à cidade onde sua mãe nasceu, no Condado de Kerry. Os irlandeses chegaram a Nova York tarde demais para dar nome a muitos lugares; a praça foi o que lhes restou depois que holandeses e ingleses deram nomes às coisas importantes. Assim, o parque recebeu um nome irlandês, e depois veio o nome italiano de Petrosino, numa terra que foi reivindicada por uma tribo de Manhattoes* quando os navios holandeses de Henry Hudson entraram na baía em 1609.

Há um pequeno museu Petrosino em Padula, sua terra natal, administrado por um parente. Há um sobrinho-neto que, inspirado pelo detetive, trabalhou como promotor distrital do Brooklyn por muitos anos, e seu filho, que agora atua como policial no Queens. Mas há pouco mais que possa ser visto ou tocado. Petrosino viveu em uma época de enorme

---

* Nome dado à extremidade sul de Manhattan durante a época da colonização holandesa (primeiras décadas do século XVII) que deu origem ao nome atual da ilha. O nome é atribuído de modo equivocado a um povo indígena que, na verdade, sequer habitava ou frequentava essa porção da ilha. (N. da T.)

terror e alienação para seu povo nos Estados Unidos, e histórias sobre o que ele fazia nas ruas eram contadas e recontadas nas horas seguintes aos feitos por barbeiros e donas de casa e jovenzinhas que estavam sob ameaça de morte. Nenhuma estátua nem uma placa podem recriar aquela atmosfera eletrizante e quase insuportável de suas vidas ou dizer o que Petrosino significou para seus compatriotas ítalo-americanos nos dias sombrios de 1908.

O que restou depois de sua morte foram as pessoas pelas quais ele lutou, contra as quais lutou, que ele emocionou e assombrou. Era o mais americano dentre todos eles e, no entanto, morreu em um estilo que era muito italiano e até tradicional. Talvez a forma como a vida era vivida nos vilarejos da Sicília e a maneira como era vivida nos Estados Unidos se revelassem tão incompatíveis que seria necessário encontrar alguém para representar a violência da passagem de uma para a outra, e Petrosino se tornou esse homem.

Com certeza, ele mudou o modo como os italianos eram vistos nos Estados Unidos. À época de seu assassinato, o início da Primeira Guerra Mundial, com seu espasmo de sentimento anti-italiano e suas novas restrições à imigração italiana, estava a cinco anos no futuro. As execuções de Sacco e Vanzetti ocorreriam quase vinte anos depois. O ódio aos italianos não chegou ao fim em 1909, mas a morte de Petrosino estabeleceu um precedente que foi amplamente reconhecido e compreendido.

No dia do funeral do detetive, o repórter anônimo do *New York American*, de Hearst, viu o cortejo passar em seu caminho para o Queens. Ele ficou algum tempo observando a multidão – talvez até tenha falado com alguns dos presentes – antes de voltar à redação do jornal para escrever sua história, o mesmo tipo de história que todo editor em Nova York havia encomendado a seus repórteres. A matéria dele acabou por ser a que expressaria com mais clareza o significado maior do que havia acontecido em Palermo. "Os homens vivem e morrem, e Nova York parece não se importar", escreveu o jornalista.

> Mas chega um dia em que um homem morre em circunstâncias tão marcantes e dramáticas que a alma da cidade é tocada e sua distraída atenção fica fascinada [...]. Então, não importa que o homem fosse de origem humilde e não tivesse ocupado um alto cargo; o espírito da grande cidade democrática do mundo se ergue, sereno e decidido, para lhe render homenagem. Quem irá dizer – na presença desta augusta demonstração – que os homens nascidos no estrangeiro e que entraram pelos portões da cidade não estão em casa aqui? Os cidadãos italianos de Nova York adquiriram ontem um novo senso de comunhão no seio da sempre inclusiva comunidade da vida cívica.

Agradecimentos

Muito obrigado a Anthony Giacchino, cuja profunda pesquisa sobre a vida de Petrosino fez deste um livro melhor. A Susan Burke, por sua gentil colaboração com este projeto. A Vince Petrosino e sua filha Courteney, por sua inestimável e generosa contribuição com a história da família. A Andrew Eisenmann, por sua generosidade e seu olhar aguçado. A Bruce Nichols e Ben Hyman, da HMH, por melhorarem minha prosa. E a Scott Waxman, que viu para onde a estrada levava.

Nota sobre as Fontes

A família Petrosino guardou uma grande coleção de recortes de jornais, artigos, documentos de família e cartas de condolências que chegaram depois da morte do detetive. Ao longo das notas, esta coleção é citada como arquivo Petrosino. Muitas vezes, os recortes não incluem nenhuma referência aos jornais de onde vieram ou às datas em que foram publicados. Sou grato a Susan Burke e Anthony Giacchino por me permitirem o acesso a esse arquivo. "Confissão de Comito" refere-se às declarações dadas por Antonio Comito ao Serviço Secreto depois de sua prisão, as quais são agora mantidas no Herbert Hoover Presidential Library and Museum [Biblioteca e Museu Presidencial Herbert Hoover], como parte dos Documentos Lawrence Richey, 1900-1957, na pasta "Confissão da Mão Negra, 1910". O material citado faz parte do documento "Confissão de Comito", texto de suas declarações originais datilografado, com 109 páginas.

Notas

PRÓLOGO: "UM TERROR IMENSO, CORROSIVO"

Página

11   *Na tarde de 21 de setembro*: quanto ao rapto de Willie Labarbera, veja o *Brooklyn Eagle*, 9 e 10 de outubro de 1906.

13   *"aquele bando maligno"*: *Washington Post*, 28 de junho de 1914.

      "um recorde de crimes": Frank Marshall White, "How the United States Fosters the Black Hand", *Outlook*, 30 de outubro de 1909.

      "Do fundo": *Pittsburgh Post*, 4 de setembro de 1904.

      "Seu filho está conosco": citado no *New York Times*, 15 de dezembro, 1906.

14   *"Havia uma crença popular"*: Wayne Moquin, *A Documentary History of the Italian-Americans* (Nova York: Praeger, 1974), p. 169.

      que era um mito: este era um tema recorrente para o embaixador, barão Edmondo Mayor des Planches, em suas declarações públicas sobre a Sociedade. Veja, por exemplo, "Is the Black Hand a Myth or a Terrible Reality?", *New York Times*, 3 de março de 1907, no qual Mayor des Planches é citado como tendo dito "Uns poucos homens [...] espalham a história da Mão Negra como forma de manipular os medos de suas vítimas".

      "Toda a sua existência": Frances J. Oppenheimer, panfleto "The Truth About the Black Hand", *National Liberal Immigration League*, 7 de janeiro de 1909, p. 2, citando o dr. G. E. Di Palma Castiglione, diretor do Centro de Informações Laborais para Italianos em Nova York.

14 *que alguns descreveram como*: quanto aos olhos cinzentos, veja o *New York Times*, 14 de março de 1909. Quanto aos olhos pretos, veja o *New York Sun*, 12 de fevereiro de 1908: "um homem grande, corpulento, com olhos negros brilhantes e voz melodiosa". Arthur Train também faz referência ao "brilho ocasional de seus olhos negros" no livro *Courts and Criminals* (Nova York: McKinlay, Stone & Mackenzie, 1912), p. 109.

"músculos como cabos de aço": *New York Tribune*, 13 de março de 1909.

"poderia fazer um violino falar": recorte sem data, *New York Sun*, arquivo de jornais Petrosino.

"o maior detetive italiano": *New York Times*, 30 de abril de 1905.

o "Sherlock Holmes italiano": Giorgio Bertellini, *Italy in Early American Cinema: Race, Landscape, and the Picturesque* (Bloomington: Indiana University Press, 2009), p. 342. Uma editora italiana publicou uma versão novelizada da vida de Petrosino, chamada *Giuseppe Petrosino: Il Sherlock Holmes d'Italia*.

15 *"uma carreira tão emocionante"*: *New York Tribune*, 14 de março de 1909.

hábil com disfarces: Veja o *Evening World*, 29 de abril de 1927: "Ele se disfarçava como ajudante de pedreiro; ele empurrava um realejo e levava um macaco. Ele podia engraxar botas em uma barca ou dirigir um caminhão". Veja também Edward Radin, "Detective in a Derby Hat", *New York Times*, 12 de março de 1944; e Arrigo Pettaco, *Joe Petrosino* (Nova York: Macmillan, 1974), p. 40.

tinha uma memória fotográfica: Veja Pettaco, *Joe Petrosino*, p. 127: "Petrosino gabava-se de ser capaz de reconhecer de vista 3 mil italianos". Veja também o *New York World*, 13 de março de 1909: "Ele conhecia de vista cada fora da lei italiano e anarquista do Leste". E veja o Capítulo 2 quanto ao incidente em que Petrosino reconheceu o assassino Sineni quatro anos depois de ver de relance a foto dele em uma circular da polícia de Chicago.

Cantarolava operetas: *New York Tribune*, 14 de março de 1909: "Joseph Petrosino seria o modelo perfeito para o frade feliz [...] ele cantarolava trechos de ópera".

seu costumeiro terno preto: Pettaco, *Joe Petrosino*, p. 40. Fotografias de Petrosino em trajes civis mostram-no usando ternos escuros e um chapéu-coco preto.

"quase enlouquecidos de tanta dor": recorte sem referência, arquivo de jornais Petrosino.

Ele contava com uma vasta rede: Pettaco, *Joe Petrosino*, p. 60, entre outras fontes.

16 *O homem tinha ouvido*: *Brooklyn Eagle*, 10 de outubro de 1906.

17 *(2 cents a versão não esterilizada)*: Paul Collins, *The Murder of the Century* (Nova York: Crown, 2011), p. 3.

homens montavam guarda: veja o caso de Giovanni Laberry, *New York Tribune*, 9 de julho de 1905. O senhorio de um cortiço, Salvatore Spinella, também foi mencionado em várias matérias de jornal por montar guarda diante de seus prédios com uma espingarda carregada (veja o Capítulo 6).

"sociedade das trevas": *Pittsburgh Post*, 26 de março de 1907.

18 *"prostração nervosa"*: *Cleveland Plain Dealer*, 31 de janeiro de 1906.

"Condições aqui intoleráveis": *Austin Statesman*, 30 de setembro de 1908.

segundo se dizia estava: *Cincinnati Enquirer*, 5 de fevereiro de 1906.

um caro relógio de ouro: entrevista com Susan Burke. O relógio ainda está em posse da família Petrosino.

19 *"O italiano tem um amor natural"*: "Petrosini [*sic*], Detective and Sociologist", *New York Times*, 30 de dezembro de 1906.

20 *"vampiros"*: *Chicago Daily Tribune*, 1º de janeiro de 1908.

"nem com muita imaginação": H. P. Lovecraft para Frank Belknap, 21 de março de 1924, citado em Maurice Levy, *Lovecraft: A Study in the Fantastic* (Detroit: Wayne State University Press, 1988), p. 28.

21 *tinha como hábito*: *New York Evening World*, 29 de abril de 1927: "Quando preocupado com um grande problema ou extenuado, ele ia para casa e tocava a Di Provenza, da *Traviata*, violino, incessantemente".

I. "ESTA CAPITAL DE MEIO MUNDO"

25 *Em 5 de janeiro de 1855*: Michael L. Kurtz, "Organized Crime in Louisiana History: Myth and Reality", *Louisiana History: The Journal of the Louisiana Historical Association* 24, nº 4 (outono de 1983): 355-76.

26 *O pai, senhor Prospero*: quanto à história familiar de Petrosino, veja Pettaco, *Joe Petrosino*, pp. 34-7; e Ercole Joseph Gaudioso, "The Detective in the Derby", documentos da Ordem dos Filhos da Itália, https://www.osia.org/documents/Giuseppe_Petrosino.pdf.

"Ele nunca sorria": Arthur Train, que conheceu Petrosino, escreve em *Courts and Criminals*, p. 109, que ele "raramente" sorria. Radin, "Detective in a Derby Hat", também diz que "ele raramente sorria e quase nunca ria alto".

27 *Em 1888, uma série*: a ilustração foi publicada no *New Orleans Mascot*. Ela pode ser vista em http://ecflabs.org/lab/borders/regarding-italian-population.

28 *Nos locais de conflito*: Paul Moses, *An Unlikely Union: The Love-Hate Story of New York's Irish and Italians* (Nova York: New York University Press, 2015), p. 44. O relato é feito pelo dr. Rafaele Asselta.

O jovem Joe Petrosino: *New York Herald*, 5 de julho de 1914.

29 *"Petrosino era um garoto"*: quanto às recordações de Anthony Marria sobre Petrosino, veja o *New York World*, 14 de março de 1909.

"Lustre nos sapatos?": para uma representação ficcional, veja Horatio Alger, *Tom Turner's Legacy* (Nova York: A. L. Burt, 1902), p. 196.

30 *obrigados a engraxar*: Richard Zacks, *Island of Vice: Theodore Roosevelt's Quest to Clean Up Sin-Loving New York* (Nova York: Anchor, 2012), p. 54.

"Ele era um irresponsável": entrevista com Vincent Petrosino, 22 de dezembro de 2014.

"Ele estava empenhado": Ibid.

31 *"A pazienza não envolve"*: Richard Gambino, *Blood of My Blood: The Dilemma of the Italian-Americans* (Nova York: Doubleday, 1974), p. 120.

Um dia, Anthony e Joseph: *New York World*, 14 de março de 1909.

32 *Tentou desempenhar uma variedade*: a lista dos primeiros trabalhos de Petrosino vem de A. R. Parkhurst Jr., "The Perils of Petrosino", parte 1 de uma série de cinco partes no *Washington Post*, julho-agosto 1914.

Chegou a viajar pelo país: *New York Herald*, 5 de julho de 1914; *New York Tribune*, 14 de março de 1909.

33 *"Sou tão conhecido"*: M. R. Werner, *Tammany Hall* (Nova York: Doubleday, 1928), p. 361.

Um dia, querendo impressionar: Moses, *An Unlikely Union*, p. 119.

"Negócios imobiliários japoneses": David Goeway, *Crash Out: The True Tale of a Hell's Kitchen Kid and the Bloodiest Escape in Sing Sing History* (Nova York: Crown, 2006), p. 30.

34 *Os 150 mil cavalos*: Eric Morris, "From Horse Power to Horsepower" (tese de mestrado, UCLA, 2006).

"mais magnífica": Maury Klein, *The Life and Legend of Jay Gould* (Baltimore: Johns Hopkins University Press, 1986), p. 318.

35 *A luz elétrica começou a substituir*: Mike Dash, *Satan's Circus: Murder, Vice, Police Corruption, and New York's Trial of the Century* (Nova York: Crown, 2007), p. 24.

"Wall Street abastecia o país": Ibid., p. 26.

("esta capital de meio mundo"): William McAdoo, *Guarding a Great City* (Nova York: Harpers, 1906), p. 350.

"O perfil da cidade": Henry Adams, *The Education of Henry Adams: An Autobiography* (Nova York: Houghton Mifflin, 1918), p. 499.

36 *"Por que você não entra?"*: *New York Times*, 14 de março de 1909.

37 *"insultos e obscenidades"*: Pettaco, *Joe Petrosino*, p. 38.

"O governo é um enorme": Henner Hess, *Mafia and Mafiosi: The Structure of Power* (Lexington, Massachusetts.: Saxon House, 1970), p. 27.

38 *Até a igreja*: Ibid., p. 26.

Ele "nasceu contadino": Gambino, *Blood of My Blood*, p. 260.

39 *"A salsinha vai dar"*: Pettaco, *Joe Petrosino*, p. 38.

A primeira prisão: *New York Times*, 16 de abril de 1894.

40 *Enquanto percorria a rua*: quanto ao incidente Farraday, veja o *New York Times*, 11 de abril de 1909.

"O negro de Tenderloin": citado em Thomas Reppetto e James Lardner, *NYPD: A City and Its Police* (Nova York: Henry Holt, 2000), p. 141.

abruzês, napolitano, siciliano: Anna Maria Corradini, *Joe Petrosino: 20th Century Hero* (Palermo: Provincia Regionale di Palermo, 2009), p. 25.

41 *policiais veteranos, às vezes, davam*: Arthur Carey, *Memoirs of a Murder Man* (Nova York: Doubleday, 1930), p. 6.

"Todo o pessoal [...] se voltou": Parkhurst, "The Perils of Petrosino", parte 5.

2. CAÇADOR DE HOMENS

43 *"aquela chance de ouro"*: citado em Sylvia Morris, *Edith Kermit Roosevelt: Portrait of a First Lady* (Nova York: Random House, 2009), p. 153.

44 *"Homem nenhum ajudou"*: Jacob August Riis, *The Making of an American* (Nova York: Macmillan, 1901), p. 328.

"Cante, musa celeste": citado em Zacks, *Island of Vice*, p. 79.

"Ele não conhecia": *New York Times*, 14 de março de 1909.

45 *Sua estonteante variedade*: quanto a referências aos disfarce que ele usava, veja Pettaco, *Joe Petrosino*, p. 40.

"Um de seus maiores prazeres": *New York Tribune*, 14 de março, 1909.

"Ele é um mestre": Pettaco, *Joe Petrosino*, p. 41.

"no chapéu": "Why Petrosino Gets a New Office", *New York Tribune*, 4 de outubro de 1905.

46 *Certa noite*: Este relato é de "Caught After Four Years", *New York Times*, 17 de agosto de 1903.

"seguro de ressurreição": Frank Marshall White, "New York's Secret Police", *Harper's Weekly*, 9 de março de 1907.

Ele descobriu um esquema: Gaudioso, "The Detective in the Derby", p. 8.

Petrosino conseguiu 17: White, "New York's Secret Police".

47 *Petrosino se tornou tão famoso*: o relato vem de John Dickie, *Cosa Nostra: A History of the Sicilian Mafia* (Nova York: Palgrave, 2004), p. 172.

"Petrosino parecia sintetizar": Humbert Nelli, *The Business of Crime: Italians and Syndicate Crime in the United States* (Nova York: Oxford University Press, 1976), p. 95.

48 *O jovem italiano estava bebendo*: muitos dos detalhes do caso Carbone vêm da transcrição do julgamento, registro das Sessões Gerais do Tribunal de Nova York, 1883-1927, microfilme, Lloyd Sealey Library, Nova York.

49 *"Eu não o matei"*: Pettaco, *Joe Petrosino*, p. 43. (Pettaco refere-se ao prisioneiro como "Carboni", mas os registros do tribunal dão o nome dele como "Carbone".)

50   *Como não encontrou*: quanto às viagens de Petrosino ligadas ao caso Carbone e a prisão de Ceramello, veja *Ibid.*, p. 44.

51   "*BALTIMORE – ALLESANDRO CIAROMELLO*": recorte sem referência, arquivo de jornais Petrosino; grafia como na fonte.
"*Fique tranquilo*": *Ibid.*
Carbone nunca desfrutou plenamente: Moses, *An Unlikely Union*, p. 126.

52   "*Em todos os crimes*": panfleto "The Italian White Hand Society: Studies, Actions and Results", arquivo Petrosino.
"*Petrosino não era*": *New York Evening World*, 29 de abril de 1927.

53   "*a noite mais emocionante*": o relato está em Train, *Courts and Criminals*, p. 108.
"*Um homem grande e corpulento*": *New York Sun*, 12 de fevereiro de 1908.
"*seus olhos escuros e inquietos*": Radin, "Detective in a Derby Hat".
"*meu nome é Petrosino*": há inúmeros exemplos de Petrosino dizendo isto, de Pettaco, *Joe Petrosino*, p. 60 e 70, a diversos relatos do caso Carbone.
"*O departamento de polícia*": recorte sem referência, arquivo de jornais Petrosino.

54   "*Se ele falasse de música*": recorte sem data do *New York Sun*, arquivo de jornais Petrosino.
"*A reputação dele*": Michael Fiaschetti, *You Gotta Be Rough: The Adventures of Detective Fiaschetti of the Italian Squad* (Nova York: A. L. Burt, 1931), p. 19.
um mito começou a crescer: a lenda está incluída no artigo da Wikipedia sobre Petrosino.

56   *Logo depois do amanhecer*: o relato do Crime do Barril foi tirado de várias fontes, including Dash, *The First Family*, Capítulo 1; e Dickie, *Cosa Nostra*, pp. 165-70.

57   "*Meu nome é Giovanni Pecoraro*": Pettaco, *Joe Petrosino*, p. 13.
"*Algo estava mudando*": *Ibid.*, p. 29.

58   "*em ilimitada estima*": *Ibid.*, p. 57.
"*Eu, que nunca*": *Ibid.*, p. 90. Pettaco acreditava que essa citação era falsa, mas não forneceu qualquer fone para tal conclusão.

59   "*os lobos sicilianos*": recorte sem referência, arquivo de jornais Petrosino.
"*aquela misteriosa*": *Mercantile and Financial Times*, 8 de abril de 1908.

3. "EM UM TERROR MORTAL"

61   "*Hordas de assassinos italianos*": Parkhurst, "The Perils of Petrosino", parte 2. Parkhurst informa que o registro no diário data mais ou menos da época do assim chamado Crime do Baú, o assassinato de um vendedor ambulante judeu, Meyer Weisbard, pela Mão Negra em janeiro de 1901.

62 *Uma carta foi deixada*: salvo quando outra fonte é citada, este relato do caso Cappiello foi tirado do *New York Herald*, 13 de setembro de 1903, e artigos seguintes no jornal.

"Se você não se encontrar": citado em Dickie, *Cosa Nostra*, p. 171.

63 *"estranho misterioso"*: *New York Herald*, 13 de setembro de 1903.

"Estamos com um pavor mortal": Ibid.

64 *Em 2 de agosto*: este relato do caso Mannino foi tirado de matérias de *New York Times*, 11, 13 e 16 de agosto de 1904; *Los Angeles Times*, 14 de agosto de 1904; *Chicago Daily Tribune*, 18 de agosto de 1904; *New York Tribune*, 18 e 20 de agosto de 1904.

"Vão e façam as prisões": *New York Times*, 13 de agosto de 1904.

65 *"Evidentemente", escreveu um jornalista*: recorte sem referência, arquivo de jornais Petrosino.

"tirando garotinhos italianos": Ibid.

"Parem de nos perseguir": *New York Tribune*, 18 de agosto de 1904.

"O caso do sequestro de Mannino": recorte sem data, arquivo de jornais Petrosino.

"Quinhentos homens e mulheres": *Brooklyn Eagle*, 8 de outubro de 1904.

66 *"A gangue da 'Mão Negra'"*: recorte não identificado, arquivo de jornais Petrosino.

"Não vamos matar": Ibid.

67 *chegou a receber 35*: "Is the Black Hand a Myth or a Terrible Reality?", *New York Times*, 3 de março de 1907.

A Mão Negra incendiou: *New York Tribune*, 21 de agosto de 1904.

Uma bomba explodiu na Rua 151: Ibid.

Cinco meninas foram sequestradas: *Pittsburgh Post*, 6 de junho de 1904.

o corpo de uma delas foi achado: Sidney Reid, "The Death Sign", *The Independent*, 6 de abril e 1911.

68 *"chorava a maior parte do tempo"*: *Washington Post*, 20 de setembro de 1907.

69 *Em 22 de agosto*: "'Black Hand' in Murder", *New York Times*, 29 de agosto de 1904.

Uma bomba explodiu: "Record of the Nefarious Work of the Black Hand", *New York Evening World*, 11 de agosto de 1904.

E um rico empreiteiro do Bronx: recorte sem referência, arquivo de jornais Petrosino.

"a se lembrarem do destino": *Nashville American*, 7 de outubro de 1904.

70 *"O sequestro do jovem Mannino"*: citado em *Los Angeles Times*, 14 de agosto de 1904.

"a sólida doutrina americana": citado em *New York Mail*, 17 de outubro de 1904.

"Os jornais", declarou ele: *Nashville American*, 17 de outubro de 1904.

71 *"Ele foi ridicularizado"*: Parkhurst, "The Perils of Petrosino", parte 5.

"As ramificações": *Pittsburgh Post*, 4 de setembro de 1904.

72 *"Imagine o capitão"*: McAdoo, *Guarding a Great City*, pp. 43 e 50.

73 *Na virada*: Terry Galway, *Machine Made: Tammany Hall and the Creation of Modern American Politics* (Nova York: Liveright, 2014), p. 161.

74 *"O problema agora"*: citado em Moses, *An Unlikely Union*, p. 133.
"A visão de um uniforme": Arthur Train, "Imported Crime: The Story of the Camorra in America", *McClure's* 39 (maio de 1912).
"Você sabe": Pettaco, *Joe Petrosino*, p. 32.

75 *Em Franklin Park*: *Pittsburgh Post*, 23 de outubro de 1906.
"De outros crimes": White, "How the United States Fosters the Black Hand".
"Petrosino não tinha por que esperar": Parkhurst, "The Perils of Petrosino", parte 5.

76 *"Quando assassinato e chantagem"*: *New York Times*, 30 de dezembro, 1906.
"Ele se esforçou": Parkhurst, "The Perils of Petrosino", parte 2.

77 *"O problema de meu povo"*: *Austin Statesman*, 22 de setembro de 1905.
Ele *"chamava as vítimas"*: citado em Corradini, *Joe Petrosino*, p. 63.
"A frustração infinita": Pettaco, *Joe Petrosino*, p. 31.
"No momento", disse ele: "New York Is Full of Italian Brigands", *New York Times*, 15 de outubro de 1905.

78 *"Ele se sentia abandonado"*: citado em Pettaco, *Joe Petrosino*, p. 41.

4. OS SEIS MISTERIOSOS

79 *"Eles, enfim, atenderam"*: Pettaco, *Joe Petrosino*, p. 59.

80 *"O italiano honesto"*: *New York Times*, 4 de setembro de 1904.

81 *O último recruta*: Pettaco, *Joe Petrosino*, p. 59.

82 *"os seis misteriosos"*: *New York Evening World*, 29 de abril de 1907.
"Eles não tinha uma sala": Ibid.
"desoladas": Ibid.
"para lidar com": Thomas M. Pitkin, *The Black Hand: A Chapter in Ethnic Crime* (Nova York: Rowman and Littlefield, 1977), p. 56.
entraram nos Estados Unidos: as estatísticas foram obtidas a partir de uma tabela, "Imigração italiana para os Estados Unidos, por ano", compilada pelo Departamento do Censo dos Estados Unidos, publicada em *Historical Statistics of the U.S., Colonial Times to 1957* (Washington, D.C.: Departamento de Comércio dos Estados Unidos, 1960), pp. 56-7.

83 *"Há milhares"*: *New York Times*, 15 de outubro de 1905.
entre 35 mil e 40 mil: os números vêm de George E. Pozzetta, "The Italians in New York City, 1890-1914" (tese de doutorado, Universidade da Carolina do Norte em Chapel Hill, 1971), p. 211.

Ele estimou que 95%: Frank Marshall White, "The Passing of the Black Hand", *Century*, janeiro de 1918.

"A Mão Negra": Frank Marshall White, "The Black Hand in Control in Italian New York", *Outlook*, 16 de agosto de 1913.

84 *"Para muitos, parecia"*: Moses, *An Unlikely Union*, p. 133.

"Os olhos não": as citações são do *New York Times*, 30 de dezembro de 1906.

86 *Três policiais estavam guardando*: *New York Tribune*, 17 de setembro de 1905.

"Se você não pagar": *Washington Post*, 11 de setembro de 1905.

"Nossa sociedade é composta": *New York Times*, 11 de setembro de 1905.

87 *Certa noite, o padeiro*: *Washington Post*, 11 de setembro de 1905.

"Vou para a cadeia": *New York Times*, 11 de setembro de 1905.

"a Mão Negra agora é a febre": este relato é do *Pittsburgh Post*, 2 de setembro, 1904.

88 *Na vizinha Westfield*: *Washington Post*, 8 de outubro, 1905.

Quando o navio a vapor Sibiria: *New York Times*, 9 de novembro de 1905.

"Juro pelo Deus": *Washington Post*, 16 de fevereiro de 1908.

Um juiz de Baltimore: *Baltimore Sun*, 5 de março de 1908.

5. UMA REVOLTA GERAL

91 *Quando um açougueiro*: *New York Times*, 18 de outubro de 1905.

92 *Em um caso posterior*: o caso está detalhado no *New York Times*, 4 de setembro de 1907.

"Veja aqui", ela começava: *Austin Statesman*, 26 de setembro de 1905.

93 *"Você sabe o que esperar"*: Ibid., 22 de setembro de 1905.

"Por favor, papai": recorte sem referência, arquivo de jornais Petrosino.

por fim, desvendaram o esquema: Petrosino descreveu o esquema em uma entrevista para o *New York Times*, 3 de março de 1907.

94 *Petrosino logo descobriu*: *Cincinnati Enquirer*, 19 de outubro de 1905.

120 milhões de dólares em propriedades: os valores são de White, "How the United States Fosters the Black Hand".

95 *"inclinado para um lado de modo jovial"*: Dash, *The First Family*, pp. 98 e 100.

Um desses comerciantes: sobre a história de Manzella, veja o *New York Times*, 17 de março de 1909.

96 *"Eles dispõem de um gabinete secreto"*: *Pittsburgh Post*, 4 de setembro de 1904.

Em uma ocasião: a história do corcunda é relatada por um autor anônimo, em "The Black Hand Scourge", *Cosmopolitan*, junho de 1909.

97 *uma quadrilha alugou uma caixa postal*: veja o caso do banqueiro Angelo Cuneo, relatado no *New York Times*, 19 de dezembro de 1905.

Quando o esquadrão encontrou algumas palavras: Fiaschetti, *You Gotta Be Rough*, p. 100.
Era composto de: New York Times, 12 de setembro de 1905.

98 *"Gritos de 'Mão Negra!'": New York Times*, 29 de setembro de 1905.
Adolph Horowitz, presidente: Detroit Free Press, 1º de outubro de 1905.

99 *"O condado de Westchester": Washington Post*, 16 de setembro de 1906.

100 *uma queda de 50%:* Pettaco, *Joe Petrosino*, p. 70.
"uma calma que é com certeza curiosa": Pozzetta, "The Italians in New York City, 1890-1914", p. 206.
"um pequeno bando de": Parkhurst, "The Perils of Petrosino", parte 5.
"Aquele punhado de fanáticos": Ibid.
"Ele havia demonstrado capacidade": a história de Cavone é de "Joe Petrosino's Men Served City Loyally", um recorte do arquivo de jornais Petrosino, do *New York Evening World*, datado de "sábado, abril", sem dia ou ano visíveis.

102 *"Todos os obstáculos possíveis":* Parkhurst, "The Perils of Petrosino", parte 5.
os policiais responsáveis: Ibid.

103 *guarda "jovem e ambicioso":* este relato foi tirado do *New York Times*, 18 de outubro de 1905.

105 *"levando uma vida rural em Greenpoint": New York Tribune*, 4 de outubro de 1905.
"'O Daggo' havia se tornado": Moses, *An Unlikely Union*, p. 136.

6. EXPLOSÃO

107 *pertencia aos irmãos Gimavalvo:* quanto à história dos Gimavalvo e outros casos abertos por Petrosino, veja o *New York Times*, 18 de outubro de 1905.
"Meu nome é Salvatore Spinella": a história de Spinella foi amplamente relatada na imprensa da época. Veja o *New York Times*, 25 de julho de 1908; Parkhurst, "The Perils of Petrosino", parte 6; e White, "The Black Hand in Control".

109 *"que dizem não ter medo": New York Times*, 18 de outubro de 1905. A história do vendedor de frutas vem da mesma fonte.
"foi unânime para assassinato": New York Times, 19 de outubro de 1905.
"Os italianos pagam seus impostos": citado em Pitkin, *The Black Hand*, p. 114.
"Se a polícia tivesse sido paga": Reid, "The Death Sign", p. 711.

110 *uma "explosão terrível":* este relato é do *New York Times*, 18 de outubro de 1905.

112 *"Eles estão ficando mais ousados":* esta entrevista apareceu no *New York Times*, 18 de outubro de 1905.

114   *"Este país"*: Frank H. Nichols, "The Anarchists in America", *New Outlook*, 10 de agosto de 1901, p. 859.

"O pânico reinou em Washington": Parkhurst, "The Perils of Petrosino", parte 1.

"Eu tenho o homem certo": Pettaco, *Joe Petrosino*, p. 50.

115   *Petrosino voltou para*: os detalhes da investigação de Petrosino sobre os anarquistas foram tirados de *Ibid.*, pp. 48-55; Radin, "Detective in a Derby Hat"; e Parkhurst, "The Perils of Petrosino", parte 1.

117   *"de forma tão copiosa e histérica"*: Parkhurst, "The Perils of Petrosino", parte 1.

"Nenhum americano nativo": White, "How the United States Fosters the Black Hand".

118   *"Eu o avisei!*: Pettaco, *Joe Petrosino*, p. 53.

Em um dia quente de agosto: os detalhes do caso Marx são do *New York Tribune*, 21 de agosto de 1904.

120   *"Vocês podem pensar"*: *Brooklyn Eagle*, 19 de outubro de 1905.

"Se o detetive Prosini": *New York Times*, 21 de outubro de 1905.

7. ONDA

123   *retratos coloridos feitos à mão*: McAdoo, *Guarding a Great City*, p. 149.

Carroças de entrega percorriam: a descrição desta cena foi baseada em Dash, *The First Family*, p. 60.

124   *altos salários*: Gay Talese, *Unto the Sons* (Nova York: Knopf, 2006), edição para Kindle.

Havia até um pôster: Elizabeth Ewen, *Immigrant Women in the Land of Dollars: Life and Culture on the Lower East Side, 1890-1925* (Nova York: Monthly Review Press, 1985), p. 55.

um novelo de lã: Salvatore Lupo, *History of the Mafia* (Nova York: Columbia University Press, 2009), p. 202.

125   *"Suas ferrovias"*: citado em *Ibid.*, p. 91.

"Minha atenção foi atraída": citado em Moquin, *A Documentary History of the Italian-Americans*, p. 120.

126   *de irlandeses e de outras nacionalidades*: Lupo, *History of the Mafia*, p. 94.

Em outubro de 1906, um integrante: *New York Times*, 29 de dezembro de 1907.

Na Pensilvânia: *Ibid.*, 13 de março de 1906.

em outra cidade: *Ibid.*, 12 de fevereiro de 1906.

127   *O governador Samuel W. Pennypacker*: *Los Angeles Times*, de 13 março de 1906.

"O espírito assassino": *Ibid.*

"zombaram dos policiais": *Washington Post*, 26 de janeiro de 1906.

"ASSASSINATOS EM MASSA": *New York Times*, 21 de agosto de 1906.

composta em latim: *Baltimore Sun*, 3 de março de 1908. Essa carta, que se verificou ser legítima, foi enviada a Charles Rosenfeld, da Agência de Detetives Baldwin.

128   *O caso começou*: para um relato das ameaças, veja o *Cleveland Plain Dealer*, 31 de janeiro de 1906. Uma campanha semelhante, dirigida a um indivíduo privado, está registrada no *Austin Statesman*, 5 de fevereiro de 1906.

Naquele mesmo inverno: o caso Wesson foi amplamente divulgado pela imprensa. Este relato foi tirado de diversos jornais, incluindo o *St. Louis Dispatch*, 5 e 19 de agosto de 1906; o *Boston Daily Globe*, 28 de janeiro de 1906; e o *Washington Post*, 8 de agosto de 1906.

129   *"Cerca de seis"*: *Washington Post*, 8 de agosto de 1906.

uma cripta de aço: *St. Louis Dispatch*, 19 de agosto de 1906.

"O autor das cartas da Mão Negra": *Boston Daily Globe*, 28 de janeiro de 1906.

130   *"Meu caro dr. Marvin"*: citado em Claire Bond Potter, *War on Crime: Bandits, G-Men, and the Politics of Mass Culture* (New Brunswick, Nova Jersey: Rutgers University Press, 1998), p. 111.

131   *até mesmo o herdeiro*: *Atlanta Constitution*, 7 de abril de 1909.

Um juiz de paz: *Washington Post*, 16 de fevereiro de 1908.

conde István Tisza: *Ibid.*, 9 de janeiro de 1905.

132   *"Tem existido um reinado"*: *New York Tribune*, 27 de maio de 1906.

"Desde o momento": *Cincinnati Enquirer*, 30 de setembro de 1907.

Na pequena cidade de Hillsville: ambas as estimativas – de Hillsville e de Newcastle – são do *Pittsburgh Post*, 9 de maio de 1907.

Benjamin de Gilda: a história de De Gilda é do *Philadelphia North American*, 17 de agosto de 1908.

134   *Em 23 de junho de 1906*: *Pittsburgh Post*, 24 de junho de 1906.

Em West Mount Vernon: *New York Tribune*, 19 de dezembro de 1907.

uma senhora chamada Fiandini, cujo marido: *Washington Post*, 28 de janeiro de 1908.

135   *John Benteregna era um barbeiro*: este relato é do *Los Angeles Times*, 1º de janeiro de 1908.

136   *Houve casos*: Robert E. Park, *Old World Traits Transplanted* (Nova York: Harper, 1921), p. 257, citando o *Bollettino della Sera* de 29 de janeiro de 1910.

Depois de ser ameaçado: quanto ao caso de Vincenzo Buffardo, veja o *New York Times*, 15 de maio de 1907.

137   *"O poder de longo alcance"*: Parkhurst, "The Perils of Petrosino", parte 2.

"Através de desertos, rios, mares": "The Long Arm of the Black Hand", recorte sem referência, arquivo de jornais Petrosino.

Kidnapped in New York: *Nashville American*, 25 de outubro de 1908.

O enredo de A Midnight Escape: *Hartford Courant*, 8 de novembro de 1907.

Bat Masterson: *Pittsburgh Post*, 29 de março de 1905.

138 *"o toque eletrizante"*: citado em Pitkin, *The Black Hand*, p. 68.

139 *Se alguém com "mão de mestre"*: *New York Times*, 28 de junho de 1908.

A cada dia de pagamento: Ibid., 11 de agosto de 1907.

Quando as crianças: Lawrence P. Gooley, *Lyon Mountain: The Tragedy of a Mining Town* (Rutland, Vermont: Bloated Toe, 2004), p. 242.

140 *"Tem gente"*: Ibid., p. 235.

"Eu vivia com medo": Ibid., p. 242. Depoimento da sra. Victoria Robinson.

Alguns dos bandidos de Helltown: *Cincinati Enquirer*, 29 de julho de 1909.

"Não usem cassetetes": *Baltimore Sun*, 12 de fevereiro de 1908.

"reunido coragem suficiente": *Baltimore Sun*, 1º de maio de 1907.

141 *Nesse casebre*: *The Independent*, 1º de fevereiro de 1906, p. 244. Veja também o *Los Angeles Times*, 24 de janeiro de 1906.

8. O GENERAL

143 *Numa segunda-feira*: este relato vem de "Willie's Own Story of His Kidnapping", *New York Times*, 10 de outubro de 1906.

145 *"Seus olhos"*: *Chicago Daily Tribune*, 14 de outubro de 1908.

"30 centímetros de altura": Dash, *The First Family*, p. 68.

"Não darei nada": este relato é de Reid, "The Death Sign", p. 711.

146 *totalizava 154 mil dólares*: Michael Scott, *The Great Caruso* (Londres: Hamish Hamilton, 1988), p. 168.

147 *"uma pantera faminta"*: *Los Angeles Times*, 28 de abril de 1907.

"Ele é um soldado": Ibid.

"mordomo, major da banda": *Princeton (Minnesota) Union*, 4 de abril de 1907.

148 *"fricção e fogo"*: Ibid.

"A Casa Branca não era": Ibid.

"Diz-se": Ibid.

149 *"que o tornam"*: Ibid.

Ele com certeza: Pitkin, *The Black Hand*, p. 64.

150 *"Vai ser"*: *Los Angeles Times*, 28 de abril de 1907.

"Vou me vigiar": Ibid.

"O povo de Nova York": *Princeton (Minnesota) Union*, 4 de abril de 1907.

151 *"Enfim"*: Pettaco, *Joe Petrosino*, p. 69.

Crescera em Boston: quanto ao passado de Woods, veja o *New York Times*, 31 de agosto de 1907.

Antes de aceitar: Boston *Daily Globe*, 25 de julho de 1907.

"passava uma forte impressão": recorte sem data do *Christian Science Monitor*, arquivo de jornais Petrosino.

152 *"o maior chefão"*: Thomas M. Henderson, *Tammany Hall and the New Immigrants: The Progressive Years* (Nova York: Arno Press, 1976), pp. 4 e 10.

"O homem da Tammany": obituário, *New York Times*, 23 de dezembro de 1909.

"O afeto que tinham um pelo outro": *Albany Evening Journal*, 13 de setembro de 1913.

153 *Big Tim perfumava as cédulas*: Werner, *Tammany Hall*, p. 439.

"Ele não sabe o suficiente": Pozzetta, "The Italians in New York City, 1890-1914", p. 208.

154 *"Meu quartel-general"*: Theodore Bingham, "The Organized Criminals of New York", *McClure's*, novembro de 1909.

Muitas noites: o relato da corte de Petrosino a Adelina Saulino veio de uma entrevista com a neta deles, Susan Burke, e de Pettaco, *Joe Petrosino*, p. 71.

157 *"Esperar o deixava extremamente nervoso"*: Pettaco, *Joe Petrosino*, p. 70.

9. "O TERROR DAS PESSOAS NOCIVAS"

159 *Vincenzo Sellaro estava apavorado*: quanto à história de Sellaro, veja Pitkin, *The Black Hand*, p. 60; *New York Times*, 2 de setembro de 1905. Quanto ao passado dele, veja no *site* da Ordem dos Filhos da Itália a biografia de seu fundador e seu obituário no *New York Times*, 30 de novembro, 1932.

"OS PALADINOS DA MÃO NEGRA": *New York Times*, 2 de setembro de 1905.

160 *"Tornou-se"*: artigo sem data do *Baltimore Sun*, arquivo de jornais Petrosino.

163 *"Ouvimos muito falar"*: Gino Speranza, "Solving the Immigration Problem", *Outlook* 76 (16 de abril de 1904): 928.

"alguns campos de trabalhos forçados": Gino Speranza, "How It Feels to Be a Problem", *Charities Magazine*, maio de 1904.

164 *Mais jovem advogado*: quanto à história de Corrao, veja o *New York Tribune*, 4 de setembro de 1908, e 14 de março de 1909; e Moses, *An Unlikely Union*, pp. 138-52.

165 *Em março de 1907*: quanto à história de como Enrico Alfano fugiu da Itália, veja o *New York Times*, 22 de abril de 1907.

166 *"O italiano do norte"*: Hess, *Mafia and Mafiosi*, p. 34.

167   *"Com a habilidade de um gênio"*: citado em *Ibid.*, p. 70.

manhã do dia 6 de junho de 1906: este relato do assassinato e da investigação foi tirado de Walter Littlefield, "The Neapolitan Camorra and the Great Trial at Viterbo", *Metropolitan Magazine* 34, nº 4 (julho de 1911): 405-19.

170   *Os informantes do detetive*: *St. Louis Post-Dispatch*, 23 de abril de 1907.

171   *"Então, em 17 de abril"*: para o relato da captura de Alfano, veja o *New York Evening World*, 29 de abril de 1927.

173   *Depois de dezessete meses*: para um relato do julgamento, veja "Camorrist Leaders Get 30-Year Terms", *New York Times*, 9 de julho de 1912.

"o terror das pessoas nocivas": a frase está em uma carta escrita para o Comissário Bingham, coleção William Bishop Papers da Universidade Yale, arquivo Petrosino.

174   *"Se os tribunais"*: Gaudioso, "The Detective in the Derby", p. 12.

"a cura do cassetete": *Detroit Free Press*, 3 de fevereiro de 1908.

Petrosino chegava a se disfarçar: confissão de Comito, p. 69.

175   *"Os bandidos que interagiam"*: Pettaco, *Joe Petrosino*, p. 31.

"Assim você vai se lembrar": *Ibid.*

176   *Antes que o suspeito partisse*: *Ibid.*, p. 120.

"Armas lampejaram": Carey, *Memoirs of a Murder Man*, p. 6.

"pulou sobre eles": Lincoln Steffens, *The Autobiography of Lincoln Steffens* (Nova York: Heyday, 1931), p. 277.

"arrancou mais dentes": James Lardner e Thomas Reppetto, *NYPD: A City and Its Police* (Nova York: Macmillan, 2001), p. 129.

"tinha cicatrizes": Corradini, *Joe Petrosino*, p. 63.

177   *Um homem chamado Giamio*: este relato vem de um recorte sem referência, do arquivo de jornais Petrosino.

"o estabelecimento mercantil": citado em Dash, *The First Family*, p. 99.

178   *"atacando o crédito deles"*: Parkhurst, "The Perils of Petrosino", parte 2.

Certa tarde: quanto à história da surra em Lupo, veja o *New York Times*, 17 de março de 1909.

179   *Um político importante*: esta história é relatada em Pitkin, *The Black Hand*, p. 118.

10. SÓ SE NASCE UMA VEZ, SÓ SE MORRE UMA VEZ

181   *"mais furioso"*: Corradini, *Joe Petrosino*, p. 63, citando Luigi Barzini.

182   *Bozzuffi era um homem que venceu na vida*: quanto ao caso de Bozzuffi, veja primariamente o *New York Times*, 25 de março de 1906, mas também 8 de março de 1906.

187 *No Brooklyn*: quanto à história de Francesco Abate, veja o *Los Angeles Times*, 5 de março de 1909.

188 *"passou a usar vistosas"*: "Black Hand Chief Slain by Men He Sought to Trap", *New York Evening World*, 4 de março de 1909.

189 *Um certo imigrante*: ambas as histórias do parágrafo são de recortes sem referência, do arquivo de jornais Petrosino.

190 *Giovanni Barberri*: este relato é do *New York Times*, 7 de maio de 1905.
Dois dias depois: este relato é do *Atlanta Constitution*, 7 de julho de 1905.
um grupo de Chicago: quanto a Big Jim Colosimo, veja Luciano Iorizzio e Salvatore Mondello, "Origins of Italian-American Criminality", *Italian Americana* 1 (primavera de 1975): 219.

II. "GUERRA SEM QUARTEL"

195 *Em 28 de dezembro de 1907*: este relato é do *New York Times*, 29 de dezembro de 1907.

197 *"malfeitores independentes"*: citado em White, "How the United States Fosters the Black Hand".
"Especialistas" eram com frequência importados: Nelli, *The Business of Crime*, p. 77.
"falou em tom de zombaria": Pitkin, *The Black Hand*, p. 73.

198 *Eles faziam seu juramento*: *Toronto Globe*, 26 de setembro de 1908.
pela forma como matavam: *New York Tribune*, 27 de maio de 1906.

199 *Um corpo encontrado*: White, "The Passing of the Black Hand".
Se uma vítima: Parkhurst, "The Perils of Petrosino", parte 3.
troppa bircca: *Ibid.*
Uma gangue de Manhattan: *New York Times*, 29 de julho de 1904.
Uma gangue da Sociedade: Fiaschetti, *You Gotta Be Rough*, p. 18.

200 *"Houve um assassinato"*: *Washington Post*, 26 de janeiro de 1907.

201 *Em agosto*: *New York Times*, 31 de agosto de 1907.
Em dezembro: *New York Times*, 29 de dezembro de 1907.
"Nova York está experimentando": *Chicago Daily Tribune*, 30 de julho de 1907.

202 *"Eles não têm imaginação"*: Radin, "Detective in a Derby Hat".
uma matéria em que estava: esta história é relatada no *New York World*, 13 de março de 1909.

203 *"rápida deportação dos italianos"*: Pozzetta, "The Italians in New York City, 1890-1914", p. 210.
"Quero que a polícia": *New York Evening World*, 21 de agosto de 1907.
"Agora, não pensem que": *Baltimore Sun*, 7 de fevereiro de 1908.

204 *Em 18 de agosto de 1907*: Chicago Daily Tribune, 18 de agosto de 1907.
"repletos do sentimento": Detroit Free Press, 24 de novembro de 1908.

205 *"O siciliano é um homem sanguinário"*: New York Times, 18 de abril de 1907.
Na hora marcada: sobre a formação da Mão Branca, veja o Chicago Daily Tribune,
29 de novembro de 1907 e 24 de setembro de 1908, entre outras matérias da época;
Nelli, The Business of Crime, pp. 94-95; e The Italian White Hand Society in Chicago,
Illinois: Studies, Actions and Results (Chicago: Italia, 1908).

206 *"Guerra sem trégua"*: Nelli, The Business of Crime, p. 94.
"um bando de criminosos": The Italian White Hand Society in Chicago, p. 23.

207 *Os dois lados se encontraram*: New York Times, 10 de dezembro de 1907.
Em "Helltown": o melhor relato da operação de Frank Dimaio está no Cincinnati
Enquirer, 29 de julho de 1909.

208 *uma "grande e acalorada"*: Chicago Daily Tribune, 7 de fevereiro de 1908.

209 *"voltar sua energias"*: "An Impatient Correspondent", New York Tribune, 24 de fevereiro de 1908.

12. REAÇÃO

211 *"Você também deve se sentir"*: Pettaco, Joe Petrosino, p. 71.

212 *"RUA MULBERRY"*: New York Evening Sun, 8 de janeiro de 1908.
"Choveram felicitações a Joe": Ibid.

213 *"Zona das Bombas"*: New York Times, 30 de novembro de 1909.
"a maioria dos italianos": New York Tribune, 30 de maio de 1904.
"árvore oficial na cobertura": New York Times, 2 de março de 1908.
5 de fevereiro: Baltimore Sun, 5 de fevereiro de 1908.
20 de fevereiro: New York Times, 21 de fevereiro de 1908.
1º de março: Ibid., 2 de março de 1908.
23 de maio: New York Evening Herald, 26 de maio de 1908.
9 de dezembro: Boston Daily Globe, 10 de dezembro de 1908.

215 *"inspetor de combustíveis"*: recorte sem referência, 21 de abril de 1908, arquivo de
jornais Petrosino.
Ele localizou: Washington Post, 8 de fevereiro de 1908.

216 *Em julho*: Baltimore Sun, 15 de julho de 1908.

217 *Metade da cidade*: New York Times, 6 de fevereiro de 1908.
No condado de Rockland, Nova York: New York Tribune, 10 de março de 1908.
Em Greensburg, na Pensilvânia: New York Times, 8 de janeiro de 1904.

218   *Um cirurgião*: veja o *Cincinnati Enquirer*, 30 de outubro de 1908, e o *Washington Post* da mesma data.

     "O conselho supremo": Nelli, *The Business of Crime*, p. 94.

     "mil detetives": *Chicago Daily Tribune*, 9 de novembro de 1907.

     Trivisonno foi nomeado: *Ibid.*, 1ª de janeiro de 1908.

219   *"Nunca antes"*: *Ibid.*, 23 de fevereiro de 1908.

     Em dezembro: *Detroit Free Press*, 14 de dezembro de 1908.

     "do 'opróbrio geral'": *New York Tribune*, 7 de fevereiro de 1908.

     o New York Tribune *publicou*: Editorial, *Ibid.*, 9 de março de 1908.

220   *Em meados de janeiro*: *Washington Post*, 19 de janeiro de 1908.

     Quando um integrante da Mão Negra: *Chicago Daily Tribune*, 18 de novembro de 1908.

     "Os italianos estão sendo aterrorizados": *Washington Post*, 4 de fevereiro de 1908.

221   *"expulsos da cidade"*: *Austin Statesman*, 18 de abril de 1908.

     "beirando um colapso nervoso": *Atlanta Constitution*, 2 de abril de 1908.

     "Não tenho medo": *Cincinnati Enquirer*, 13 de abril de 1908.

222   *"Elogios aos sr. Rockefeller"*: *New York Times*, 26 de janeiro de 1908.

     "demonstração de misericórdia": o reverendo A. H. Barr, citado no *Detroit Free Press*, 24 de novembro de 1908.

223   *"Às vezes é mais sábio"*: "Does the South Want Them?" *Nashville American*, 14 de maio de 1906.

     "de todas as maneiras possíveis": citado em *Hearings Before Committee on Immigration and Naturalization, House of Representatives, Sixty-First Congress* (Washington, D.C.: U.S. Government Printing Office, 1910), p. 86.

     "agora em andamento": *Pittsburgh Post*, 6 de novembro de 1908.

224   *"álbuns de recortes da Mão Negra"*: *Ibid.*

     "A menos que a Mão Negra": *San Francisco Call*, 22 de março de 1908.

225   *"um estado mental"*: *New York Tribune*, 23 de agosto de 1908.

     "O problema, o tempo todo": *Detroit Free Press*, 13 de fevereiro de 1908.

     "Assassinatos, ataques e roubos": citado em Moses, *An Unlikely Union*, p. 138.

226   *"Dez mil vidas"*: *New York Evening Herald*, 26 de maio de 1908.

227   *2.500 prisões*: *New York Times*, 8 de julho de 1908.

     "Mande-o para a cadeira elétrica": *Brooklyn Eagle*, 27 de julho de 1908.

     "deveriam ser classificados": *Ibid.*, 15 de março de 1909.

     "Que a letra K": citado em *Current Literature*, maio de 1909, p. 480.

13. UM SERVIÇO SECRETO

229 *"Ele estava muito feliz"*: carta de Mary March Phillips, pasta de condolências, arquivo Petrosino.
"havia começado e adquirir": Pettaco, *Joe Petrosino*, p. 110.

230 *"Você me pergunta"*: *New York Sun*, 7 de fevereiro de 1908.

231 *"a própria força policial"*: Theodore Bingham, "Foreign Criminals in New York", *North American Review* (setembro de 1908): 383-94.
"Graças ao descuido": *New York Times*, 2 de abril de 1908.

232 *"Se o senhor Bingham usa"*: *New York Evening Journal*, 19 de março de 1909.
"O fato [é]": *Nashville American*, 18 de outubro de 1908.

233 *"dar-se um beijo de despedida"*: *Atlanta Constitution*, 12 de novembro de 1908.
"Sou o comissário de polícia": citado em Pettaco, *Joe Petrosino*, p. 69.
"Você deve admitir": *Ibid.*, p. 108.

234 *"Há dois lugares"*: *New York Times*, 5 de março de 1908.
"O público ficaria surpreso": Pitkin, *The Black Hand*, p. 90.

235 *"Essa história da Mão Negra"*: artigo sem data, arquivo de jornais Petrosino.
"subservientes ao controle": *New York Times*, 2 de setembro de 1908.
"Houve uma tentativa": *Ibid.*, 13 de janeiro de 1909.

236 *"um homem, que não era italiano"*: *New York Tribune*, 20 de fevereiro de 1909.

237 *"barrar a tóxica"*: White, "The Black Hand in Control".

238 *"provavelmente a operação"*: Pitkin, *The Black Hand*, p. 110.

239 *"Joe, talvez você esteja seguro"*: *New York Tribune*, 14 de março de 1909.
"Não vá": *New York Times*, 13 de abril de 1909.
"Disse-lhe que se cuidasse": *Ibid.*, 14 de março de 1909.

240 *"Tio Joe!"*: entrevista com Susan Burke.

241 *"ele tinha no bolso"*: Pettaco, *Joe Petrosino*, p. 119.
"pior dos humores": *Ibid.*

242 *Mais ou menos nesse período*: este relato foi tirado da confissão de Comito, p. 69-71.

14. O CAVALHEIRO

245 *"Passamos muitas"*: pasta de condolências, arquivo Petrosino.

246 *A Sicília foi um lugar*: este relato do começo da Máfia foi tirado de Hess, *Mafia and Mafiosi*, p. 15-32; e Lupo, *History of the Mafia*, p. ix-8.

Ainda jovem: o início da carreira de Cascio Ferro foi tirado de Hess, *Mafia and Mafiosi*, pp. 44-8; Corradini, *Joe Petrosino*, pp. 139-44; e Pettaco, *Joe Petrosino*, pp. 90-101.

249 *"Don Vito"*: Luigi Barzini, citado em Corradini, *Joe Petrosino*, p. 143.
"Seu semblante era impassível": Carlo Levi, *Words Are Stones: Impressions of Sicily* (Nova York: Farrar, Straus and Cudahy, 1958), citado em Lupo, *History of the Mafia*, p. xi.

250 *"Seu comportamento é ousado"*: citado em Pettaco, *Joe Petrosino*, p. 97.
"deixar de ir à Santa Comunhão": Ibid.
"Eu sei quem você é": Ibid., p. 121.

251 *"Você conhece o povo italiano"*: Ewen, *Immigrant Women in the Land of Dollars*, p. 234.

252 *"Vi a Basílica de São Pedro"*: Pettaco, *Joe Petrosino*, p. 129.

253 *"Meu nome é Petrosino"*: Ibid., p. 130.
"Pude encontrar-me": Ibid., p. 131.

254 *um velho amigo da família*: este relato vem de Corradini, *Joe Petrosino*, pp. 77-8.
"Bastava ouvir": Ibid., p. 118.

255 *Ele não via o irmão mais novo*: Pettaco, *Joe Petrosino*, p. 131.

15. NA SICÍLIA

257 *Petrosino chegou a Palermo*: o relato da estada de Petrosino na Sicília foi tirado de Corradini, *Joe Petrosino*; Pettaco, *Joe Petrosino*, pp. 133-45; e das muitas matérias sobre Petrosino no *New York Times*, *New York Sun* e *New York Tribune*, de 14 de março a 30 de abril de 1909.

258 *"Minha querida esposa"*: Pettaco, *Joe Petrosino*, p. 136.

259 *"Prezado senhor"*: Ibid.
"Vi de imediato": Ibid., p. 139.

260 *"Obrigado"*: Ibid., p. 140.

261 *"as áreas mais perigosas"*: Ibid., p. 141.

263 *"Aquele homem é Petrosino"*: quanto aos diversos relatos sobre quem poderia atacar Petrosino, veja Corradini, *Joe Petrosino*, pp. 116-37.

264 *Na Via Salvatore Vico*: Ibid., p. 152.
Outro informante: de uma carta anônima citada em Ibid.
"I Lo Baido": Ibid., p. 119.

265   *Assassinos em cada*: Ibid., p. 263.

E quanto a Vito Cascio Ferro: sobre os movimentos de Cascio Ferro, veja *Ibid.*, pp. 123-25.

"Vito Ferro [...] temido criminoso": Pettaco, *Joe Petrosino*, p. 145.

266   *"que ele não poderia perder"*: Corradini, *Joe Petrosino*, p. 66. A fonte cita "apesar de qualquer motivo", mas este é claramente um problema de tradução.

"pessoa de confiança": Ibid., p. 123.

267   *um par de minas*: Ibid., p. 68.

270   PETROSINO MORTO: Pettaco, *Joe Petrosino*, p. 154.

16. CAVALOS NEGROS

271   *"Poderia dizer alguma coisa"*: *New York Times*, 14 de março de 1909.

272   *"È morto"*: *Ibid.*

"A notícia": *New York Tribune*, 14 de março de 1909.

273   *"Bravo!"*: *Detroit Free Press*, 19 de março de 1909.

"Sinto profundamente": recorte não identificado, arquivo de jornais Petrosino.

274   *"Ele era sempre [...] gentil"*: citado em Corradini, *Joe Petrosino*, p. 76.

"A Mão Negra não tem": *New York Sun*, 15 de março de 1909.

"É hora de": relato de Bishop ao Departamento de Estado, 5 de fevereiro de 1910, arquivo Petrosino.

"carniceiros humanos": *New York Times*, 9 de agosto de 1909.

"Não tenhamos": *The Survey*, 3 de abril de 1909.

275   *"Não é tarde demais"*: "Petrosino – The Lesson", editorial sem data do *New York World*, arquivo de jornais Petrosino.

Bingham e o prefeito: *New York Sun*, 16 de março de 1909.

logo enviou agentes: o Serviço Secreto prendeu diversos suspeitos, mas nunca conseguiu uma condenação. Veja "Petrosino's Slayer Working as a Miner", *New York Times*, 9 de janeiro de 1910.

"de que os assassino covardes [de Petrosino]": *New York Sun*, 17 de março de 1909.

Em Albany: recorte sem data, possivelmente do *New York Herald*, arquivo de jornais Petrosino.

276   *O New York American*: recorte sem data, arquivo de jornais Petrosino.

"esplêndido serviço": *Ibid.*

"As batidas": *New York Sun*, 4 de abril de 1909.

277   *"reconhecimento do recente assassinato"*: Boston Daily Globe, 15 de março de 1909.
    "calamitosa para ítalo-americanos": Gambino, Blood of My Blood, p. 261.
    "Quero render homenagem": recorte sem data, arquivo de jornais Petrosino.
    "A Sicília ergue-se contra a máfia": New York Globe, 19 de março de 1909.

278   *"O rei acredita"*: Washington Post, 20 de março de 1909.
    Em Palermo: quanto à história do caixão, veja o New York World, 19 de março de 1909.

279   *Então, o caixão então foi levado*: para um relato da cerimônia fúnebre em Palermo, veja Corradini, Joe Petrosino, pp. 88-95.
    Sua vida foi ameaçada: Ibid., p. 130.

280   *O presidente Taft havia solicitado*: Police Chronicle, 8 de maio de 1909.
    "Quando as últimas notas": recorte sem referência, arquivo de jornais Petrosino.
    Professor Giacento Vetere: Ibid.

281   *Luzes de velas*: a descrição do velório baseia-se sobretudo no arquivo de jornais Petrosino, que contém dezenas de artigos sobre a cerimônia, a maioria deles sem qualquer referência a jornal ou data.

282   *declarou o* American Israelite: American Israelite, 9 de maio de 1901.
    George M. Cohan: New York Times, 3 de maio de 1909.

283   *"É difícil"*: Catholic Times, 13 de abril de 1909.
    "seriedade viril": todas as cartas citadas são da pasta de condolências, arquivo Petrosino.
    No dia do funeral: o relato do funeral foi tirado de numerosos artigos dos jornais de Nova York, incluindo New York Times, 11 e 13 de abril de 1909; New York Herald, World e Sun, 13 de abril de 1909; e de Radin, "Detective in a Derby Hat".

285   *Cerca de 250 mil pessoas*: Radin, "Detective in a Derby Hat".

286   *"anarquistas malucos"*: recorte sem identificação, arquivo de jornais Petrosino.

287   *"Réquiem", de Verdi*: entrevista do autor, por *e-mail*, com o tenente Tony Giorgio, da Banda da Polícia de Nova York.

288   *"Se Petrosino tivesse morrido"*: New York Times, 13 de abril de 1909.
    Em um tribunal: recorte não identificado, arquivo de jornais Petrosino.

289   *Cinco horas e meia*: Ibid.

17. GOATVILLE

291   *ele estava se passando*: New York World, 15 de março de 1909.
    "Assassinos de Petrosino": New York Journal, 7 de agosto de 1909.
    "um covil de leões": New York World, 13 de março de 1909.

292 "Gostaria muito": *New York Times*, 14 de março de 1909.

"Ele estava ansioso": recorte do *New York Times*, 14 ou 15 de março de 1909, arquivo de jornais Petrosino.

"Todos aqueles homens": *New York Times*, 16 de março de 1909.

293 "A polícia de Palermo": *Washington Post*, 21 de março de 1909.

"Não há dúvida": *New York Tribune*, 14 de março de 1909.

"Se o Congresso tivesse": Frank Marshall White, "The Increasing Menace of the Black Hand", *New York Times*, 21 de março de 1909.

294 *Em fevereiro de 2013*: Barbie Latza Nadeau, "Who Really Murdered Joe Petrosino?", dailybeast.com, 24 de junho de 2014.

295 "O homem que aqui dorme": *New York World*, 14 de março de 1910.

"Eu moro em": artigo sem data do *New York Evening Telegram*, arquivo de jornais Petrosino.

296 *O detetive Salvatore Santoro*: *New York Sun*, 27 de março de 1909.

"até que a comoção": *Washington Post*, 20 de março de 1909.

"Recebemos todas as garantias": *New York Times*, 3 de maio de 1909.

297 "Petrosino está morto": citado em Pitkin, *The Black Hand*, p. 116.

"O assassinato": Iorizzio e Mondello, "Origins of Italian-American Criminality".

298 "Ela achou que a história": entrevista com Susan Burke.

Mais de cinquenta anos: Ibid.

"Vachris é um homem": *Brooklyn Eagle*, 26 de outubro de 1907.

299 "Tenho certeza": *Nashville American*, 14 de março de 1909.

O sigilo da missão: quanto a detalhes da missão de Vachris, veja White, "The Black Hand in Control".

301 "Os Sullivan!": este relato foi tirado de Richard F. Welch, *King of the Bowery: Big Tim Sullivan, Tammany Hall, and New York City from the Gilded Age to the Progressive Era* (Nova York: Excelsior Editions, 2009), p. 129.

"inutilidade, canalhice": "Bingham Comes Out Against Tammany", *New York Times*, 13 de outubro de 1909.

302 *Vachris passava o dia*: quanto ao exílio de Vachris dentro do NYPD e o ocultamento de sua missão, veja White, "The Passing of the Black Hand".

303 "É provável": "The Black Hand Under Control", *New Outlook*, 14 de junho de 1916, p. 347.

"As certidões foram ocultadas": citado em Ibid.

304 *Há, como assinalou*: Salvatore LaGumina, *Wop! A Documentary History of Anti-Italian Discrimination* (Toronto: Guernica Editions, 1999), p. 101.

"A aceitação": Ibid.

305 *"O senhor com certeza concordará"*: Frank Marshall White, "Against the Black Hand", *Collier's Weekly*, setembro de 1910, p. 49.
"À medida que envelhecia": Pettaco, *Joe Petrosino*, p. 193.

306 *Comito se recordou*: confissão de Comito.

18. UM RETORNO

309 *"um homem alto, moreno e agradável"*: *New York Sun*, 8 de abril de 1914.
Uma de suas primeiras ideias: Carey, *Memoirs of a Murder Man*, p. 133.

310 *"O policial obeso"*: *Town Topics*, 26 de junho de 1916.
O professor L. E. Bisch: *New York Sunday World*, 27 de agosto de 1916.

311 *"irradiar boa disposição"*: as citações são de Arthur Woods, *Policeman and Public* (Nova York: Arno Press, 1971), pp. 75 e 67.
"braço do Serviço Social": *The Churchman* 31, nº 11 (novembro de 1917).
Os efeitos foram imediatos: *New York Telegram*, 25 de agosto de 1916.
"Aviso: POLÍCIA, NÃO ENTRE": Carey, *Memoirs of a Murder Man*, p. 141.
"O assassinato pode custar mais barato": *New York World*, 2 de dezembro de 1914.

312 *Três anos antes*: Terence O'Malley, *Blackhand Strawman* (edição de autor, 2011), p. 3.
"era a presa favorita deles": "The Nightstick and the Blackjack, Well Handled, Have Driven New York's Bandmen into Prison or Ways of Decent Living", *New York Herald*, 2 de setembro de 1917. Esse longo artigo é a fonte para a maior parte do relato sobre as gangues na época de Woods.

313 *"[A Sociedade] havia perpetrado"*: White, "The Passing of the Black Hand".

314 *Naquela tarde*: para um relato do caso Longo, veja *Ibid*.

322 *"O comissário Woods"*: *Washington Post*, 14 de dezembro de 1914.

323 *o lucrativo mundo*: veja Fiaschetti, *You Gotta Be Rough*, p. 15: "A Décima Oitava Emenda dotou a Mão Negra com fundos fabulosos e tirou-a dos bairros italianos isolados, espalhando-a pelas cidades em geral".

324 *"exemplo perfeito de trabalho de detetive"*: White, "The Passing of the Black Hand".
Na década de 1930: veja Charles Zappia, "Labor, Race and Ethnicity in the West Virginia Mines", *Journal of American Ethnic History* 30, nº 4 (verão de 2011): 44-50.

325 *Alguns homens que passaram um tempo*: quanto aos últimos dias de Cascio Ferro, veja Pettaco, *Joe Petrosino*, pp. 193-95.

328 *"Os homens vivem e morrem"*: *New York American*, 13 de abril de 1909.

Bibliografia Selecionada

Bertellini, Giorgio. *Italy in Early American Cinema: Race, Landscape, and the Picturesque*. Bloomington: Indiana University Press, 2009.

Carey, Arthur. *Memoirs of a Murder Man*. Nova York: Doubleday, 1930.

Collins, Paul. *The Murder of the Century: The Gilded Age Crime That Scandalized a City & Sparked the Tabloid Wars*. Nova York: Crown, 2011.

Corradini, Anna Maria. *Joe Petrosino, a 20th Century Hero*. Palermo: Provincia Regionale di Palermo, 2009.

Critchley, David. *The Origin of Organized Crime in America: The New York City Mafia, 1891-1931*. Nova York: Routledge, 2008.

Daniels, Roger. *Coming to America: A History of Immigration and Ethnicity in American Life*. Nova York: HarperCollins, 1990.

Dash, Mike. *The First Family: Terror, Extortion, Revenge, Murder, and the Birth of the American Mafia*. Nova York: Random House, 2009.

Dickie, John. *Cosa Nostra: A History of the Sicilian Mafia*. Nova York: Palgrave Macmillan, 2004.

Ewen, Elizabeth. *Immigrant Women in the Land of Dollars: Life and Culture on the Lower East Side, 1890-1925*. Nova York: Monthly Review Press, 1985.

Fiaschetti, Michael. *You Gotta Be Rough: The Adventures of Detective Fiaschetti of the Italian Squad*. Nova York: A. L. Burt, 1931.

Gambino, Richard. *Blood of My Blood: The Dilemma of the Italian-Americans*. Nova York: Doubleday, 1974.

Golway, Terry. *Machine Made: Tammany Hall and the Creation of Modern American Politics*. Nova York: Liveright, 2014.

Henderson, Thomas M. *Tammany Hall and the New Immigrants: The Progressive Years*. Nova York: Arno Press, 1976.

Hess, Henner. *Mafia and Mafiosi: The Structure of Power*. Lexington, Massachusetts: Saxon House, 1970.

Horan, James D. *The Pinkertons: The Detective Dynasty That Changed History*. Nova York: Crown, 1967.

Jackson, Kenneth T., e David S. Dunbar. *Empire City: New York Through the Centuries*. Nova York: Columbia University Press, 2005.

Kobler, John. *Capone: The Life and World of Al Capone*. Nova York: Putnam, 1971.

LaGumina, Salvatore J. *Wop! A Documentary History of Anti-Italian Discrimination*. Toronto: Guernica Editions, 1999.

Lardner, James, e Thomas Reppetto. *NYPD: A City and Its Police*. Nova York: Holt, 2001.

Lupo, Salvatore. *History of the Mafia*. Nova York: Columbia University Press, 2009.

McAdoo, William. *Guarding a Great City*. Nova York: Harper & Bros., 1906.

Moquin, Wayne. *A Documentary History of the Italian-Americans*. Nova York: Praeger, 1974.

Moses, Paul. *An Unlikely Union: The Love-Hate Story of New York's Irish and Italians*. Nova York: NYU Press, 2015.

Nelli, Humbert. *The Business of Crime: Italians and Syndicate Crime in the United States*. Nova York: Oxford University Press, 1976.

Painter, Nell Irvin. *Standing at Armageddon: A Grassroots History of the Progressive Era*. Nova York: W. W. Norton & Co., 2008.

Park, Robert E., e Herbert Adolphus Miller. *Old World Traits Transplanted*. Nova York: Harper, 1921.

Pettaco, Arrigo. *Joe Petrosino*. Nova York: Macmillan, 1974.

Pitkin, Thomas M. *The Black Hand: A Chapter in Ethnic Crime*. Nova York: Rowman and Littlefield, 1977.

Potter, Claire Bond. *War on Crime: Bandits, G-Men, and the Politics of Mass Culture*. New Brunswick, Nova Jersey: Rutgers University Press, 1998.

Pozzetta, George E. "The Italians in New York City, 1890-1914". Dissertação de doutorado, Universidade da Carolina do Norte em Chapel Hill, 1971.

Riis, Jacob. *How the Other Half Lives: Studies Among the Tenements of New York*. Eastford, Connecticut: Martino Fine Books, 2015.

Sante, Luc. *Low Life: Lures and Snares of Old New York*. Nova York: Farrar, Straus and Giroux, 2003.

Talese, Gay. *Unto the Sons*. Nova York: Knopf, 2006.

Tonelli, Bill. *The Italian American Reader*. Nova York: Harper, 2005.

Train, Arthur. *Courts and Criminals*. Nova York: McKinlay, Stone & Mackenzie, 1912.

Weiner, Tim. *Enemies: A History of the FBI*. Nova York: Random House, 2013.

Welch, Richard F. *King of the Bowery: Big Tim Sullivan, Tammany Hall, and New York City from the Gilded Age to the Progressive Era*. Nova York: Excelsior Editions, 2009.

Werner, M. R. *Tammany Hall*. Nova York: Doubleday, Doran & Co., 1928.

Woods, Arthur. *Crime Prevention*. Princeton, Nova Jersey: Princeton University Press, 1918.

————. *Policeman and Public*. Nova York: Arno Press, 1971.

Yochelson, Bonnie, e Daniel Czitrom. *Rediscovering Jacob Riis: Exposure Journalism and Photography in Turn-of-the-Century New York*. Nova York: New Press, 2008.

Zacks, Richard. *Island of Vice: Theodore Roosevelt's Quest to Clean Up Sin-Loving New York*. Nova York: Anchor, 2012.

Zolberg, Aristide R. *A Nation by Design: Immigration Policy in the Fashioning of America*. Cambridge, Massachusetts: Harvard University Press, 2006.

Índice